ESERCITAZIONI E SIMULAZIONI CON QUESTO LIBRO

Software di esercitazione OMAGGIO

Alpha Test Player

Per scaricare gratuitamente **Alpha Test Player**
vai su **www.alphatest.it/software**, inserisci il **codice libro 23581**,
la tua **mail** e clicca su **invia**. Riceverai nella tua casella di posta elettronica
il link e le istruzioni per il download.

***REQUISITI DI SISTEMA**: richiede Windows 7 o superiore oppure macOS 10.9 o superiore.*

Testonline

Per accedere alla piattaforma di esercitazione vai su
www.alphatest.it/testonline e segui le istruzioni riportate sul sito.
Per attivare gratuitamente le tue simulazioni utilizza il **codice libro 23581**.

Codice libro 23581

TESTUNIVERSITARI

Alpha Test
Scienze motorie

edizioni
Alpha Test

Via Mercalli, 14 – 20122 – Milano (Italy)
Tel. 02 5845981 – fax 02 58459896
servizi@alphatest.it
www.alphatest.it

ISBN: 978-88-483-2358-1

Pria ristampa della seconda edizione: gennaio 2022
Seconda edizione: gennaio 2021
Prima edizione: gennaio 2018

Stampato da L.E.G.O. S.p.A. Lavis (TN)
per conto di Alpha Test S.r.l.
nel gennaio 2022

INDICE

INDICE

Prefazione

Per molti giovani di tutto il mondo l'iscrizione all'università è da diversi anni subordinata al superamento di una selezione preliminare che ha lo scopo di valutare le potenzialità dei singoli studenti di frequentare con profitto il corso di laurea prescelto.

Attualmente in Italia, molti corsi di alcune importanti università private, alcuni corsi di laurea magistrale a ciclo unico a livello nazionale (Medicina e Chirurgia, Odontoiatria e Protesi dentaria, Medicina Veterinaria, Scienze della Formazione primaria e Architettura) e molti corsi di laurea triennali sono caratterizzati dalla presenza del **numero programmato**: il numero di matricole di questi corsi non può superare il numero di posti programmati annualmente in ogni ateneo.

In generale, la selezione dei candidati che desiderano accedere a un corso universitario a numero programmato viene effettuata sulla base di una prova a test, composta da domande a risposta multipla che valuta il possesso di determinate attitudini e conoscenze. Il risultato di tale prova – predisposta in alcuni casi a cura del ministero dell'Università e della Ricerca (come, per esempio, le prove di accesso ai corsi di Medicina/Odontoiatria e Veterinaria) e in altri casi dalle singole università – determina un **punteggio** in base al quale viene stabilita la **graduatoria dei candidati**. In alcuni casi, alla formazione della graduatoria finale contribuiscono anche i risultati conseguiti dai singoli candidati negli ultimi anni della scuola superiore; il risultato del test è comunque in generale il fattore di gran lunga più importante ai fini dell'ammissione.

Oltre alle prove selettive, sono ormai in uso in molte sedi universitarie le **prove valutative** per i corsi ad accesso libero il cui scopo è misurare il possesso di conoscenze e attitudini necessarie per frequentare con profitto il corso prescelto; tali prove attribuiscono – in caso di valutazione negativa – un "debito" formativo che lo studente dovrà "saldare" entro il primo anno di corso dimostrando di aver colmato le lacune rilevate. Anche chi sceglie di frequentare un corso universitario ad accesso libero deve quindi spesso affrontare una prova a test.

La presenza dei test di pre-immatricolazione, selettivi o "orientativi", impone quindi agli studenti seriamente motivati di prepararsi in modo mirato al test che dovranno sostenere.

Alpha Test è la prima e la più importante organizzazione in Italia che da oltre 30 anni offre agli studenti tutti gli strumenti necessari per affrontare con successo i test selettivi. Opera a livello nazionale con sedi nelle principali città universitarie e si avvale della collaborazione di decine di esperti. Per le diverse prove di ammissione, Alpha Test organizza in tutta Italia dei corsi specifici di preparazione (alphatest.it/Corsi), pubblica la collana *TestUniversitari* composta da oltre settanta tra manuali ed eserciziari, specifici per ogni area di studi (alphatest.it/Libri-Alpha-Test) e ha sviluppato Alpha Test Academy, il nuovo programma on line di assistenza personalizzata allo studio, che guida e aiuta lo studente nella preparazione al test.

In particolare, questo volume è rivolto alla preparazione ai test di ammissione per i corsi di laurea della classe di *Scienze delle Attività Motorie e Sportive*. Questo libro dà diritto a svolgere gratuitamente numerose simulazioni del test ufficiale sul sito **alphatest.it/testonline** e a scaricare il software di esercitazione

Questo libro dà diritto a svolgere gratuitamente numerose simulazioni del test ufficiale sul sito alphatest.it/testonline e a scaricare il software di esercitazione **Alphatest Player**.

Testonline.it

Per accedere alla piattaforma di esercitazione è sufficiente andare su **alphatest.it/testonline** e seguire le istruzioni riportate sul sito. Per attivare gratuitamente le simulazioni è necessario utilizzare il codice libro che si trova nella seconda pagina di questo volume.

Alpha Test Player

Per scaricare gratuitamente **Alpha Test Player**, è sufficiente andare su **alphatest.it/software**, inserire il codice libro (che si trova nella seconda pagina di questo volume), inserire la mail e cliccare su invia. Il sistema invierà nella casella di posta elettronica indicata il link e le istruzioni per il download. Requisiti di sistema: richiede Windows 7 o superiore oppure Mac OSX 10.9 o superiore.

Il parere dei lettori è importante

Per continuare a migliorare la qualità delle proprie pubblicazioni, Alpha Test considera estremamente prezioso il parere dei propri lettori ai quali chiede la cortesia di esprimere un giudizio su questo libro nell'apposita sezione "Valuta un libro" del sito alphatest.it. Per ogni valutazione ricevuta Alpha Test devolverà2 euro alla **Fondazione Francesca Rava–NPH Italia Onlus** che aiuta i bambini orfani, abbandonati, ammalati in Italia e nei paesi più poveri del mondo (www.nphitalia.org).

Per informazioni aggiornate sui libri di Alpha Test i lettori possono visitare il sito internet alphatest.it o richiedere il catalogo gratuito a:

Alpha Test S.r.l.
via Mercalli, 14 – 20122 Milano
tel. 02 58 45 981 – fax 02 58 45 98 96
servizi@alphatest.it

Ringraziamenti

Alpha Test ringrazia i numerosi lettori, i partecipanti ai corsi e i collaboratori che, con i loro interventi, suggerimenti e in particolare con i giudizi ogni anno forniti al termine dei corsi, hanno contribuito a migliorare nel tempo la qualità dei volumi e dei servizi offerti.

Natura del test e caratteristiche di questo libro

Natura del test

Per l'accesso ai corsi di laurea appartenenti alla classe di **Scienze delle Attività Motorie e Sportive** alcune università aderiscono al consorzio CISIA e utilizzano come prova selettiva il **TOLC-F** o il **TOLC-SU**, altri atenei invece formulano il proprio questionario. In questo secondo caso le prove che dovranno affrontare i lettori di questo volume sono quindi, sia per quanto riguarda le caratteristiche pratiche (data e ora di svolgimento della prova, durata ecc.) sia per i contenuti dei test, **autonomamente gestite dalle singole sedi universitarie**.

Ciò comporta che la struttura e la data di svolgimento del test, le materie oggetto della prova e la durata della stessa, il valore di ciascun quesito e i criteri in base ai quali viene elaborata la graduatoria di merito possano essere differenti tra le varie sedi universitarie.

Malgrado ciò, dall'analisi dei bandi e dei test degli anni passati, si può affermare che in tutte le sedi universitarie, per la composizione delle prove selettive, si sono utilizzati quesiti che riguardano almeno una o più delle seguenti aree tematiche:

- ragionamento logico;
- cultura generale;
- discipline scientifiche;
- sport.

In alcune università è necessario superare anche una prova pratica in ambito motorio composta da esercizi di atletica, di nuoto o di altre discipline sportive.

Per quanto riguarda le prove preparate dal Cisia, il TOLC-SU e il TOLC-F, ogni studente può svolgere queste prove in una delle numerose date prefissate durante l'anno, a partire da febbraio/marzo sino a novembre. A seconda del modo di erogazione accettato dalle singole università, il TOLC-SU e il TOLC-F si possono sostenere (se previsto) presso le aule dell'ateneo (cosiddetto TOLC all'università) oppure dalla propria abitazione nella modalità TOLC@CASA o TEST PSI @CASA.

Date e sedi sono pubblicate sul sito www.cisiaonline.it, alle pagine relative alle due prove.

Ogni prova CISIA somministrata è **diversa** tra un candidato e l'altro ma composta da quesiti equipollenti, estratti dallo stesso database CISIA. Tutti i test di un medesimo tipo hanno perciò pari livello di difficoltà.

Il **TOLC-SU** prevede 3 sezioni, a cui si aggiunge (se l'ateneo lo richiede) una sezione di lingua inglese:

• comprensione del testo e conoscenza della lingua italiana	30 quesiti	60 minuti
• conoscenze e competenze acquisite negli studi / cultura generale	10 quesiti	20 minuti
• ragionamento logico	10 quesiti	20 minuti
Totale	**50 quesiti**	**100 minuti**
• Inglese	30 quesiti	15 minuti
Totale con inglese	**80 quesiti**	**115 minuti**

Il **TOLC-F** prevede **5 sezioni**, a cui si aggiunge (se l'ateneo lo richiede) una prova finale di lingua inglese:

• biologia	15 quesiti	20 minuti
• chimica	15 quesiti	20 minuti
• matematica	7 quesiti	12 minuti
• fisica	7 quesiti	12 minuti
• logica	6 quesiti	8 minuti
Totale	**50 quesiti**	**72 minuti**
• Inglese	30 quesiti	15 minuti
Totale con inglese	**80 quesiti**	**87 minuti**

Anche negli atenei dove non è previsto un test selettivo, è prevista una verifica delle conoscenze iniziali (di solito almeno delle discipline scientifiche). Una valutazione insufficiente di solito comporta il superamento, entro il primo anno, di obblighi formativi aggiuntivi (OFA).

Ciascuna di queste aree può prevedere varie tipologie di quesiti, diversamente denominati nei bandi ufficiali; per esempio, nell'area del ragionamento logico sono presenti quesiti di ragionamento verbale (proporzioni tra parole, parole da scartare, sinonimi e contrari), ragionamento numerico (serie di numeri e lettere), attitudine logica (sillogismi, deduzioni, condizioni sufficienti e necessarie) e logica matematica (matrici di numeri, problemi con frazioni e percentuali, calcolo della probabilità, problemi con distanza, velocità e tempo, problemi di lavoro); nell'area della cultura generale sono presenti quesiti di letteratura, storia, filosofia, geografia, storia dell'arte, attualità; nelle scienze sono comprese biologia, chimica, fisica, matematica; nell'area dello sport sono presenti quesiti di cultura generale relativi a eventi, manifestazioni o regolamenti sportivi nazionali e internazionali.

Nella tabella a pagina seguente si riportano, a titolo esemplificativo, le caratteristiche relative alle prove di selezione dei corsi di Laurea in Scienze Motorie attivati in 37 sedi universitarie per l'anno accademico 2021-2022.

Sede	n° dei posti a bando	Candidati presenti 2021	Durata prova minuti	Valore Punteggio			Materie (n° domande)					
				Maturità	Test	Prova pratica	Bio	Chimica	Fisica	Mate	Logica Cult. Gen	Sport
Bari	135	276	120	25	75	no	15	10	10		–	40
Bergamo	100	–	TOLC-SU									
Bologna	215	–	TOLC-F									
Rimini	110	–	TOLC-F									
Brescia	120	312	90	no	60	no	20				40	no
Cagliari	80	–	TOLC-F									
Cassino	175	228	–	sì	sì	no	sì					
Catania	250	879	–	100	no	–	–	–	–		–	–
Catanzaro	260	–	–	accesso libero								
Chieti Pescara	428	–	TOLC-F									
Enna Kore	–	–	–	accesso libero								
Ferrara	–	–	–	accesso libero								
Firenze	150	432	110	no	80	40	18		–	18	18	26
Foggia	–	–	–	accesso libero								
Genova	222	–	100	no	60	no	10	10	10	no	30	no
L'Aquila	170	–	TOLC-F									

Sede	n° dei posti a bando	Candidati presenti 2021	Durata prova minuti	Valore Punteggio			Materie (n° domande)					
				Maturità	Test	Prova pratica	Bio	Chimica	Fisica	Mate	Logica Cult. Gen	Sport
Lecce	180		60	sì	40	no	40					no
Messina	500	–	–	accesso libero								
Milano Cattolica	230	–	60	no	60	no	6	no	6	no	18	30
Milano	390	577	TOLC-F									
Molise Campobasso	–	–	–	accesso libero								
Napoli Parthenope	540	–	90	10	90	–	–	–	–	–	45	–
Padova	160	609	90	20	80	no	70			no	sì	sì
Palermo	430	–	90	no	sì	no	TOL					–
Parma	251	–	–	valorizzazione merito voto maturità								
Pavia	230	–	TOLC-F									
Perugia	–	–	–	accesso libero								
Pisa	150	418	100	no	60	no	15	15		no	10	20
Roma Tor Vergata	200	415	60	no	60	no	30				30	–
Roma Foro Italico	170	310	TOLC-F									
Salerno	320	671	150	no	80	no					80	
Sassari	80	184	TOLC-F									
Torino	675	–	TOLC-SU									
Udine	110	–	100	no	60	no	18	12	8		22	no
Urbino	400	–	60	no	60	no	45				15	sì
Varese	120	–		accesso libero								
Verona	294	545	120	no	80	no	no	20	20	20	20 inglese	no

Caratteristiche del libro

Questo volume contiene centinaia di esercizi risolti e commentati che rispecchiano gli argomenti e le tipologie di quesiti previsti nei test di ammissione ai corsi universitari appartenenti alla classe di *Scienze delle Attività Motorie e Sportive*.

Le prove che dovranno affrontare i lettori di questo volume sono, sia per quanto riguarda le caratteristiche pratiche (data e ora di svolgimento della prova, durata ecc.) sia per i contenuti dei test, autonomamente gestite dalle singole sedi universitarie: infatti, diversamente dalle prove a test organizzate direttamente dal MIUR (ministero dell'Istruzione, dell'Università e della Ricerca) quali per esempio le prove per l'accesso a Medicina o a Scienze della Formazione primaria, che si svolgono nello stesso giorno, con test uguale in tutte le sedi universitarie e per tutti i candidati, nel caso dell'accesso ai corsi di laurea appartenenti alla classe di *Scienze delle Attività Motorie e Sportive* **ciascuna università formula il proprio questionario**. Ciò comporta che la struttura e la data di svolgimento del test, le materie oggetto della prova e la durata della stessa, la valutazione del valore di ciascun quesito e i criteri in base ai quali viene elaborata la graduatoria di merito possano essere differenti tra le varie sedi universitarie.

Malgrado ciò, dall'analisi dei bandi e dei test degli anni passati, si può affermare che in tutte le sedi universitarie, per la composizione delle prove selettive, si sono utilizzati quesiti che riguardano almeno una o più delle seguenti aree tematiche:

- ragionamento logico;
- cultura generale;
- scienze;
- sport.

In alcune università è necessario superare anche una **prova pratica in ambito motorio** composta da esercizi di atletica, di nuoto o di altre discipline sportive.

Ciascuna di queste aree può prevedere varie tipologie di quesiti, diversamente denominati nei bandi ufficiali; per esempio, nell'area del **ragionamento logico** sono presenti quesiti di ragionamento verbale (proporzioni tra parole, parole da scartare, sinonimi e contrari), ragionamento numerico (serie di numeri e lettere), attitudine logica (sillogismi, deduzioni, condizioni sufficienti e necessarie) e logica matematica (matrici di numeri, problemi con frazioni e percentuali, calcolo della probabilità, problemi con distanza, velocità e tempo, problemi di lavoro); nell'area della **cultura generale** sono presenti quesiti di letteratura, storia, filosofia, geografia, storia dell'arte, attualità; nelle **scienze** sono comprese biologia, chimica, fisica, matematica; nell'area dello **sport** sono presenti quesiti di cultura generale relativi a eventi, manifestazioni o regolamenti sportivi nazionali e internazionali.

In particolare, i **1500 quesiti** contenuti nel volume sono così ripartiti:

- 750 di logica e cultura generale;
- 250 di biologia;
- 200 di chimica;
- 100 di matematica;
- 100 di fisica;
- 100 di sport.

Nel test ufficiale che il lettore dovrà affrontare, potranno essere presenti soltanto alcune delle tipologie di quesiti esaminate in questo volume. Ciò nonostante si consiglia, al fine di ottimizzare la propria preparazione e di minimizzare eventuali sorprese al momento della prova ufficiale, di esercitarsi su tutte le tipologie proposte, **concentrandosi maggiormente su quelle che trovano corrispondenza con la natura della prova così come descritta nello specifico bando di concorso di proprio interesse**.

In alcune città Alpha Test ha in programma anche corsi di preparazione che consentono un ripasso sistematico degli argomenti su cui verte il test di ammissione ai corsi di *Scienze Motorie*. Per maggiori informazioni è possibile chiamare il numero verde 800017326.

Corsi di studio in Scienze motorie

Il Decreto ministeriale del 15 gennaio 1999 ha avviato la progressiva trasformazione dei vecchi istituti in corsi di livello universitario. A partire dall'anno accademico 1999-2000 risultano attivati in numerosi Atenei italiani i nuovi corsi di primo e secondo livello dell'area Scienze Motorie, per accedere ai quali è necessario superare una selezione preliminare.

Il decreto sopra citato prevede che la ricerca e gli studi di livello superiore nel campo delle Scienze Motorie si svolgano nelle università e che siano finalizzati all'acquisizione di adeguate conoscenze di metodi e contenuti culturali, scientifici e professionali. L'obiettivo dei nuovi corsi di studio è lo svolgimento della ricerca scientifica e tecnica necessaria alla formazione e al perfezionamento professionale nei campi delle Scienze Motorie, dello sport e del movimento umano.

Oggi il corso di studi è articolato in un primo **livello triennale**, in cui gli studenti conseguono un titolo di studio di livello universitario e immediatamente spendibile sul mercato del lavoro, valido inoltre per l'accesso a un secondo livello biennale di specializzazione.

Il **biennio magistrale** prevede tre orientamenti di studio (anche se non tutti sono attivati in tutte le sedi universitarie); si tratta delle lauree magistrali in Organizzazione e gestione dei servizi e le attività motorie (LM 47), Scienze e tecniche delle attività motorie preventive e adattate (LM 67), Scienze e tecniche dello sport (LM 68).

Il piano di studi

Per terminare l'intero ciclo di studi è necessario sostenere gli esami previsti dal piano di studi, riguardanti sia insegnamenti teorico-tecnici, sia attività pratiche; la frequenza alle attività didattiche è obbligatoria. Il biennio propedeutico è finalizzato a fornire agli studenti una solida preparazione di base nell'ambito delle scienze biologiche applicate (quali anatomia, biologia, chimica, igiene, fisiologia ecc.), socio-psico-pedagogiche, (psicologia, pedagogia, sociologia, antropologia ecc.) metodologiche (come teoria e metodologia del movimento umano, didattica ecc.), storico-giuridiche (per esempio elementi di diritto, legislazione e organizzazione dello sport, storia dell'educazione fisica ecc.) e tecnico-sportive (quali teoria e tecnica di atletica, calcio, pallacanestro, sport natatori ecc.). Il corso si conclude con la discussione di una dissertazione scritta (per altri 5 crediti) su un argomento attinente a uno degli insegnamenti facenti parte del corso di laurea.

Gli sbocchi professionali

I laureati triennali potranno inserirsi immediatamente nel mondo del lavoro o accedere a corsi di laurea specialistica o a master di qualificazione.

Gli sbocchi professionali di maggior rilievo e attinenza sono:

- operatori nell'educazione per la prevenzione di condizioni che costituiscono rischio per la salute quali sedentarietà, sovrappeso, obesità;
- organizzatori delle attività motorie, sportive e del tempo libero nelle varie fasce di età (evolutiva, adulta, anziana) e dello sport in genere;
- preparatori fisici esperti nella programmazione e nella conduzione dei programmi di allenamento;
- educatori tecnico-sportivi per l'attività adattata finalizzata al raggiungimento e mantenimento dell'efficienza fisica e psico-fisica;
- educatori tecnico-sportivi nella gestione tecnica di attività motorie e sportive mediante l'ausilio di attrezzi ed attrezzature specifiche (fitness - wellness), personal trainer, trainer di gruppo;
- operatori nella comunicazione e gestione dell'informazione sportiva;
- consulenti di società ed organizzazioni sportive, dirigenti, gestori di palestre e centri sportivi pubblici e privati; consulenti per le strutture impiantistiche e dello sport sul territorio.

Suggerimenti per prepararsi al test

La **prima cosa** da fare è procurarsi le informazioni sul test che si dovrà affrontare o sulle sue precedenti edizioni. Le fonti più autorevoli e aggiornate sono il **sito del ministero** dell'Istruzione, dell'Università e della Ricerca (MIUR), i **siti delle singole università** e **alphatest.it**. Nel primo è riportata la normativa di interesse per gli studenti mentre negli altri vengono pubblicati i bandi di concorso che integrano le indicazioni del ministero con le specifiche proprie di ciascuna sede universitaria. Su **alphatest.it/Test-di-ammissione** sono pubblicate le date dei test, tutte le principali leggi e normative sulle prove di ammissione, i test ufficiali degli ultimi anni risolti e commentati e gli aggiornamenti e approfondimenti per i diversi corsi di studio.

Anche la **pagina facebook** di Alpha Test è costantemente aggiornata in tempo reale su tutte le novità per quanto riguarda i test e le decisioni del ministero e delle università; sul **profilo Instagram** è anche possibile chiedere direttamente spiegazioni e informazioni.

Un altro utile strumento informativo a disposizione degli studenti è il **magazine online** di Alpha Test (**www.alphatest.it/magazine**): su queste pagine si possono consultare centinaia di articoli e approfondimenti sull'ammissione all'università, sempre aggiornati ai temi e ai problemi più importanti e di attualità sull'argomento.

Il metodo Alpha Test: libri, Alpha Test Academy, corsi in aula e online

Il primo passo per il conseguimento di una preparazione completa è costituito dallo studio individuale da effettuare sui libri. Tra i volumi che Alpha Test ha realizzato appositamente per chi deve affrontare i test di Medicina, Odontoiatria e Veterinaria i principali sono il MANUALE DI PREPARAZIONE, la raccolta di quesiti suddivisi per materia ESERCIZI COMMENTATI (corredato con software di simulazione Alpha Test Player), la raccolta di prove simulate PROVE DI VERIFICA e il volume 1500 QUIZ (corredato con software di simulazione Alpha Test Player). Ai fini dello studio, ciascuno dei quattro volumi è autosufficiente e, allo stesso tempo, complementare rispetto agli altri. Ecco in sintesi le caratteristiche di ciascuno:

- **MANUALE DI PREPARAZIONE**: è il principale strumento di preparazione. Raccoglie la sintesi di tutti gli argomenti del programma del test, materia per materia. È un valido aiuto a non disperdere gli sforzi di fronte alla vastità dei programmi da svolgere, perché consente lo **studio** e il **ripasso** mirato. L'esposizione degli argomenti è resa più efficace e completata mediante schemi, tabelle, glossari, mentre l'apprendimento è facilitato e consolidato grazie all'uso costante di numerosi esercizi di esempio (sempre nella forma a risposta multipla), risolti e commentati;
- **ESERCIZI COMMENTATI**: è un importante strumento per l'esercitazione guidata. Il volume propone diverse centinaia di quesiti, suddivisi in base alle materie oggetto d'esame. Lo studente può svolgere ogni quesito in autonomia e poi andare a verificare la soluzione nel relativo commento; il commento a ogni domanda, infatti, non solo indica la risposta esatta, ma richiama le nozioni necessarie alla sua comprensione e illustra i metodi risolutivi più efficaci. Questo volume, dunque, non è utile solo per **esercitarsi** ma anche ad **accrescere la preparazione**. Il **software di simulazione Alpha Test Player** che lo correda, combinando i numerosi esercizi a disposizione, permette di comporre un numero elevato di prove simulate da svolgere secondo le modalità e i tempi dell'esame ufficiale; allo scadere del tempo prefissato, il programma elabora le risposte e fornisce i risultati, anche in forma grafica;
- **1500 QUIZ – I QUESITI DELLE PROVE DI AMMISSIONE**: è la raccolta completa dei quesiti delle prove ufficiali. Gli esercizi sono suddivisi per materia (600 di logica, 150 cultura generale, 250 di biologia, 200 di chimica, 100 di sport, 100 di matematica e 100 di fisica); alla fine di ogni sezione sono riportate le soluzioni di ciascun quesito. Il libro è abbinato a un **software di simulazione Alpha Test Player** che, combinando i numerosi esercizi a disposizione, permette di comporre un numero elevato di prove simulate da svolgere secondo le modalità e i tempi dell'esame ufficiale.

L'acquisto di ogni libro della collana *TestUniversitari* dà anche diritto a svolgere gratuitamente numerose simulazioni del test ufficiale sul sito **alphatest.it/testonline**. Per accedere alla piattaforma di esercitazione è sufficiente andare su **alphatest.it/testonline** e seguire le istruzioni riportate sul sito. Per attivare gratuitamente le simulazioni è necessario utilizzare il codice libro che si trova nella seconda pagina di questo volume.

Alpha Test Academy

AlphaTestAcademy.it è il nuovo sistema di assistenza on line personalizzata che guida e aiuta lo studente nella preparazione ai test. Per ciascuna delle materie e degli argomenti previsti al test, il programma valuta il livello di preparazione dello studente, propone in modo adattivo numerose batterie di domande con difficoltà differenziata e offre migliaia di spiegazioni e commenti multimediali (link, video, tutorial e rimandi a specifici richiami di teoria). Il materiale e l'assistenza offerti da AlphaTestAcademy.it consentono di chiarire via via ogni quesito e dubbio individuale anche attraverso un canale diretto con i docenti Alpha Test e di migliorare progressivamente le proprie conoscenze e capacità in vista del test ufficiale. AlphaTestAcademy.it assiste in ogni momento lo studente in un lavoro di preparazione mirato e specifico e rappresenta quindi un'utile integrazione al manuale di preparazione o a un corso Alpha Test in aula. AlphaTestAcademy.it è un ambiente interattivo, con gruppi di studio virtuali e forum di discussione per un confronto diretto. Inoltre, fornisce un costante aggiornamento sulle novità normative e sui test ufficiali. AlphaTestAcademy.it è in dotazione ai partecipanti ai corsi Alpha Test e viene abilitato al momento dell'iscrizione.

Per l'acquisto di AlphaTestAcademy.it è previsto uno sconto importante per chi già possiede questo volume. Per maggiori informazioni o per provare la demo gratuita: **alphatest.it**

Corsi

Per la preparazione alle prove di ammissione, oltre ai volumi della collana *TestUniversitari* e ad AlphaTestAcademy.it, Alpha Test organizza per gli studenti più motivati numerosi **corsi** di durata differenziata (da pochi giorni di corso ad alcuni mesi). Frequentare un corso Alpha Test consente di completare, perfezionare e consolidare la propria preparazione grazie ai seguenti punti di forza:

1. **la didattica interattiva.** Ogni corso prevede cicli di lezioni e di esercitazioni dedicate al ripasso di tutti gli argomenti oggetto d'esame. Gli studenti possono beneficiare della professionalità di docenti con un'esperienza d'insegnamento unica in Italia, maturata in oltre 30 anni di attività di Alpha Test nel campo specifico della preparazione ai test universitari;
2. **il materiale supplementare consegnato ai corsi.** Durante le lezioni, a ciascun partecipante viene fornito materiale di studio e di esercitazione aggiuntivo rispetto ai volumi consegnati al momento dell'iscrizione. Si tratta di contenuti didattici estremamente aggiornati e specifici scritti in base alla struttura e ai contenuti del test che si deve affrontare;
3. **i corsi online** prevedono un mix tra lezioni in diretta e lezioni *on demand* e si svolgono nell'aula virtuale di **MyDesk**, un sistema di e-learning completo, appositamente realizzato da Alpha Test e già sperimentato con soddisfazione da migliaia di candidati. **MyDesk** consente infatti ai docenti Alpha Test di seguire gli studenti con la stessa cura che hanno in classe, assicurando quindi la più alta qualità non solo nelle fasi di spiegazione ed esercitazione sulle singole materie del test, ma anche in termini di assistenza e chiarimento dei dubbi individuali, di rapporto e confronto diretto con gli altri studenti e di verifica nella progressione della preparazione;
4. **l'esperienza "sul campo".** In ciascun corso vengono svolte più simulazioni d'esame per mettersi alla prova e per confrontare la propria preparazione con quella di altri candidati.

Infine, chi desidera prepararsi al test di ammissione senza rinunciare a divertimento e nuove amicizie può partecipare a una delle **vacanze-studio Alpha Test** (per informazioni: **alphatest.it/Corsi**).

Test di autovalutazione online

Su **alphatest.it/Test-di-ammissione** è possibile misurare il proprio livello di preparazione; il test gratuito prevede 20 domande tratte dai test ufficiali degli ultimi anni da risolvere in 20 minuti ed è finalizzato ad aiutare il candidato a impostare al meglio il proprio percorso di studio.

Ultimi aggiornamenti disponibili su alphatest.it

Sul sito **alphatest.it** vengono costantemente pubblicati gli aggiornamenti normativi sui test con le eventuali integrazioni agli argomenti e ai programmi d'esame.

App per iOS e Android

Per coloro che possiedono i dispositivi mobili iOS e Android sono disponibili le App di esercitazione del test d'ammissione per tutti i corsi a numero programmato. Ciascuna App contiene centinaia di quesiti tratti dalle prove ufficiali, con soluzioni commentate dagli esperti Alpha Test. È possibile comporre un numero illimitato di prove simulate e analizzare i risultati anche in forma grafica.

Segui Alpha Test anche sui social network

Diventare fan della pagina Alpha Test su Facebook o seguire l'account @alpha_test su Twitter significa essere informati in tempo reale su tutto quello che riguarda i test, confrontarsi con migliaia di fan e ricevere aggiornamenti e consigli dai docenti. Alpha Test è anche su Instagram, Google+, LinkedIn, Youtube.

Mailing list

Ti segnaliamo infine che, registrandoti su alphatest.it, puoi entrare a far parte della nostra mailing list: potrai così ricevere aggiornamenti in tempo reale sui test, suggerimenti su come prepararti al meglio e approfittare di sconti e promozioni esclusive.

Indicazioni per i partecipanti ai corsi Alpha Test

Alpha Test:

- è **la prima** società in Italia specializzata nel preparare gli studenti ai test di ammissione all'università;
- è **l'unica** organizzazione con un'esperienza di 30 anni e migliaia di corsi già organizzati su tutto il **territorio nazionale**;
- è scelta dall'**84%** degli ammessi a medicina (risultati certificati da una primaria società di indagini di mercato);
- dal 1987 a oggi ha **preparato con successo** ai test universitari **decine di migliaia di studenti** che si sono trovati in vantaggio rispetto alle altre aspiranti matricole;
- propone **corsi** con durata, programmi e costi differenziati a seconda della prova di selezione e delle esigenze dei singoli studenti, comprese **vacanze-studio** e **corsi residenziali**;
- vanta un corpo docente composto da oltre 200 esperti rigorosamente selezionati e costantemente formati: docenti e ricercatori universitari, professionisti e insegnanti con un'**esperienza didattica unica** e **specifica** nel campo della preparazione ai test universitari;
- ha sviluppato, per prima in Italia, una **metodologia didattica innovativa** e specifica per affrontare le prove a test, recentemente potenziata dall'ambiente digitale **Mydesk** riservato ai corsisti;
- effettua l'analisi e la discussione in aula delle **prove ufficiali** utilizzate dalle università negli anni passati;
- sottopone ai partecipanti ai corsi numerose **prove simulate** che vengono corrette individualmente mediante l'uso di **lettori ottici** simili a quelli per le correzioni dei test ufficiali; ciò consente ai partecipanti di verificare in tempo reale il proprio livello di preparazione e di apprendimento;
- ha sviluppato una collana di volumi specifici per i diversi test di ammissione, già scelti da oltre quattro milioni di studenti e **forniti ai partecipanti ai corsi** all'atto dell'iscrizione;
- ha sviluppato **AlphaTestAcademy.it**, la piattaforma di studio *on line* personalizzata, attivata gratuitamente a tutti coloro che si iscrivono a un corso;
- mette a disposizione degli studenti un servizio di esercitazione *on line* – all'indirizzo **testonline.it** – dove è possibile simulare i test di ammissione ai singoli corsi di studio.

Quanto premesso, unitamente ai risultati conseguiti dai partecipanti alle passate edizioni, ci consente di affermare che prepararsi a un test di ammissione frequentando lo specifico corso Alpha Test rappresenta la scelta migliore per chi è veramente motivato ad accedere al corso universitario desiderato e aumenta fino a sette volte la probabilità di ammissione rispetto a quella degli altri candidati.

Alpha Test e il suo corpo docente mettono a disposizione l'esperienza maturata e forniscono tutto l'aiuto necessario affinché i propri studenti possano prepararsi nel modo più rapido, completo ed efficace alla prova di selezione. Per accrescere ulteriormente la probabilità di successo **è essenziale anche l'impegno** degli studenti sotto forma di studio e di esercitazione **prima** e **durante** lo svolgimento del corso.

Per facilitare la preparazione preliminare, Alpha Test consegna, già all'atto dell'iscrizione, i volumi MANUALE DI PREPARAZIONE, ESERCIZI COMMENTATI e 1500 QUIZ (quest'ultimo solo per i corsi di maggior durata) e la tessera con codice di attivazione per AlphaTestAcademy.it, valida fino al momento del test ufficiale. Consigliamo di leggere i libri (o almeno il manuale) prima dell'inizio del corso con l'obiettivo di acquisire almeno una conoscenza di base degli argomenti trattati. Questa raccomandazione vale in particolar modo per chi sceglie di frequentare uno dei corsi Alpha Test di durata minore.

Sempre al momento dell'iscrizione al corso, Alpha Test fornisce una guida operativa con istruzioni e consigli utili per avviare la preparazione anche prima dell'inizio delle lezioni e con importanti informazioni sul test di ammissione di interesse dello studente.

Durante il corso l'attenzione viene focalizzata in modo specifico sulle tipologie di quesiti previsti nella prova di ammissione di interesse. Viene inoltre esaminato e discusso con i docenti un consistente numero di esercizi diversi da quelli presenti nei libri e contenuti in apposite dispense aggiornate ogni anno e distribuite durante il corso esclusivamente ai partecipanti.

Informazioni e modalità di iscrizione ai corsi Alpha Test

Le iscrizioni ai corsi Alpha Test per la preparazione ai test di ammissione universitari sono sempre aperte sino all'esaurimento dei posti disponibili (i corsi sono riservati a un numero limitato di partecipanti per garantire le migliori condizioni di apprendimento); le informazioni aggiornate relative al calendario e alla quota di partecipazione di ciascun corso sono disponibili su alphatest.it o chiamando il numero verde 800 017 326.

Per chi ha già acquistato **presso un centro Alpha Test** l'ultima edizione dei libri in dotazione al corso, è prevista una riduzione della quota di iscrizione al corso pari al 100% del prezzo di copertina dei libri; se i libri sono stati acquistati **in libreria** tale riduzione è pari al 50% del prezzo di copertina.

L'iscrizione ai corsi e l'acquisto dei libri Alpha Test possono essere effettuati:

- **su Internet** all'indirizzo **alphatest.it/Corsi**;
- **telefonicamente**, chiamando il numero verde 800 017 326;
- presso uno dei **centri Alpha Test** (per conoscere il più vicino visitare il sito **alphatest.it/Corsi** o chiamare il numero verde 800 017 326);
- **compilando l'apposito modulo** di iscrizione scaricabile da alphatest.it, o richiedendolo al numero verde 800 017 326 o scrivendo a servizi@alphatest.it.

I libri Alpha Test si possono acquistare anche presso le **migliori librerie** di tutta Italia.

Chi desidera ricevere, gratuitamente e senza impegno, materiale informativo relativo ai corsi e/o ai libri Alpha Test, può visitare il sito internet **alphatest.it** o richiedere il catalogo gratuito a:

Alpha Test S.r.l.
via Mercalli, 14 – 20122 Milano
tel. 02 58 45 981 – fax 02 58 45 98 96
servizi@alphatest.it

Suggerimenti per affrontare al meglio il test

Per affrontare al meglio un test a risposta multipla è importante conoscere preventivamente le modalità di svolgimento e la natura delle diverse tipologie di esercizi, nonché le opportune "strategie" per valorizzare al massimo le proprie conoscenze e potenzialità.

I criteri adottati dalle università italiane per selezionare i candidati ai corsi universitari sono di tipo **comparativo**. Cioè per superare la selezione, **lo studente deve figurare tra i migliori** nella graduatoria dei candidati. In altre parole, per superare la selezione occorre svolgere il test di ammissione meglio di un certo numero di altri candidati. Dal 2011 i test di ammissione a base nazionale prevedono anche una soglia minima qualificante di 20 punti.

Prima di addentrarsi nell'analisi dei contenuti dei test e degli esercizi che li compongono, è opportuno considerare alcuni suggerimenti apparentemente banali, ma utili al fine di ottimizzare il risultato nella prova di ammissione.

Bando di concorso e informazioni sulla selezione

Il primo suggerimento di carattere generale è quello di **prestare grande attenzione a tutte le informazioni fornite dall'università e contenute nel bando di concorso**: esse sono infatti, insieme alle disposizioni del Ministero, le uniche informazioni **ufficiali** relative alle norme, alle modalità di selezione, alla struttura e ai contenuti della prova che regola l'ammissione al corso di studi scelto.

Regolamento e istruzioni

In sede d'esame, prima ancora dell'inizio della prova, vengono consegnate ai candidati le **norme alle quali attenersi durante l'intero svolgimento del test**. Tali norme riguardano, per esempio, il tempo a disposizione per lo svolgimento della prova, le modalità con cui indicare le risposte sull'apposita scheda e altre indicazioni su come comportarsi in sede d'esame e al termine del test. È necessario attenersi a tali informazioni per evitare di commettere errori banali (quale, per esempio, la compilazione errata della scheda per le risposte o l'omissione di una firma), che potrebbero compromettere l'esito della prova e quindi l'ammissione all'università.

In alcuni casi, all'interno del test gli esercizi sono preceduti da **istruzioni circa le modalità di risoluzione** dei quesiti e a volte anche da un esempio risolto. È importante in questi casi non aver fretta di cominciare a risolvere i quesiti, ma dedicare la massima attenzione alla lettura di queste istruzioni, indispensabili per capire la logica degli esercizi e per rispondere correttamente alle domande.

Domande a risposta multipla

I test che vengono utilizzati per l'ammissione all'università sono costituiti da domande **chiuse**, le cui risposte sono cioè predefinite: il candidato deve individuare la sola risposta esatta tra le alternative proposte. Per rispondere a una domanda *aperta* (non corredata da risposte prefissate) come per esempio "Qual è la capitale della Colombia?", occorre conoscere le informazioni necessarie alla formulazione della risposta. Nel caso di *domande a scelta multipla* è invece possibile procedere anche in maniera diversa.

Si ipotizzi, per esempio, di dover rispondere al medesimo quesito, però a risposta multipla.

---

1 Qual è la capitale della Colombia?

- A Delhi
- B Buenos Aires
- C Bogotá
- D Brasilia
- E Santiago

In questo caso è possibile determinare la risposta corretta procedendo in due modi distinti:

1. ragionando come se si trattasse di una domanda aperta: sapendo che la capitale della Colombia è Bogotá, si individua direttamente la risposta corretta (C) senza valutare le altre risposte proposte;
2. se, al contrario, non si conosce la risposta alla domanda, ma si ricordano gli altri accoppiamenti Paese/capitale, è possibile individuare la risposta corretta eliminando le alternative errate: sapendo che Delhi è la capitale dell'India, Buenos Aires dell'Argentina, Santiago del Cile e Brasilia del Brasile, per esclusione si può concludere che la risposta esatta è la C.

In altre parole, per rispondere correttamente a una domanda a scelta multipla non è sempre strettamente necessario conoscere la risposta esatta: a volte la soluzione può essere individuata indirettamente, escludendo le alternative errate.

Nel caso in cui, procedendo per esclusione, il candidato non riesca a eliminare tutte le alternative errate, il metodo di risposta per eliminazione permette comunque di aumentare le probabilità di individuare la risposta corretta: l'esclusione di una o più risposte riduce il numero delle alternative tra cui si rimane incerti e quindi incrementa la probabilità di individuare l'alternativa corretta anche rispondendo in modo casuale.

Un altro aspetto che caratterizza le prove a test è il fatto che l'assegnazione dei punteggi si basa solo ed esclusivamente sulle risposte indicate sull'apposita scheda: non hanno quindi alcuna rilevanza eventuali spiegazioni o giustificazioni alle risposte date e questo rappresenta un'ulteriore differenza importante rispetto ad altri tipi di valutazione.

Nei test di ammissione il tempo a disposizione risulta spesso appena sufficiente per rispondere a tutti i quesiti. È dunque molto importante gestirlo nel modo più conveniente.

Valore dei quesiti e gestione del tempo

Nei test di ammissione ai quali questo libro si rivolge **tutti gli esercizi hanno lo stesso valore**: è dunque necessario evitare di dedicare eccessivi sforzi e tempo per risolvere un quesito particolarmente complesso.

Poiché ogni risposta giusta fa "guadagnare" lo stesso punteggio, a parità di tempo impiegato conviene risolvere due esercizi semplici piuttosto che uno complesso.

Come i partecipanti ai corsi Alpha Test hanno modo di sperimentare durante lo svolgimento delle prove simulate, il tempo rappresenta uno dei fattori critici per affrontare con successo un test di ammissione. Infatti, le prove sono spesso progettate e formulate in modo tale da permettere solo ai più preparati e ai più veloci di terminare nel tempo concesso la totalità dei quesiti.

È dunque fondamentale impiegarlo razionalmente, calcolando, prima di iniziare la prova, il tempo medio a disposizione per ogni quesito (dato ovviamente dal tempo complessivo diviso per il numero di esercizi), ed evitando di dedicare ai singoli quesiti un tempo eccessivamente superiore a quello medio. Il suggerimento generale è di non superare il tempo medio nello svolgimento di un singolo esercizio, per più del 20%. Questa dilazione per i quesiti complessi viene infatti facilmente compensata dalla presenza di numerosi quesiti di natura nozionistica di veloce risoluzione.

Se dunque il tempo complessivo per il test è di 100 minuti e il numero di esercizi da risolvere è pari a 60, il tempo medio per quesito è pari a 1 minuto e 40 secondi (100 secondi). Bisogna quindi cercare di non dedicare più di due minuti allo svolgimento del singolo quesito. Avvicinandosi a tale tempo limite, se non si è prossimi alla soluzione, è opportuno passare alla domanda successiva.

L'obiettivo da raggiungere è rispondere correttamente al maggior numero possibile di esercizi; si consiglia quindi, compatibilmente con i vincoli imposti dalle modalità di svolgimento della prova, di affrontare prima gli esercizi che si ritiene di saper risolvere più facilmente e velocemente, per passare poi a quelli più complessi che richiedono un dispendio di tempo maggiore.

Il consiglio, ove possibile, è di evidenziare con un opportuno segno di riconoscimento tali quesiti sul fascicolo contenente il test: sarà così possibile ritrovarli velocemente dopo aver risposto ai quesiti più facili e di veloce risoluzione. Lo stesso consiglio vale per le domande a cui si è data una risposta che, compatibilmente con il tempo a disposizione, si vorrebbe verificare prima del termine della prova.

Scelta casuale della risposta?

La valutazione dei test avviene mediante l'attribuzione di un punteggio positivo per le risposte corrette (generalmente un punto per ogni risposta esatta) e, in molti casi, l'attribuzione di un punteggio negativo per ogni risposta errata (generalmente quantificato in una frazione di punto). Ai quesiti omessi, a cui cioè non si è risposto, viene di solito attribuito un punteggio nullo.

È molto diffusa la seguente attribuzione di punteggi:

- risposta esatta: + 1
- risposta errata: – 0,25 (– 1/4)
- risposta omessa: 0

La penalità sulle risposte errate è introdotta per ridurre il punteggio positivo che, statisticamente, il candidato potrebbe conseguire rispondendo a caso in assenza di tale penalità. Ma è allora conveniente o no rispondere a caso ai quesiti che non si sanno risolvere?

Si supponga di non conoscere assolutamente le risposte di 20 quesiti (con 5 risposte alternative ciascuno) della prova. Scegliendo a caso, si risponderebbe statisticamente in modo corretto a 4 esercizi (20/5) e si sbaglierebbero i restanti 16 quesiti. Il punteggio totalizzato sarebbe dunque:

- Risposte esatte: $4 \times (+1) = +4$
- Risposte errate: $16 \times (-1/4) = -4$
- Risposte nulle: $0 \times 0 = 0$
- Punteggio totale: $4 - 4 = 0$

Si otterrebbe quindi un punteggio nullo, esattamente identico a quello che si totalizzerebbe scegliendo di non rispondere ai 20 quesiti.

È evidente che il punteggio totalizzato rispondendo casualmente potrà essere tanto maggiore quanto minore sarà il numero di alternative tra cui si è indecisi e quanto minore è la penalità attribuita alle risposte errate. Il numero delle alternative tra cui si è indecisi non coincide necessariamente con quello delle alternative esistenti. Se, per esempio, le alternative proposte sono 5, ma si riesce a scartarne 2 perché si sa che sono errate, il numero da considerare per il confronto con la penalizzazione è 3 (cioè 5 – 2).

Più in generale, è possibile enunciare una regola utile che indica come comportarsi nel caso in cui non si riesca a identificare, tra le diverse risposte alternative, quella corretta:

conviene rispondere casualmente ogni volta che il numero di alternative tra cui si è indecisi è pari o inferiore al reciproco[1] del punteggio negativo attribuito alle risposte errate.

1. Due numeri sono reciproci quando il loro prodotto è uguale a 1.

Quindi, con tale modalità di attribuzione del punteggio, è sufficiente scartare una (o più) alternative per rendere conveniente rispondere a caso al quesito.

Scheda per le risposte e correzioni

Una volta individuata la risposta corretta a un quesito, il candidato deve segnarla su un'apposita *scheda per le risposte* (si veda la figura 1), distinta dal fascicolo contenente gli esercizi. Si tratta cioè di segnare la risposta esatta in corrispondenza del numero dell'esercizio appena risolto. Per la correzione delle schede vengono utilizzati *elaboratori elettronici* dotati di *lettori ottici*, il candidato deve quindi rispondere contrassegnando in modo opportuno lo spazio (un "cerchietto" o "quadratino") corrispondente all'alternativa ritenuta esatta. È comunque consigliabile **limitare al minimo le correzioni**. Si riporta di seguito un modello di tale scheda con l'indicazione di come effettuare le correzioni. Sia la scheda sia il metodo di correzione potrebbero cambiare in futuro ed è quindi importante leggere attentamente le istruzioni e le procedure di svolgimento della prova.

Sulle schede per le risposte sono solitamente presenti aree (con cerchi neri, codici a barre o altro) indispensabili al corretto funzionamento del sistema ottico di lettura e correzione. All'interno di tali aree è importante non apporre alcun segno di scrittura che potrebbe pregiudicare il corretto funzionamento del lettore.

Si raccomanda quindi di non apporre alcun segno al di fuori delle caselle previste e di non sgualcire o piegare la scheda.

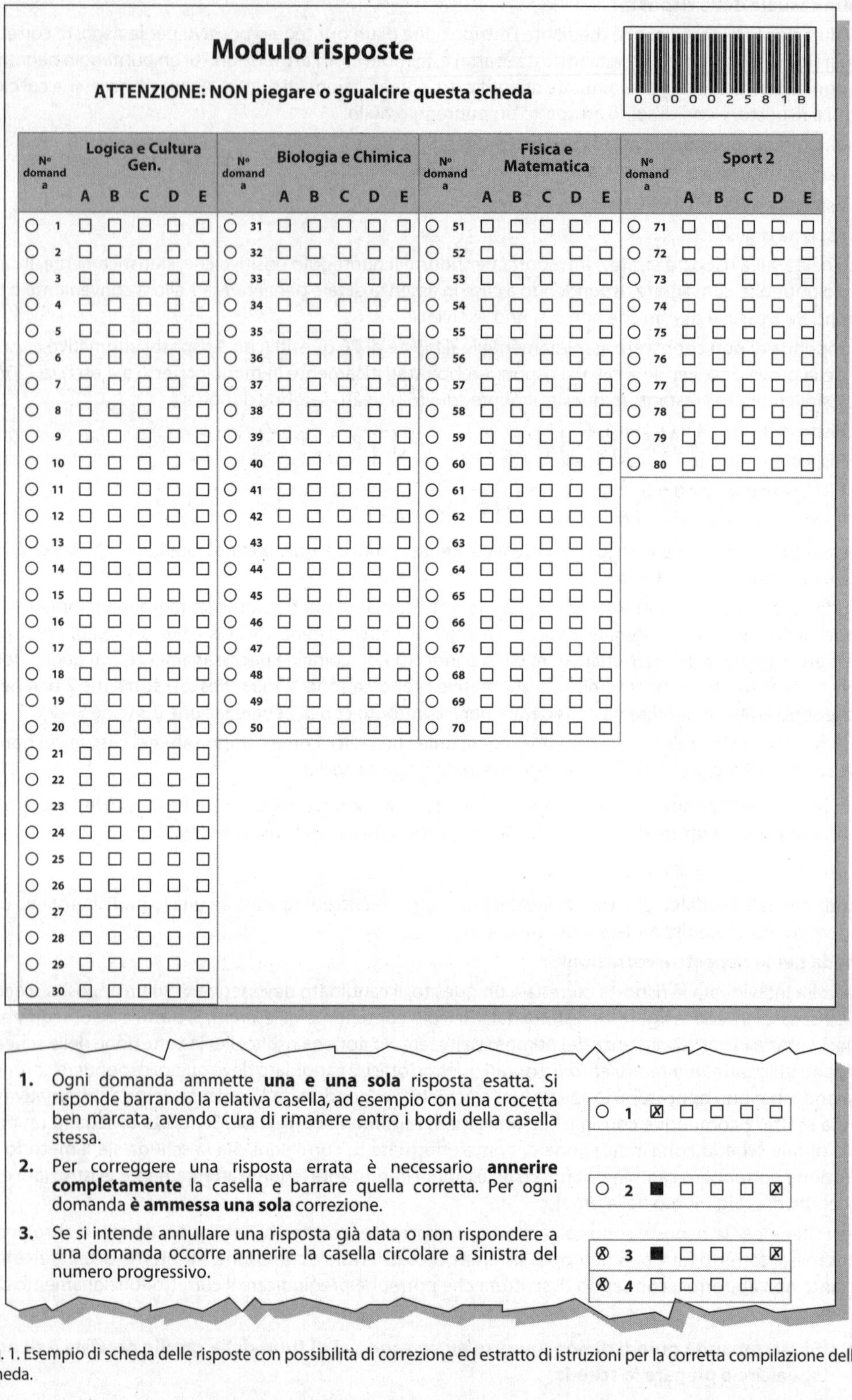

Fig. 1. Esempio di scheda delle risposte con possibilità di correzione ed estratto di istruzioni per la corretta compilazione della scheda.

parte prima

RAGIONAMENTO LOGICO E CULTURA GENERALE

Quesiti di ragionamento logico

1 **"Non è sbagliato evitare di rinunciare a non violare la legge pur non avendo dubbi sull'impossibilità di essere colti in flagrante". Qual è il corretto significato della precedente affermazionee?**

- A Non si deve violare la legge, in ogni caso
- B Si può scegliere se violare o meno la legge, a seconda della probabilità di essere colti in flagrante
- C Non si deve violare la legge perché si è sicuri di essere colti in flagrante
- D Si può violare la legge, in quanto si è sicuri di non essere colti in flagrante
- E A volte è possibile violare la legge

2 **Se l'affermazione "tutti i piloti sono persone colte" è FALSA, quale delle seguenti proposizioni è necessariamente vera?**

- A I piloti leggono poco
- B Almeno un pilota è colto
- C Almeno un pilota non è una persona colta
- D Nessun pilota è una persona colta
- E Almeno una persona colta è un pilota

3 **"Marco ama i dolci; chi è magro non ama i dolci; chi è attivo è magro". Se le precedenti affermazioni sono vere, allora è certamente FALSO che:**

- A Marco non è magro
- B le persone che amano i dolci non sono magre
- C le persone attive non amano i dolci
- D non tutte le persone magre sono attive
- E Marco è attivo

4 **Individuare il numero mancante.**

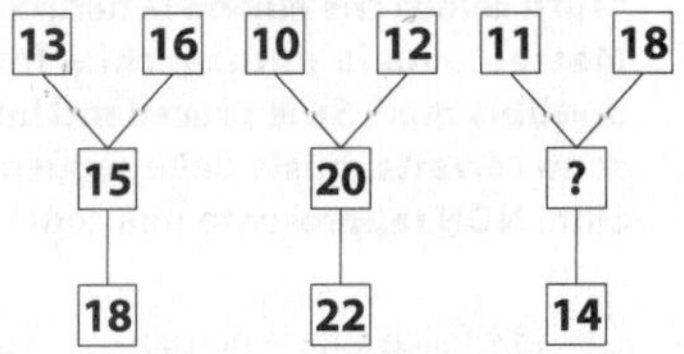

- A 3
- B 4
- C 26
- D 7
- E 9

5 **Se in una certa zona la piovosità è di 360 millimetri all'anno, quanto piove mediamente in due anni e 5 mesi?**

- A 970 millimetri
- B 570 millimetri
- C 870 millimetri
- D 1050 millimetri
- E 270 millimetri

6 **Il valore di un'automobile diminuisce del 20% ogni anno. Dopo 3 anni qual è il valore dell'automobile in percentuale, rispetto al valore iniziale?**

- A 40%
- B 48,8%
- C 46,7%
- D 59,5%
- E 51,2%

7 **Individuare l'alternativa da scartare.**

- A Neolitico
- B Paleozoico
- C Mesozoico
- D Medioevo
- E Giurassico

8 **Quattro amici, Stefano, Alessandro, Mauro e Diego, decidono di correre un percorso di 32 km dividendolo tra loro in quattro frazioni della medesima lunghezza. Stefano, primo frazionista, corre la sua porzione di strada a una velocità costante di 4 km/h, la stessa fatta registrare dall'ultimo dei quattro, Diego. Alessandro e Mauro, dal canto loro, riescono a mantenere una velocità costante che è pari al doppio di quella mantenuta da Stefano e Diego. Quanto tempo impiegano complessivamente i quattro amici a coprire l'intera distanza?**

- A 420 minuti
- B 240 minuti
- C 360 minuti
- D 300 minuti
- E 480 minuti

9 **Quali tra i termini proposti completano correttamente la seguente proporzione logica?**

396457 : 174235 = X : Y

- A X = 856873; Y = 734651
- B X = 235476; Y = 457698
- C X = 224567; Y = 113456
- D X = 564372; Y = 654238
- E X = 458693; Y = 236471

10 **Mario legge 30 pagine al giorno più di Christian che, a sua volta, ne legge un terzo più di Ernesto. Sapendo che Ernesto legge 60 pagine al giorno, qual è il numero minimo di giorni necessari ai tre amici insieme per leggere tutto il materiale di una ricerca per cui è necessario leggere complessivamente 1.000 pagine?**

- A 10 giorni
- B 4 giorni
- C 5 giorni
- D 8 giorni
- E 6 giorni

11 **La nefrite è una patologia che colpisce:**

- A naso
- B stomaco
- C cuore
- D reni
- E fegato

12 **Indicare la parola da scartare.**

- A Sangue
- B Rubino
- C Chianti
- D Pane
- E Fragola

13 **Individuare il numero che completa correttamente la serie:**

6, 12, 9, 8, 12, 4, ?

- A 14
- B 12
- C 16
- D 15
- E 8

14 **Completare correttamente la seguente frase.**

Nonostante fosse una persona solitamente..., il suo intervento al convegno era stato molto...

- A brillante - ascoltato
- B timido – sommesso
- C erudita – attento
- D intelligente – critico
- E leale – scorretto

15 **Individuare il termine etimologicamente anomalo:**

- A eufonico
- B euforico
- C euclideo
- D eupeptico
- E euritmico

16 **Individuare tra le alternative quella che contiene un'inesattezza rispetto a:**

Passeri Carla, Via Enrico Martini 6/A, Crema (CR)

Carbone Daniela, Piazza Roma 16, Isola Di Capo Rizzuto (KR)

Oppido Antonio, Via Saffo 17, Crotone (KR)

- A Carbone Daniela, Piazza Roma 16, Isola Di Capo Rizzuto (KR)
- B Oppido Antonio, Via Saffo 17, Crotone (KR)
- C Passeri Carla, Via Enrico Martini 6/A, Crema (CR)
- D Carbone Daniela, Piazza Roma 16, Isola Di Capo Rizzuto (CR)
- E Oppido Antonio, Via Saffo 17, Crotone (KR)

17 **"Affinché l'atleta vinca le Olimpiadi, occorre che si alleni tutto l'anno". Se l'affermazione precedente è vera, quale delle seguenti deve essere vera?**

- A Se l'atleta si allena tutto l'anno, allora vince le Olimpiadi
- B È sufficiente che l'atleta si alleni tutto l'anno perché vinca le Olimpiadi
- C Se l'atleta non ha vinto le Olimpiadi, allora non si è allenato tutto l'anno
- D Se l'atleta non si allena tutto l'anno, non vince le Olimpiadi
- E Allenarsi tutto l'anno è condizione necessaria e sufficiente affinché l'atleta vinca le Olimpiadi

18 **"Tutti coloro che amano la natura sono felici; Matteo ama la natura; chi è felice non si arrabbia mai". Se le precedenti informazioni sono corrette, quale delle seguenti affermazioni NON rappresenta una conclusione corretta?**

- A Chi è felice ama la natura
- B Matteo non si arrabbia mai
- C Matteo è felice
- D Chi ama la natura non si arrabbia mai
- E Chi si arrabbia non è felice

19 **"Solo se conservati nel congelatore, i surgelati non si deteriorano". In base alla precedente affermazione, quale delle seguenti NON è necessariamente vera?**

A La conservazione nel congelatore è necessaria affinché i surgelati non si deteriorino

B Se non conservati nel congelatore, i surgelati si deteriorano

C I surgelati deteriorati non sono stati conservati nel congelatore

D I surgelati non deteriorati sono stati conservati nel congelatore

E Condizione necessaria perché i surgelati non si deteriorino è che vengano conservati nel congelatore

20 **"Per poter continuare a giocare a pallavolo, Carlo deve risolvere il problema alla schiena". Se la precedente affermazione è vera, allora NON è certamente vero che:**

A se Carlo risolve il problema alla schiena allora può certamente continuare a giocare a pallavolo

B per Carlo è condizione necessaria risolvere il problema alla schiena per continuare a giocare a pallavolo

C risolvere il problema alla schiena non è condizione sufficiente per Carlo per poter continuare a giocare a pallavolo

D se non risolve il problema alla schiena, Carlo non può continuare a giocare a pallavolo

E se Carlo ha potuto continuare a giocare a pallavolo è perché ha risolto il problema alla schiena

21 **"Solamente dopo il lavaggio si può stirare la camicia". Se la precedente informazione è corretta, quale delle seguenti affermazioni NON rappresenta una conclusione corretta?**

A Se la camicia è stata stirata allora è stata lavata

B Se la camicia non è stata lavata allora non può essere stirata

C Se la camicia è stata lavata allora può essere stirata

D Se la camicia non è stata stirata allora non è stata lavata

E Condizione necessaria per poter stirare la camicia è che la camicia sia stata lavata

22 **Alla finale di una gara di sci di fondo la classifica dal 1° al 7° posto è la seguente: Aldo, Fausto, Ilaria, Gaia, Beatrice, Claudio, Enrico. Cinque di questi sette ragazzi usano la tecnica "di pattinaggio" e si sa che ad usare la tecnica "di pattinaggio" sono tre tra i primi quattro classificati e tre tra gli ultimi quattro classificati. Si può essere certi che a usare la tecnica "di pattinaggio" è:**

A Ilaria

B Claudio

C Gaia

D Fausto

E Nessuna delle altre alternative proposte è corretta

23 **Se l'affermazione "tutti i libri di fantascienza sono avvincenti" è FALSA, quale delle seguenti proposizioni è necessariamente vera?**

A Qualche libro di fantascienza non è avvincente

B Almeno un libro di fantascienza è avvincente

C Almeno un libro di fantascienza non è avvincente

D Nessun libro di fantascienza è avvincente

E Tutti i libri avvincenti sono libri di fantascienza

24 **"Angela è più grassa di Maria ma più magra di Chiara, la quale a sua volta è più grassa di Sara ma più magra di Lina". Se le precedenti affermazioni sono vere, quale delle seguenti è certamente vera?**

A Lina è più grassa di Angela

B Sara è più grassa di Angela

C Maria è più grassa di Sara

D Sara è più grassa di Maria

E Angela è più grassa di Sara

25 **Tra le alternative proposte, scegliere quella che completa correttamente la frase «non ... la tua festa per nulla al mondo; ci saremo sicuramente!».**

A Perdettimo

B Perdemmo

C Perdessimo

D Perderemmo

E Avessimo perso

26 **Indicare quale dei seguenti termini può essere considerato parte della serie GONFIO, ESAGERATO, MAGNILOQUENTE, ENFATICO, ...**

A UMILE
B CONCISO
C STRINGATO
D DIFETTOSO
E DECLAMATORIO

27 **Data la serie numerica:**

2, 23, 44, 65, 86...

il numero successivo sarà:

A 102 B 108 C 107
D 109 E 97

28 **I presidenti di due squadre di calcio, il dottor Rossi ed il commendator Bianchi, chiacchierano delle proprie squadre. Il dottor Rossi si vanta: "Indicami un giocatore della tua squadra, ed io ne troverò, nella mia, uno piu` veloce". Supponendo che il dottor Rossi dica la verità, si può concludere con certezza che:**

A per ogni giocatore della squadra del dottor Rossi c'è un giocatore più lento nella squadra del commendator Bianchi
B nella squadra del dottor Rossi c'è un giocatore che è più veloce di ogni giocatore della squadra del commendator Bianchi
C tutti i giocatori della squadra del dottor Rossi sono più veloci di un qualunque giocatore della squadra del commendator Bianchi
D nella squadra del commendator Bianchi c'é un giocatore più lento di ogni giocatore della squadra del dottor Rossi
E nella squadra del dottor Rossi nessun giocatore è lento

29 **Sapreste ricostruire, dalle seguenti informazioni, la disposizione dei sei libri menzionati in esse?**
(1) Il vocabolario si trova a destra del libro di poesie, ma non a fianco.
(2) Il romanzo è posto a fianco sia del giallo che del libro di storia.
(3) Il libro di racconti si trova ad una estremità e a fianco del vocabolario.
(4) Tra il libro di poesie e il giallo compaiono due libri.

A Poesie, Storia, Romanzo, Giallo, Vocabolario, Racconti
B Racconti, Poesie, Giallo, Romanzo, Storia, Vocabolario
C Poesie, Giallo, Romanzo, Storia, Vocabolario, Racconti
D Poesie, Giallo, Storia, Romanzo, Vocabolario, Racconti
E Giallo, Storia, Poesie, Romanzo, Vocabolario, Racconti

30 **Il piccolo Giorgio sta giocando con 256 tessere di legno colorato, tutte a forma di triangolo equilatero e aventi le stesse dimensioni. Ha costruito con tutte le tessere, affiancandole, un grande triangolo equilatero; qual è il rapporto tra il lato del triangolo ottenuto e quello di ciascuna tessera?**

A 10:1
B 20:1
C 16:1
D 15:1
E 14:1

31 **Osservando le lancette di un suo orologio, Ernesto nota che esso ha accumulato esattamente un'ora di ritardo in tre giorni esatti. Tra quanto tempo, a partire da questo istante, l'orologio segnerà di nuovo l'ora esatta, se continuerà a funzionare con lo stesso ritmo?**

A 36 giorni
B 72 giorni
C 33 giorni
D 48 giorni
E 24 giorni

32 **Un aereo parte da Parigi per New York nello stesso istante in cui un altro aereo parte da New York per Parigi. I due velivoli percorrono la stessa rotta in direzioni opposte e il primo mantiene una velocità media doppia rispetto al secondo. Quando i due aerei si incontreranno, quale dei due sarà più distante da Parigi?**

A Per i due aerei la distanza da Parigi sarà la stessa
B L'aereo partito da Parigi
C L'aereo partito da New York
D Dipende dall'orario di partenza
E I dati sono insufficienti per rispondere

33 **Si consideri un numero di tre cifre dove la cifra delle decine è uguale alla somma di quella delle centinaia con quella delle unità. Se si somma il numero di tre cifre con quello ottenuto scambiando la cifra delle unità con quella delle centinaia e si divide il risultato per la somma delle cifre del numero dato, si ottiene un numero:**

A maggiore di 50 ma minore di 100
B minore di 50
C che dipende dal numero di partenza
D uguale a 50
E maggiore di 100

34 "Luigi sarà rilassato se e solo se si concederà una vacanza". In base alla precedente affermazione, quale delle seguenti NON è necessariamente vera?

A È necessario che Luigi si conceda una vacanza per essere rilassato
B Se Luigi non sarà rilassato, vuol dire che non si sarà concesso una vacanza
C Se Luigi non si concederà una vacanza, non potrà essere rilassato
D Anche se Luigi si concederà una vacanza, potrà non essere rilassato
E È sufficiente che Luigi si conceda una vacanza per essere rilassato

35 (A) Una delle caratteristiche dello Stato di Natura era rappresentata dall'eguaglianza tra gli uomini. (B) Allontanandosi, con la civiltà, dallo Stato di Natura, gli uomini sono diventati più infelici. Una sola delle conclusioni sotto elencate è autorizzata esplicitamente dalle sole premesse A e B:

A lo Stato di Natura è più felice di quello della civiltà
B l'ineguaglianza è per tutti motivo di infelicità
C l'ineguaglianza è caratteristica della civiltà
D non vi è felicità per gli uomini senza eguaglianza
E l'eguaglianza tra gli uomini è una caratteristica della civiltà

36 "Nessun amante della musica ama la pittura; tutti gli scultori amano la pittura; tutti gli amanti della musica sono persone allegre". Se le precedenti affermazioni sono vere, allora è certamente vero che:

A nessuno scultore è una persona allegra
B nessun amante della pittura è una persona allegra
C chi ama la pittura ama anche la musica
D non è detto che alcuni amanti della musica non siano scultori
E non è detto che alcuni amanti della pittura non siano persone allegre

37 ASe:

@ + @ + @ = ß - ¥ + @ + @

ß = 3

@ = ¥

allora ¥ è uguale a:

A 3/2
B -3/2
C -1
D -3/2
E 2/3

38 Completare correttamente la seguente successione numerica:

27; 81; 69; 207; 195; 585; ?; ?

A 1.719; 572
B 573; 1.721
C 572; 1.724
D 573; 1.719
E 572; 572

39 Si vuole sapere quanti studenti di un corso universitario hanno ricevuto un voto minore della media in una sessione d'esame. Si hanno le seguenti due informazioni: (A) il punteggio medio è stato 25,6 (B) 135 studenti hanno sostenuto l'esame nella sessione. Quale delle seguenti affermazioni è corretta?

A L'informazione (A) è sufficiente
B L'informazione (B) è sufficiente
C È necessario conoscere il numero di docenti presenti all'esame
D La coppia di informazioni è sufficiente
E La coppia di informazioni non è sufficiente

40 Una strada lunga 102 metri ha in totale 36 platani posti su entrambi i lati. Sapendo che i platani sono tra loro equidistanti, a quale distanza è posto un platano dall'altro?

A 2 metri
B 3 metri
C 6 metri
D Circa 2,8 metri
E Circa 5,7 metri

41 Lungo la fascia di frontiera tra due nazioni si sente parlare in due sole lingue. C'è un paese nel quale il 60% degli abitanti parla la lingua A e l'80% parla la lingua B. Quale percentuale parla entrambe le lingue?

A 60%
B 40%
C 70%
D 20%
E I dati non sono sufficienti per rispondere

42 Se AGRESTE sta a RURALE allora è corretto che RAFFINATO stia a....

A SUPPONENTE
B VILLANO
C DISTINTO
D BUCOLICO
E CAMPESTRE

43 **Giovanni entra in camera da letto al buio, per non svegliare sua moglie Luisa. Nel suo cassetto vi sono 7 paia di calze indistinguibili al tatto, di cui quattro paia blu e tre paia grigie. Quella mattina gli va bene uno qualsiasi dei due colori. Qual è il numero minimo di calze che deve prendere per essere sicuro di averne almeno due dello stesso colore?**

A 3
B 7
C 2
D 4
E 13

44 **"Non è vero che Maria non è bassa" ha lo stesso significato di:**

A Maria è tozza
B Maria è bassa
C è falso che Maria è bassa
D Maria è alta
E Maria non è bassa

45 **Una fotocopiatrice costa 2.400 euro più 2/3 del costo della fotocopiatrice stessa. Qual è la spesa totale per la fotocopiatrice?**

A 3.600 euro
B 6.625 euro
C 7.200 euro
D 1.600 euro
E 4.000 euro

46 **Se cinque muratori costruiscono un muro di cinta lungo 5 metri in un quarto d'ora, quanti muratori sarebbero teoricamente necessari per costruirne uno della stessa altezza e della stessa larghezza, ma lungo 50 metri, in 9.000 secondi?**

A 5
B 10
C 12
D 15
E 7

47 **A è una quantità minore di B, e B è maggiore o uguale a C. Quale delle seguenti affermazioni è sempre vera?**

A A è minore di C
B A è uguale a C
C A è minore o uguale a C
D Non si può stabilire una relazione tra A e C sempre valida
E A è maggiore o uguale a C

48 **Una chitarra ha sempre:**

A sonaglio
B corde
C chiave
D plettro
E amplificatore

49 **Individuare tra le alternative quella che contiene un'inesattezza rispetto a:**

Pini Laura, Via Tubi 12, Lecco (LC)

Mina Giuliano, Via C.L. Prisco 16, Castellammare Di Stabia (NA)

Destino M. Antonietta, Via G. Leopardi 36, Mesagne (BR)

A Mina Giuliano, Via C.L. Prisco 16, Castellammare Di Stabia (NA)
B Destino M. Antonietta, Via G. Leopardi 36, Mesagne (BR)
C Pini Laura, Via Tubi 12, Lecco (LC)
D Destino M. Antonietta, Via G. Leopardi 36, Mesegne (BR)
E Mina Giuliano, Via C.L. Prisco 16, Castellammare Di Stabia (NA)

50 **Inverti l'ordine delle lettere delle parole che seguono e individua quale non indica una disciplina sportiva:**

A otoun
B teksab
C ordnedodor
D sinnet
E oiclac

51 **Un sarto acquista 2 rotoli di stoffa rispettivamente di 55 e 95 metri. Da essi taglia alcuni pezzi, tutti della sessa lunghezza, per cui gli avanzano 3 metri dal primo rotolo e 4 metri dal secondo. Quanti pezzi ha tagliato in tutto?**

A 11
B 9
C 17
D 14
E 15

52 **______________ non si propone di guidare la coscienza degli individui verso il bene morale. Indica piuttosto i comportamenti che è opportuno tenere nell'ambito della professione, o quelli da evitare per impedire che l'immagine sociale della professione stessa venga offuscata. Quale parola funge da soggetto a questo periodo?**

A La normativa
B La deontologia
C La correttezza
D La statistica
E L'etica

53 **Marco è un atleta bravo quanto Mario. Mario è più bravo della media degli atleti. Questo significa che:**

A Mario è più bravo di Marco
B Marco è più bravo di Mario
C Marco non è inferiore alla media degli atleti
D Mario è sotto la media
E Marco è il migliore fra gli atleti

54 **Tutti i miei amici hanno la patente. Alcuni di essi non hanno la macchina. Questo significa che:**

A i miei amici non hanno la macchina
B alcuni miei amici non hanno la patente ma hanno la macchina
C alcuni miei amici non hanno la macchina e neppure la patente
D tutti i miei amici hanno la patente e la macchina
E alcuni miei amici, pur essendo patentati, non hanno la machina

55 **Se tutti gli uomini hanno la barba e tutti i militari sono uomini, quale affermazione fra le seguenti è vera?**

A Tutti i militari hanno la barba
B Tutti gli uomini non hanno la barba
C Tutti gli uomini fanno il servizio militare
D Solo i militari portano la barba
E Tutti i militari non hanno la barba

56 **Inserisci la parola mancante tra parentesi:**
Topolino [lira] radio
Automobile [...] violino

A viola
B bivio
C mobile
D lino
E moviola

57 **Individuare il numero mancante.**

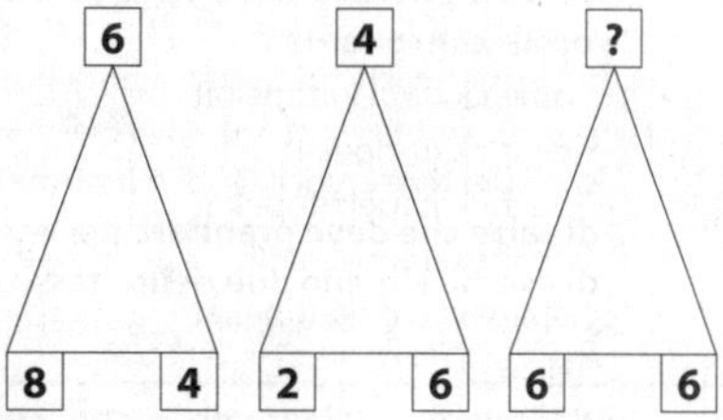

A 5
B 4
C 6
D 3
E 8

58 **Individua il titolo da scartare:**

A *La pioggia nel pineto*
B *Soldati*
C *La capra*
D *Alba chiara*
E *L'infinito*

59 **Indicare la parola da scartare.**

A Cheratina
B Albumina
C Collagene
D Clorofilla
E Emoglobina

60 **In una scuola milanese gli studenti studiano l'inglese e/o il francese. Il 70% studia l'inglese e il 60% studia il francese. Quale percentuale di studenti studia entrambe le lingue?**

A 65%
B 10%
C 30%
D 40%
E i dati del problema sono insufficienti per rispondere

61 **Quale delle seguenti alternative contiene una lettera ripetuta esattamente cinque volte?**

A JVCCVVJJVCJC
B PMNDDNMPNMPDPD
C XXGAAXGAAXAAXG
D JHZZHSZSSHHZ
E Nessuna delle altre alternative è corretta

62 **Indicare in quale delle seguenti alternative viene rispettata la regola di alternanza "vocale-consonante".**

A opapekatapekatppekat
B opapekatuqpekat
C poapekatapekatupekat
D opapekataupekat
E opapekatapekatupekat

63 **Individuare il diagramma che soddisfa la relazione insiemistica esistente tra i termini dati: Porti, Capitani, Barche a vela**

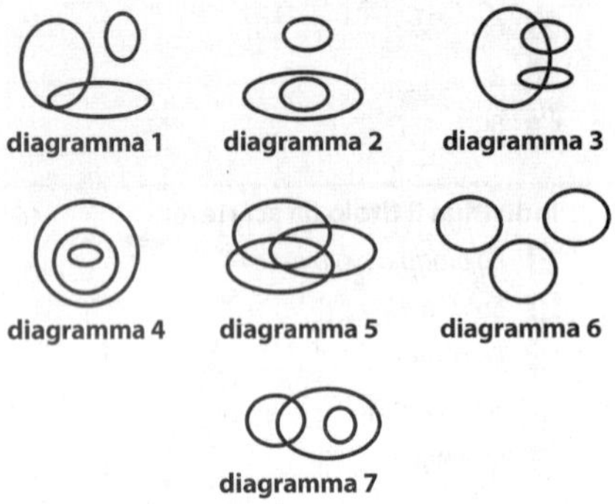

A Diagramma 2
B Diagramma 6
C Diagramma 3
D Diagramma 1
E Diagramma 5

64 **La somma di tre numeri è 1000. Il primo è due terzi del secondo e il secondo è tre quinti del terzo. I tre numeri sono:**

A 200; 300; 500
B 200; 200; 600
C 200; 400; 400
D 500; 200; 300
E 150; 350; 500

65 **Individuare la parola che completa correttamente la serie: aiuto - aiuola - auspicio - ?**

A antipatico
B annesso
C allegro
D attore
E ausiliario

66 **Individuare la città da scartare.**

A Roma
B Parigi
C Berlino
D Bratislava
E Ottawa

67 **Inserire l'unica parola che completa la prima e forma l'inizio della seconda: o[...]no**

A lio
B pia
C ste
D tre
E dio

68 **ESe:**

$ + 2 · £ + @ = 4 £

$ = £

@ = 3

allora £ è uguale a:

A 4
B 5
C 6
D 2
E 3

69 **Indicare la parola da scartare.**

A Serpente
B Coniglio
C Gnu
D Pipistrello
E Balena

70 **Il piccolo Alessio sta giocando con 529 tessere di legno colorato, tutte a forma di triangolo equilatero e aventi le stesse dimensioni. Costruisce con tutte le tessere, affiancandole, un grande triangolo equilatero. Considerando il lato di ogni tessera come unità di misura u, quanto vale il perimetro del triangolo ottenuto?**

A 12 u
B 46 u
C 23 u
D 69 u
E 72 u

71 **Si consideri un numero di tre cifre dove la cifra delle centinaia è uguale alla somma di quella delle decine con quella delle unità. Se si somma questo numero con quello ottenuto scambiando la cifra delle decine con quella delle unità e si divide il risultato per la somma delle cifre del numero dato, si ottiene un numero:**

A 105,5
B 110,5
C 100,5
D 155,0
E che dipende dal numero di partenza

72 La successione di lettere STTSSSTUUVVVU è identica a:

A STTSSUVTUVVVU
B STTSSUTUTVVVU
C STTSSSTUUVVVU
D STTSSSTVUVVUU
E STTSTSUUTSVVU

73 Come si definisce un prodotto alimentare contenente sostanze proibite dalla legge?

A Falsificato
B Sofisticato
C Nocivo
D Contraffatto
E Contaminato

74 Scartare una delle otto terne di simboli.

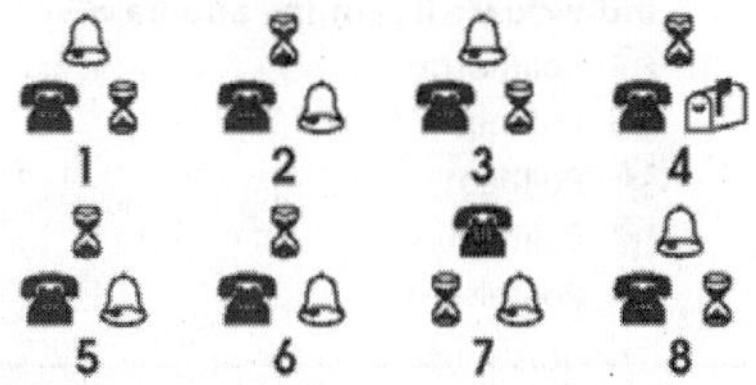

A Terna 1
B Terna 3
C Terna 4
D Terna 5
E Terna 8

75 Se si riduce l'altezza di un rettangolo del 20% e si incrementa la base del 20%, allora l'area del nuovo rettangolo rispetto all'area del rettangolo iniziale risulta essere:

A diminuita del 40%
B invariata
C diminuita del 4%
D aumentata del 20%
E aumentata del 10%

76 La recinzione di un vigneto prevede che si piantino pali a distanza di 6 m l'uno dall'altro. Quanti pali in più sono necessari per recintare un vigneto quadrato di area quadrupla rispetto a un altro vigneto quadrato che ha il perimetro pari a 120 m?

A 80
B 40
C 20
D 60
E 32

77 Una bandierina di segnalazione emerge da un tratto di mare. L'asta rigida della bandierina è incernierata al fondale e, quando è verticale, la bandiera svetta 10 cm sopra il pelo dell'acqua. Quando il vento fa inclinare l'asta, la bandierina tocca l'acqua a 40 cm di distanza dalla verticale. A quale profondità è incernierata l'asta?

A 30
B 50 cm
C 80 cm
D 40 cm
E 75 cm

78 "Tutti i nuotatori olimpionici hanno spalle larghe. Nessun tennista è un nuotatore olimpionico".

1) Qualche tennista potrebbe avere le spalle larghe
2) Nessun tennista ha le spalle larghe
3) Solo i nuotatori hanno spalle larghe
4) Non è escluso che alcuni tennisti sappiano nuotare

In base alle proposizioni virgolettate, quale alternativa indica, tra le precedenti affermazioni, quelle certamente vere?

A 1 - 4
B 2 - 3
C 4 - 3
D 2 - 1
E 4 - 2

79 Se Enrico ha la stessa età di Antonio e quest'ultimo è maggiore di Giuseppe, figlio di Enrico, Antonio potrebbe essere:

A il fratello di Giuseppe
B il fratello maggiore di Enrico
C il nonno patemo di Giuseppe
D il fratello gemello di Enrico
E nessuna delle persone precedenti

80 Se un uomo impiega 15 minuti per mangiare 4 uova, quanto impiegherà per mangiare il doppio della metà di una dozzina d'uova più 4 uova?

A 1 ora
B 30 minuti
C 2 ore
D 180 minuti
E 37,5 minuti

81 **Completare correttamente la seguente successione numerica:**
10; 19; 17; ?; 24; 11; ?; 7

- A 15; 31
- B 15; 7
- C 31; 7
- D 26; 31
- E 7;15

82 **Un gioco ha le seguenti regole: se un numero è divisibile per 3 vale 5 punti; se è divisibile per 4 vale 3 punti. In base a tali regole, quale dei seguenti numeri vale di più?**

- A 33
- B 22
- C 4
- D 44
- E 28

83 **Individuare quale delle seguenti frasi contiene un errore:**

- A in relazione all'assemblea svoltasi nello scorso mese verrà distribuita ai dipendenti una relazione sintetica
- B se avessi visto anche tu sua sorella te ne saresti sicuramente innamorato
- C continuando di questo passo diventerai dottore in meno di tre anni
- D se avessi saputo attendere avessi avuto quello che volevi
- E se uno studente non si applica, verrà bocciato

84 **… sta a bisturi come contadino sta…**

- A mucca – campo
- B chirurgo – terra
- C patata – terra
- D chirurgo – aratro
- E malattia – terra

85 **Qual è quel numero il cui 5% è uguale a 40?**

- A 20
- B 2.000
- C 200
- D 80
- E 800

86 **Se 15 donne su 100 sono bionde, quante donne su 300 non sono bionde?**

- A 45
- B 255
- C 85
- D 285
- E Non si può sapere

87 **Abbinare correttamente le seguenti espressioni con la definizione delle figure retoriche in esse contenute.**

1. Il maestro furibondo ci invitò a uscire.
2. Tacerò i tuoi difetti, la tua avarizia, la tua iracondia, e penserò alle tue virtù.
3. Parlo di colui la cui astuzia fece cadere Troia.
4. Quel pugile è una roccia.

a) eufemismo
b) preterizione
c) metafora
d) perifrasi

- A 1-d, 2-b; 3-c; 4-a
- B 1-a, 2-b; 3-d; 4-c
- C 1-a, 2-c; 3-d; 4-b
- D 1-c, 2-d; 3-a; 4-b
- E 1-c, 2-d; 3-b; 4-a

88 **Individuare il termine anomalo.**

- A Poliglotta
- B Polimorto
- C Politico
- D Politecnico
- E Politeismo

89 **Individuare la parola che completa correttamente la serie:**

idraulico - falegname - fabbro - ?

- A ingegnere
- B meccanico
- C avvocato
- D medico
- E poeta

90 **Completare correttamente la seguente frase.**
Poiché il nemico aveva reputazione di lanciarsi in attacchi improvvisi, stavamo … all'erta.

- A occasionalmente
- B costantemente
- C evidentemente
- D frequentemente
- E inevitabilmente

91 **Individuare, attraverso un ragionamento analogico, i termini che completano correttamente la seguente proporzione:**

Raffaello : X = Botticelli : Y

- A X = Roma; Y = Torino
- B X = Torino; Y = Firenze
- C X = Firenze; Y = Firenze
- D X = Urbino; Y= Firenze
- E X = Roma; Y = Firenze

92 **"Non è sbagliato evitare di rinunciare a non violare la legge pur non avendo dubbi sull'impossibilità di essere colti in flagrante". Qual è il corretto significato della precedente affermazione?**

- A Conviene in ogni caso non farsi cogliere in flagrante reato
- B Si può scegliere se violare o meno la legge, a seconda della probabilità di essere colti in flagrante
- C Si può violare la legge, in quanto si è sicuri di non essere colti in flagrante
- D Non si deve violare la legge, in ogni caso
- E Non si deve violare la legge perché si è sicuri di essere colti in flagrante

93 **Completare correttamente la seguente successione:**

?; ?; 32; 29; 24; 21; 16; 13; 8

- A 37; 35
- B 40; 39
- C 40; 37
- D 38; 40
- E 37; 39

94 **Quali, tra i termini proposti, completano correttamente la seguente proporzione verbale?**

Disturbare : X = galvanizzare : Y

- A X = distogliere; Y = avvilire
- B X = distruggere; Y = pungere
- C X = importunare; Y = scoraggiare
- D X = tranquillizzare; Y = esaltare
- E X = infastidire; Y = entusiasmare

95 **Un'asta di metallo lunga 1 metro è sospesa per il suo centro. A 40 cm dall'estremità sinistra è agganciato un peso di 45 kg, mentre all'estremità opposta è agganciato un peso di 9 kg. Cosa è necessario fare per equilibrare l'asta e mantenerla in posizione orizzontale?**

- A Aggiungere, al peso agganciato a sinistra, un ulteriore peso di 9 kg
- B Aggiungere, al peso agganciato a destra, un ulteriore peso di 45 kg
- C Nulla, l'asta è già in equilibrio
- D Aggiungere, al peso agganciato a destra, un ulteriore peso di 9 kg
- E Aggiungere, al peso agganciato a sinistra, un ulteriore peso di 45 kg

96 **A un ricevimento partecipano 100 persone. Fra di esse almeno una è donna. Se prendo a caso due persone, tra di esse vi sarà sempre almeno un uomo. Quanti sono gli uomini?**

- A 50
- B 77
- C 90
- D 88
- E 99

97 **Indicare la parola da scartare.**

- A Lago d'Orta
- B Lago Maggiore
- C Lago di Como
- D Lago di Garda
- E Lago d'Iseo

98 **Se:**

@ + 12 + • = £ – •

@ = –5

• = 4

allora £ è uguale a:

- A 3
- B –10
- C 10
- D 15
- E –15

99 **Due bambine, Sara e Romina, hanno in totale 24 caramelle e decidono di sfidarsi in una gara di indovinelli: per ogni risposta sbagliata il pegno sarà una caramella. Dopo 4 risposte errate date da Romina, Sara ha il doppio delle caramelle rispetto all'amichetta. All'inizio della gara quante caramelle aveva ogni bambina?**

- A 18 e 6
- B 8 e 16
- C 12 e 12
- D 10 e 14
- E 11 e 13

100 **Determinare quale delle seguenti situazioni è NON compatibile con l'affermazione: "per superare questo test è necessario, ma non sufficiente, conoscere la matematica e non arrivare in ritardo".**

- A Massimo non conosce la matematica, arriva puntuale, e supera il test
- B Carlo conosce la matematica, arriva puntuale, e supera il test
- C Riccardo conosce la matematica, arriva puntuale, e non supera il test
- D Mimma non conosce la matematica, arriva in orario, e non supera il test
- E Letizia arriva puntuale e non supera il test

Leggere il brano seguente e rispondere alla relativa domanda

L'isola di Creta è in una posizione geografica particolarmente favorevole: allungandosi da Ovest a Est, è un ponte naturale dal Peloponneso all'Asia Minore. Il suo carattere prevalentemente montuoso consente lo sfruttamento del suolo soltanto in piccole zone: la fascia costiera Canea, la pianura di Eraclion, dove sorge Cnosso, la pianura orientale costiera dove c'è Zakros e la pianura di Mesarà, nella quale si trovano Festos e Haghia Triada. La disposizione stessa dei palazzi al centro delle aree pianeggianti mostra subito quale fosse la loro principale funzione: la raccolta dei prodotti agricoli e la loro ridistribuzione. Nel neolitico, con la trasformazione dell'uomo da cacciatore in agricoltore, il passaggio dall'insediamento più antico, in grotta, allo stanziamento all'aperto è molto probabilmente legato allo sviluppo dell'agricoltura. Dei primi insediamenti all'aperto, presumibilmente capanne di paglia e fango, non sono rimaste tracce. Le più antiche strutture risalgono al sub-neolitico/Minoico Antico I e testimoniano, pur nella loro semplicità, un'abitazione legata all'agricoltura. La pianta di una casa di Magasà (circa 2800 a.C.) presenta un ingresso che si affaccia su di un vestibolo usato forse come magazzino, da dove si passa in un'unica stanza. Questa struttura racchiude in sé i due elementi tipici dell'architettura minoica.

101 Su quale dei seguenti argomenti non sono fornite informazioni dal testo?

- A La morfologia dell'isola di Creta
- B L'uso del territorio in epoca minoica
- C Il passaggio dal Paleolitico al Neolitico
- D La topografia dell'edilizia privata
- E La topografia dell'edilizia pubblica

Leggere il testo del problema e rispondere alla relativa domanda.

Marco ha quattro fratelli: Andrea, Cesare, Donato e Biagio. Ognuno è sposato con una delle quattro sorelle di Elena, la moglie di Marco, e che sono Nausica, Lucia, Alma e Maria. Si sa inoltre che:

- Marco è più grande di Biagio;
- Cesare è più piccolo solo di Andrea;
- Davide, il più piccolo dei cinque fratelli, ha sposato Nausica;
- Alma ha sposato il fratello immediatamente precedente al più giovane dei cinque.

102 Quale delle seguenti affermazioni è certamente vera?

- A Maria è la moglie di Andrea
- B Alma non è la moglie di Cesare
- C Andrea è il marito di Lucia
- D Cesare è il marito di Maria
- E Maria e Biagio sono sposati tra loro

103 Giovanni è stato assunto da due anni in una casa editrice e lavora tutti i giorni al suo computer correggendo i testi degli autori in modo sempre più preciso e puntuale.

Dalla precedente affermazione si deduce che:

- A i testi che arrivano a Giovanni sono sempre pieni di errori
- B Giovanni è un informatico
- C a Giovanni piace il proprio lavoro
- D Giovanni con il tempo ha affinato le sue competenze lavorative
- E Giovanni è uno scrittore

104 Quali, tra i termini proposti, completano correttamente la seguente proporzione?

Impoverire : X = assolvere : Y

- A X = rovinare; Y = trascurare
- B X = depauperare; Y = esentare
- C X = arricchire; Y = liberare
- D X = rimpinguare; Y = liberare
- E X = sfruttare; Y = punire

105 Individuare la figura da scartare.

A 

B 

C 

D 

E 

106 Lima sta a Perù come Stoccolma sta a:

- A Norvegia
- B Cina
- C Svezia
- D Italia
- E Australia

107 Se Antonio pesa 70 kg e Giuseppe pesa 65 kg:

A Antonio è più alto di Giuseppe
B è molto probabile che Antonio e Giuseppe abbiano la stessa altezza
C Antonio e Giuseppe hanno certamente altezze diverse
D le altezze dei due sono proporzionali al loro peso
E tutte le risposte precedenti sono errate

108 Se in una gara di staffetta 4x100 Luigi parte prima di Giuseppe, Marco parte prima di Giuseppe, Cesare parte prima di Giuseppe e Luigi parte prima di Cesare :

A Luigi è il primo a partire
B Giuseppe non parte per ultimo
C Marco è il secondo a partire
D Cesare è il terzo a partire
E Non si sa chi parte per primo

109 Individuare il diagramma che soddisfa la relazione insiemistica esistente tra i termini dati: Studenti, Persone che parlano inglese, Città della Gran Bretagna

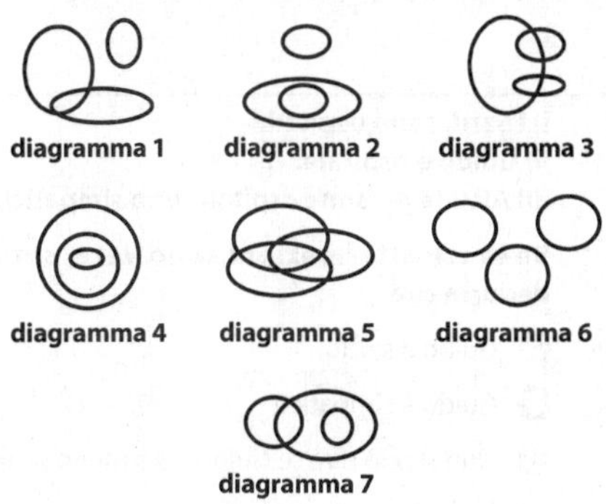

A Diagramma 3
B Diagramma 5
C Diagramma 2
D Diagramma 4
E Diagramma 1

110 Tra le alternative proposte, scegliere quella che completa correttamente la frase «saremmo molto contenti se qualcuno di voi ... alle nostre domande».

A Rispondesse
B Rispondeva
C Risponderebbe
D Ebbe risposto
E Avrebbe risposto

111 Indicare quale dei seguenti termini può essere considerato parte della serie LITIGARE, BISTICCIARE, CONTENDERE, CONTRASTARE, ...

A RICONCILIARSI
B ACCORDARSI
C PALESARE
D DISPUTARE
E FRATERNIZZARE

112 Individuare il diagramma che soddisfa la relazione insiemistica esistente tra i termini dati: Medici, Siringhe, Aspirine

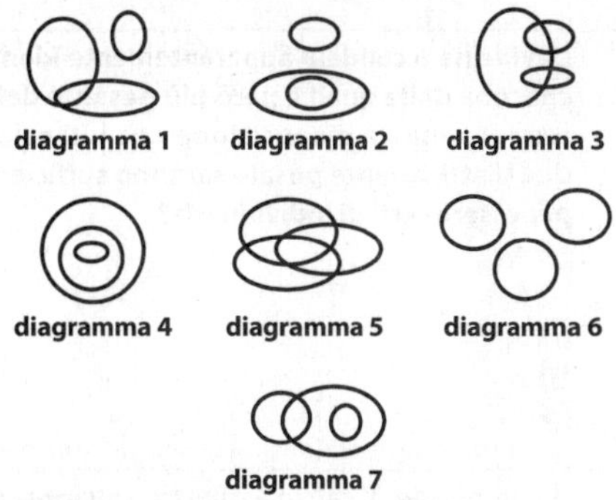

A Diagramma 5
B Diagramma 1
C Diagramma 6
D Diagramma 4
E Diagramma 3

113 Se AFFIGGERE sta a ATTACCARE allora è corretto che STACCARE stia a....

A DISTACCARE
B ADERIRE
C FORARE
D APPENDERE
E CONFICCARE

114 Daniela possiede 9 timbri apparentemente identici, uno dei quali è però più pesante degli altri. Avendo a disposizione una bilancia a due piatti, quante pesate saranno sufficienti per essere certi di individuarlo?

A 4
B 2
C 3
D 5
E 6

115 Un'asta di metallo lunga 1 metro è sospesa per il suo centro. A 30 cm dall'estremità sinistra è agganciato un peso di 5 kg, mentre all'estremità opposta è agganciato un peso di 24 kg. Cosa è necessario fare per equilibrare l'asta e mantenerla in posizione orizzontale?

- A Aggiungere, al peso agganciato a destra, un ulteriore peso di 12 kg
- B Aggiungere, al peso agganciato a sinistra, un ulteriore peso di 19 kg
- C Nulla, l'asta è già in equilibrio
- D Aggiungere, al peso agganciato a destra, un ulteriore peso di 22 kg
- E Aggiungere, al peso agganciato a sinistra, un ulteriore peso di 55 kg

116 Davide ha 6 candele apparentemente identiche, una delle quali è però più pesante delle altre. Avendo a disposizione una bilancia a due piatti, quante pesate saranno sufficienti per essere certi di individuarla?

- A 4
- B 5
- C 3
- D 2
- E 1

117 In un torneo di calcio a quattro squadre con 3 punti per la vittoria, 1 punto per il pareggio e 0 punti per la sconfitta, la prima classificata, dopo tre incontri, ha totalizzato 7 punti perché:

- A non ha mai perso
- B ha subito una sola sconfitta
- C ha pareggiato 2 volte
- D ha sempre vinto
- E ha perso solo una volta

118 Cinque persone si inviano messaggi con il telefono cellulare. Ciascuno invia un messaggio a tutti gli altri. Quanti sono i messaggi inviati in totale?

- A 5
- B 25
- C 20
- D 10
- E 18

119 Individuare l'alternativa che contiene una sequenza di elementi identica alla sequenza seguente: HTTHHHTTHT.

- A HTTTHHTTHT
- B HTTHHHTHT
- C HTTHHHTTHT
- D HTTHTHTTHT
- E HTTHHTHTHT

120 Se ALACRE sta a OPEROSO allora è corretto che INERTE stia a....

- A INFATICABILE
- B REATTIVO
- C ALTERO
- D ATTIVO
- E INDOLENTE

121 Individuare la figura mancante.

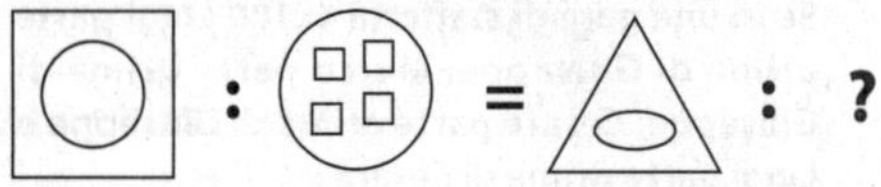

A 

B 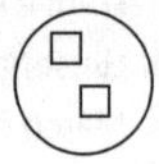

C 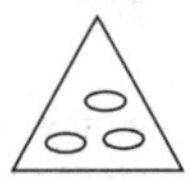

D 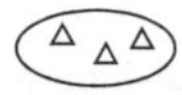

E 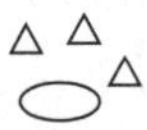

122 i) I Sardi sono ospitali.
ii) Guido è ospitale.
iii) Alcune persone ospitali sono simpatiche.

Se le tre affermazioni sono vere, si può dedurre che:

- A Guido è sardo
- B Guido è simpatico
- C Non si può dire se Guido sia o meno simpatico
- D I sardi sono tutti simpatici
- E solo chi è simpatico può essere sardo

123 CSe:

MK - 6 + TZ = YW + ZA + TZ

MK = YW

allora ZA è uguale a:

- A -3
- B 12
- C -6
- D 6
- E -8

124 Individuare la versione in negativo della figura data.

A 

B 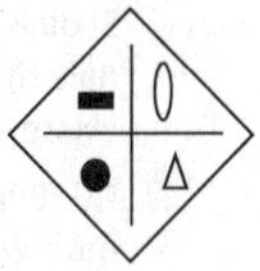

C 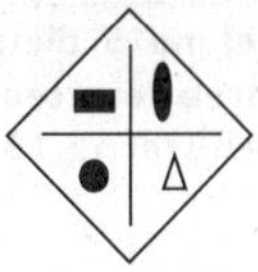

D 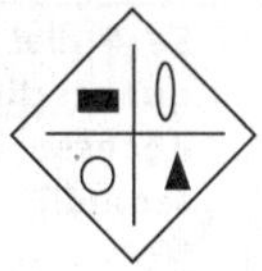

E 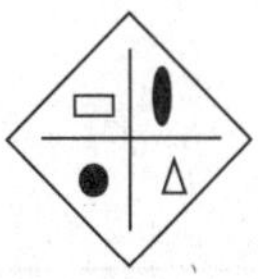

125 Carlo ha deciso di rivestire il pavimento della propria camera con piastrelle adesive di forma quadrata, aventi lato pari a 25 cm. Per prima cosa dispone le piastrelle lungo il perimetro della stanza e successivamente posiziona le piastrelle all'interno del perimetro. Sapendo che la stanza ha dimensioni pari a 4 x 6 metri, quante piastrelle occorrono a Carlo per completarne il perimetro?

A 84
B 162
C 80
D 76
E 384

126 Undici giocatori di una squadra di calcio sono invitati dall'arbitro, prima della partita, a stringere la mano degli undici della squadra avversaria. Quante sono le strette di mano?

A 121
B 101
C 77
D 55
E 45

127 Giacomo, Giorgio e Samuele sono tre amici, ciascuno di quali fa due diversi mestieri fra i seguenti: autista, muratore, musicista, pittore, giardiniere e barbiere. Considerando che: (1) l'autista esaspera il musicista ridendo di lui; (2) il musicista ed il giardiniere sono soliti andare a pesca con Samuele; (3) l'autista è innamorato della sorella del pittore; (4) Giacomo deve al giardiniere una somma di denaro; (5) Il pittore ha comprato della vernice per conto del muratore; (6) Giocando a carte Giorgio ha vinto sia con Giacomo che con il pittore; è possibile conoscere i due mestieri svolti da ciascuno dei tre uomini ?

A Giacomo: musicista e giardiniere, Giorgio: autista e muratore, Samuele: pittore e barbiere
B Giacomo: musicista e muratore, Giorgio: autista e giardiniere, Samuele: pittore e barbiere
C Giacomo: pittore e muratore, Giorgio: autista e giardiniere, Samuele: musicista e barbiere
D Giacomo: musicista e muratore, Giorgio: autista e barbiere, Samuele: pittore e giardiniere
E Giacomo: musicista e pittore, Giorgio: muratore e giardiniere, Samuele: autista e barbiere

128 Individuare il sinonimo della parola "dinamico":

A attivo
B pratico
C statico
D veloce
E pronto

129 Individuare il numero che completa correttamente la serie:

11, 17, 14, 20, 18, 24,?

A 15
B 21
C 26
D 23
E 27

130 Individuare la parola che completa correttamente la serie:

impavido - timoroso; costante - ?

A coraggioso
B triste
C volubile
D sereno
E leale

QUESITI DI RAGIONAMENTO LOGICO

131 **Se animale = 14, anima = 10, ghiaia = 12, ghiaccio = ?**

A 16
B 8
C 14
D 18
E 12

132 **Un fruttivendolo ha venduto 200 mele in settembre e 270 in ottobre. A quanto ammonta l'incremento percentuale delle vendite da un mese all'altro?**

A 55%
B 70%
C 40%
D 27%
E 35%

133 **Nel 1980 l'URSS produsse 600 milioni di tonnellate di petrolio e nel 1986 lo stesso Paese produsse 615 milioni di tonnellate. Quale fu l'incremento percentuale tra le due quantità prodotte?**

A 3%
B 2,5%
C 1,5%
D 15%
E 25%

Leggere il testo e rispondere alla relativa domanda.

Per classificazione si intende un processo di assegnazione di un individuo (evento), descritto da un insieme di parametri (features), ad una famiglia (classe) attraverso una regola di decisione. Si noti come anche il processo di rivelazione possa essere ricondotto a tale definizione. Vi sono però alcune importanti differenze. Anzitutto la rivelazione opera una classificazione in due sole classi, quella costituita dall'evento (in presenza di rumore) e quella costituita dal non evento (rumore in senso lato). Essa non interviene, né deve farlo, in merito alle caratteristiche dei diversi tipi di eventi. La maggior essenzialità della rivelazione porta alla conseguenza che essa abitualmente si basi su di una sola variabile (che si è chiamata manifestazione), mentre la classificazione è un processo multivariato. Tali differenze quantitative ne sottintendono spesso anche una qualitativa. La classificazione opera su eventi rivelati, presuppone cioè che l'informazione sia stata parcellizzata (sincronizzata, nel caso frequente di segnali temporali) in elementi omogenei.

(C. Marchesi, *Tecniche numeriche per l'elaborazione dei segnali biomedici*, Bologna, Pitagora Editrice, 1992, p 227) .

134 **In questo brano vengono date diverse definizioni; quale fra le seguenti definizioni non è contenuta nel brano?**

A La manifestazione è la variabile singola sufficiente per realizzare la rivelazione
B La rivelazione costituisce un caso particolarmente semplice di classificazione
C La classificazione di segnali temporali richiede una preventiva sincronizzazione
D Si dice classificazione il processo decisionale di attribuire un individuo ad una classe
E Un metodo di classificazione si definisce multivariato se si basa sulla manifestazione

135 **Se 4 dietisti elaborano 5 diete in 3 ore, quanti dietisti sarebbero teoricamente necessari per elaborarne 10 in 10.800 secondi?**

A 5
B 15
C 4
D 10
E 8

136 **"Anna è laureata in lingue orientali; alcuni laureati in lingue orientali non hanno intenzione di lavorare in Italia; solo le persone che hanno intenzione di lavorare in Italia sono coraggiose". Se le precedenti affermazioni sono vere, allora è certamente vero che:**

A Anna non è coraggiosa
B tutti i laureati in lingue orientali non sono persone coraggiose
C Anna potrebbe avere intenzione di lavorare in Italia ma non essere una persona coraggiosa
D se ha intenzione di lavorare in Italia, Anna è sicuramente una persona coraggiosa
E solo i laureati in lingue orientali non hanno intenzione di lavorare in Italia

137 **Date le relazioni sotto riportate, individuare il valore di ❍.**

❑^{3}= 27

❑^{3} + ✱ – ❤ + ❍ = 90

✱ – ❤ = 28

A ❍ = 5
B ❍ = 15
C ❍ = 35
D ❍ = 20
E Nessuna delle precedenti

138 Lanciando un dado sono possibili 6 risultati (faccia verso l'alto con 1 o 2 o 3 o 4 o 5 o 6), che costituiscono l'insieme A; l'insieme B è costituito da tutti i 36 risultati possibili lanciando una coppia di dadi, tenendo conto che il risultato del lancio di un dado della coppia è indipendente dal risultato del lancio dell'altro dado. L'intersezione dei due insiemi [A ... B] è costituita:

- A dall'insieme A con i sei risultati possibili
- B dall'insieme costituito dai sei risultati possibili lanciando un dado (insieme A) e dai 36 possibili risultati lanciando due dadi (insieme B)
- C dall'insieme vuoto, perché l'insieme A e l'insieme B non hanno elementi comuni
- D dall'insieme costituito da 2, 3, 4, 5 e 6
- E dall'insieme vuoto, perché lanciare un dado dà risultati indipendenti dal lancio dell'altro

139 Quale delle seguenti frasi è corretta?

- A Per leggere queste righe così fitte ho bisogno gli occhiali
- B A quel malato è necessario un continuo controllo medico, di sottoporsi a cure invasive
- C Guardati di coloro che ti fanno promesse irrealizzabili
- D Mio padre mi ha detto che gli abbisognano altri soldi
- E Se dovrà piovere, prendi l'ombrello

140 Completare correttamente la seguente successione, utilizzando l'alfabeto italiano:

C; 3; G; 4; O; 7; S; 11; ?; ?

- A G; 20
- B D; 23
- C B; 19
- D A; 18
- E B; 18

141 Quali tra i termini proposti completano correttamente la seguente proporzione?

Cosmopolita : internazionale = X : Y

- A X = poliglotta; Y = lingua
- B X = città; Y = regione
- C X = destituito; Y = esonerato
- D X = residente; Y = municipio
- E X = traduttore; Y = lingua

142 "Non è incorretto non negare che non lo puoi scrivere".
La precedente affermazione è equivalente a:

- A devi negare che lo puoi scrivere
- B lo devi scrivere
- C non scriverlo sarebbe un delitto
- D non lo puoi scrivere
- E non lo puoi non scrivere

143 BSe:
¿ - ¥ + 5 = O - O + ¿
allora ¥ è uguale a:

- A 2
- B 5
- C 0
- D -5
- E non ci sono elementi sufficienti per rispondere

144 Completare correttamente la seguente successione numerica:
11; 20; 18; ?; 25; 12; ?; 8

- A 14; 28
- B 16; 32
- C 31; 13
- D 32; 8
- E 27; 8

Questo brano è seguito da sei quesiti riguardanti il suo contenuto. Per ciascun quesito, il candidato deve scegliere, tra le alternative proposte, quella che ritiene corretta (una sola è corretta). Tale scelta deve essere operata soltanto in base alle informazioni contenute (esplicitamente o implicitamente) nel brano e non in base a quanto il candidato eventualmente conosca sull'argomento.

All'inizio del Settecento, con la morte di Carlo II di Spagna e con il pericolo di un'egemonia dei Borboni, l'equilibrio europeo si rompe e si fronteggiano due gruppi di potenze: Austria, Inghilterra, Olanda da una parte, Francia e Spagna dall'altra. La morte dell'imperatore Giuseppe I capovolge la situazione ed è perciò necessario giungere alla pace tra Inghilterra, Francia e Austria. La Francia è ormai in crisi e la vera vincitrice di questi conflitti solo apparentemente dinastici è l'Inghilterra, che si assume per qualche decennio il ruolo di suprema moderatrice del difficile e complesso gioco degli equilibri, in cui poco alla volta entrano con peso crescente due nuove potenze, la Russia e la Prussia. Nel lungo periodo di pace che l'Europa gode verso la metà del secolo raggiunge il culmine la potenza che l'Inghilterra è in grado di esercitare con il dominio dei mari e con la conseguente supremazia politica ed economica, ma soprattutto con il suo grandioso sviluppo scientifico, culturale e letterario. La pubblica opinione di quel Paese dà la misura e l'esempio di una moderna società civile che ha il suo fulcro nella borghesia e nel ceto dirigente che essa esprime in tutti i sensi e in tutti i campi. Lo stesso fenomeno di emancipazione dei ceti borghesi delle "caste" e degli "ordini chiusi" tradizionali si sviluppa successivamente anche in Francia e, più lentamente, in Germania e in Russia. La borghesia mercantile e intellettuale incontra talora l'approvazione di certa aristocrazia e ottiene l'appoggio di alcuni sovrani: l'ancien régime comincia a sgretolarsi. Il pensiero si articola sui nuovi modelli forniti dallo scientismo, dal razionalismo, dal laicismo e dall'individualismo, che saranno i fondamenti dell'Illuminismo, la più grande svolta filosofica, politica e sociale del mondo moderno. Il primo impulso verrà dalla riflessione di Locke e dalla ricerca di Newton, ma l'approfondimento e la divulgazione del nuovo modo di pensare è tutta opera francese. L'esigenza di rinnovamento nell'ambito della società europea provoca l'alleanza tra le classi più avanzate e i sovrani illuminati, mentre in Francia il "partito dei filosofi" formula più precise rivendicazioni di libertà politica. Intanto in Inghilterra la rivoluzione industriale, segnando il passaggio dal capitalismo mercantile al grande capitalismo moderno, produce il triste fenomeno del proletariato e fa crollare l'ipotesi della collaborazione tra le classi. La rivoluzione è ormai alle porte: dall'America passerà ben presto alla Francia e diventerà un problema europeo. La letteratura di questo periodo è tra le più ricche di fermenti e di suggestioni: riflette la vivacissima situazione della società contemporanea e vi si immerge con l'empito della partecipazione. Il Settecento fu un secolo prosastico con interessi filosofici, sociali, politici, economici, in una parola di solidarietà umana e di rinnovamento civile e sociale. Voci diverse si scontrano e pur nella diversità dei toni e delle impostazioni collaborano alla fondazione della rsocietà moderna. Secolo per eccellenza razionale, il Settecento conobbe infatti anche il fascino della commozione sentimentale, del languore e dell'abbandono alla voce del cuore: e questa, anticipatrice della avanzata sensibilità romantica, è anch'essa pienamente settecentesca e, a suo modo, rivoluzionaria.

145 Qual è il significato del termine "empito" nelle prime righe del secondo capoverso del brano?

- A Riempimento
- B Ausilio
- C Coraggio
- D Compito
- E Forza travolgente

146 Quale delle seguenti rappresenta verosimilmente l'opinione dell'autore del brano?

- A La rivoluzione industriale si è realizzata nel tempo senza soluzione di continuità
- B I movimenti filosofici e culturali extraeuropei sono alla base dello sviluppo socio-economico dell'Europa
- C L'Illuminismo è stato determinato dal dispotismo illuminato dei sovrani
- D Storia, economia, filosofia e letteratura sono inscindibilmente connesse
- E Il Settecento non è che l'anticipazione della sensibilità romantica

147 Secondo quanto riportato nel brano, l'Inghilterra nel Settecento:

- A firma la pace con Olanda e Austria
- B è sede di un intenso fermento culturale
- C è artefice della divulgazione di un nuovo modo di pensare
- D si allea con le nuove potenze in campo: Russia e Prussia
- E è ancora generalmente divisa in caste e in ordini chiusi

148 Secondo il brano, la morte dell'imperatore Giuseppe I:

- A permette alla Russia di diventare una grande potenza
- B precipita la Francia in una grave crisi
- C lascia l'Inghilterra libera di dominare i mari
- D porta alla pace tra Austria, Francia e Inghilterra
- E mostra il rischio di un'egemonia dei Borboni

149 Lo scopo dell'autore del brano è di:

- A illustrare le motivazioni alla base della Rivoluzione industriale
- B delineare il contesto storico che ha dato vita all'Illuminismo
- C dare un giudizio sulla letteratura settecentesca
- D dipingere una pagina della storia culturale francese
- E dimostrare il legame tra filosofia e storia

150 Secondo quanto riportato nel brano, verso la metà del Settecento l'Inghilterra raggiunge il culmine della sua potenza soprattutto tramite:

- A la sua straripante forza militare
- B il legame tra le varie classi sociali
- C l'alleanza instaurata con Francia e Austria
- D lo sviluppo scientifico, culturale e letterario
- E l'alleanza tra classi avanzate e despoti illuminati

151 **Se 4 pizzaioli preparano 36 pizze in 20 minuti, lavorando allo stesso ritmo quante pizze prepareranno 5 pizzaioli in un'ora?**

A 180 pizze
B 135 pizze
C 45 pizze
D 108 pizze
E 88 pizze

152 **Individuare tra le alternative quella che contiene un'inesattezza rispetto a:**

Resmini Nicola, Via Manzoni 3, Lurano (BG)
Gianneramo Camilla, Via Guglielmo Marconi 8, L'Aquila (AQ)
Lutz Barbara, Via Guncina 25/A, Bolzano (BZ)

A Remini Nicola, Via Manzoni 3, Lurano (BG)
B Lutz Barbara, Via Guncina 25/A, Bolzano (BZ)
C Gianneramo Camilla, Via Guglielmo Marconi 8, L'Aquila (AQ)
D Resmini Nicola, Via Manzoni 3, Lurano (BG)
E Lutz Barbara, Via Guncina 25/A, Bolzano (BZ)

153 **In un momento di difficoltà economica l'utile X della ditta Delta diminuisce del 40%. Trascorso il periodo di difficoltà, la ditta Delta registra un aumento del proprio utile del 40%. Si può concludere che l'utile finale Y è:**

A in ogni caso pari a zero
B minore di X
C maggiore di X
D uguale a X
E nessuna delle altre alternative è corretta

154 **Se grotta = 12, fauna = 10, terreno = 14, alluvione = ?**

A 22
B 16
C 18
D 20
E 12

155 **Nell'Anno 1 l'azienda LoveBoat produsse 450 barche. Sapendo che nell'Anno 2 furono prodotte 585 barche, quale fu l'incremento percentuale della produzione da un anno all'altro?**

A 30%
B 25%
C 135%
D 1,35%
E 20%

156 **Data la serie numerica: 8, 15, 20, 27, 32, 39, 44,.... quale dovrebbe essere il numero successivo?**

A 51
B 52
C 49
D 48
E 47

157 **Tra le alternative proposte, scegliere quella che completa correttamente la frase «credo che nessuno dei presenti ... in grado di tenere testa a Elio».**

A Ebbe
B Ebbe stato
C Sarebbe stato
D Avrebbe stato
E Saranno stati

158 **Indicare quale dei seguenti termini può essere considerato parte della serie RURALE, RUSTICO, BUCOLICO, PASTORALE, ...**

A SILVESTRE
B DISTINTO
C RAFFINATO
D URBANO
E SCONTROSO

159 **Se una scarpa pesa 200 grammi, un ombrello pesa come una pipa più una scarpa, cinque pipe pesano come un ombrello più una scarpa e un casco pesa come un ombrello più una pipa, quanto pesa il casco?**

A 100 grammi
B 200 grammi
C 300 grammi
D 400 grammi
E 500 grammi

160 **"Se mi alzo dal letto prima delle 6 del mattino, allora faccio la colazione con calma". Se la precedente argomentazione è vera, allora è necessariamente vero che:**

A se faccio la colazione di fretta significa che mi sono alzato dal letto prima delle 6 del mattino
B se faccio la colazione di fretta significa che mi sono alzato dal letto non prima delle 6 del mattino
C se faccio la colazione con calma allora mi sono alzato prima delle 6 del mattino
D se mi alzo dal letto con calma, allora faccio la colazione prima delle 6 del mattino
E faccio la colazione con calma se e solo se mi alzo dal letto prima delle 6 del mattino

161 Individuare la figura mancante.

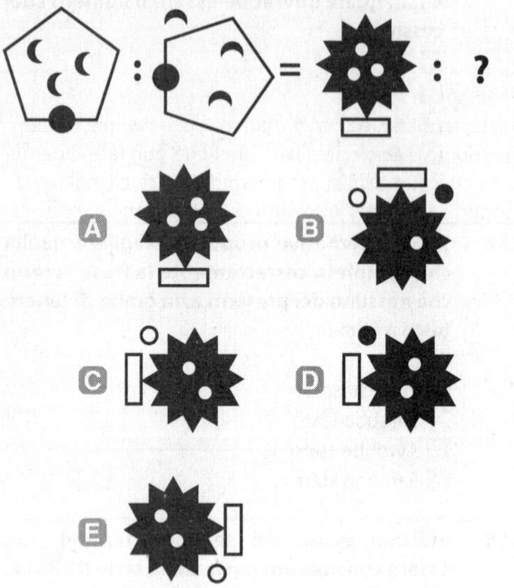

162 Se ALLEGARE sta a ACCLUDERE allora è corretto che ESCLUDERE stia a....

- A AMMETTERE
- B APPORTARE
- C ADDURRE
- D PROTRARRE
- E TOGLIERE

163 Rispetto al 2006, nel 2007 il numero di abitanti del Paese di Bengodi è rimasto invariato. Contemporaneamente, tuttavia, il flusso migratorio verso il Paese di Bengodi, già di notevoli proporzioni, ha registrato un aumento del 100%, mentre le emigrazioni all'estero sono risultate pressoché costanti. Quale delle seguenti conclusioni può essere ragionevolmente dedotta dalle informazioni precedenti?

- A Il flusso immigratorio nel Paese di Bengodi, pur essendo raddoppiato, non è così rilevante
- B Nel 2007 il numero di emigrati dal Paese di Bengodi è pari al numero di immigrati nel Paese
- C Il flusso immigratorio nel Paese di Bengodi è il più alto del mondo
- D Nel corso del 2007 il numero di nuovi nati nel Paese di Bengodi è stato inferiore a quello dei decessi
- E Nel corso del 2007 il numero di nuovi nati nel Paese di Bengodi è stato di gran lunga superiore a quello dei decessi

164 Quali, tra i termini proposti, completano correttamente la seguente proporzione verbale?

X : Apostoli = 4 : Y

- A X = 11; Y = Bibbia
- B X = 12; Y = Evangelisti
- C X = San Pietro; Y = San Luca
- D X = San Giovanni Battista; Y = numeri pari
- E X = Vangeli; Y = 3

Leggere il brano seguente e rispondere alla relativa domanda

Negli ultimi 15-20 anni gli studiosi di mammiferi ...1... hanno rivolto la massima attenzione ai metodi di comunicazione tra le balene. Questi cetacei comunicano per mezzo di suoni, benché gli organi di cui dispongono per emetterli non siano ...2...: questi animali non possiedono infatti corde vocali. Si pensa che i suoni emessi siano importanti per la comunicazione ...3... e sessuale; mantengono anche in contatto reciproco gli individui in branchi aperti, e forse segnalano i pericoli. Una situazione ...4... è stata descritta in una specie di lupo nordamericano: gli individui stanno per lunghi periodi a una distanza di chilometri l'uno dall'altro, ma si mantengono in contatto mediante ...5... richiami.

165 Nel brano precedente sono sottintese e numerate 5 parole. Qui di seguito sono indicati i loro contrari. Associare al numero di riferimento all'interno del brano la lettera corrispondente al contrario della parola sottintesa.

Riferimento N. 1

- A ignoti
- B terrestri
- C asociale
- D differente
- E uniformi

166 Un completo da uomo costava 816 euro e con i saldi il suo prezzo attuale è pari ai 9/17 del prezzo iniziale. A quanto ammonta lo sconto applicato?

- A 225 euro
- B 459 euro
- C 336 euro
- D 384 euro
- E 432 euro

167 Qual è la velocità di un camion che percorre un tragitto di 60 Km in 1 h e 40 min?

- A 25 Km/h
- B 50 Km/h
- C 41 Km/h
- D 48 Km/h
- E 36 Km/h

168 **Se una cellula si divide in due cellule a ogni ciclo, dopo quanti cicli ci saranno almeno 30 cellule partendo da 1 cellula?**
- A 5
- B 4
- C 6
- D 3
- E 2

Leggere il brano seguente e rispondere alla relativa domanda

"Durante la guerra qualcuno tentò di convincere un grande scienziato olandese che il potere veniva prima del diritto nella storia dell'uomo. – Non so confutare l'esattezza della vostra affermazione – egli rispose – ma so che non mi importerebbe di vivere in un tale mondo –. Dobbiamo pensare, sentire e agire come quest'uomo, rifiutandoci di accettare dei compromessi fatali!". (A. Einstein)

169 **Quale delle seguenti deduzioni È AUTORIZZATA dal testo proposto?**
- A Einstein è in grado di dimostrare che la giustizia è il risultato di imposizioni a cui l'umanità si è adattata
- B Einstein è in grado di dimostrare che la giustizia non è il risultato di imposizioni a cui l'umanità si è adattata
- C Einstein ritiene che lo scienziato non si possa sottrarre al compromesso con il potere sotto cui si opera, qualunque esso sia
- D Einstein è in grado di dimostrare che esiste un diritto naturale, da cui procede la giustizia
- E Einstein ritiene che talvolta si debba rifiutare ogni compromesso con il potere, anche quando qualunque forma di resistenza sembri destinata allo scacco

170 **Completare correttamente la seguente successione numerica:**
25; 75; 63; 189; 177; 531; ?; ?
- A 1.557; 518
- B 518; 1.562
- C 519; 1.557
- D 519; 1.559
- E 514; 1028

Questo brano è seguito da sette quesiti, la cui soluzione deve essere individuata solo in base alle informazioni contenute (esplicitamente o implicitamente) nel brano e non in base a quanto il candidato eventualmente conosca sull'argomento.

La biologia è scienza e in quanto tale è l'espressione di un'attitudine essenziale dell'umanità, quella di cercare, di scoprire, di andare sempre più avanti. La scienza simboleggia lo spirito che ha spinto il progresso durante i millenni e che è incarnato via. In tutti i casi c'è stata un'osservazione acuta, un'estrapolazione audace, un adattamento ingegnoso della tecnologia esistente. E poi la nuova conquista incorporata in nuove tecnologie, in nuove applicazioni e in conoscenze che formano la base della nostra filosofia del mondo e della vita. E chi è lo scienziato? Non è un dio o un mago: è l'uomo. Qualunque uomo è uno scienziato; quel che può fare dipende dalle circostanze. Nel progresso della ricerca, nel fare le scoperte, sono tre i fattori importanti: le conoscenze precedenti, un'osservazione acuta e, quasi sempre, qualche elemento accidentale. Questa triade si può riconoscere nella scoperta della penicillina da parte di Fleming, che aprì un importante campo di ricerca, quello degli antibiotici. Fleming studiava certi batteri che faceva crescere su scatole di vetro in cui c'era uno strato di agar nutritivo e che lì producevano piccole colonie dorate. Un giorno notò una grossa chiazza di color grigiastro che copriva buona parte dello strato nutritivo. Era un contaminante, un fungo microscopico derivante dall'aria, che avrebbe dovuto rovinare l'esperimento.Ma invece Fleming notò che nelle vicinanze di quel contaminante non c'erano le solite chiazze dorate. Molti altri ricercatori forse non l'avrebbero nemmeno notato. Lui, al contrario, pensò che il fungo producesse una sostanza che impediva ai batteri di crescere, e ne riconobbe la possibile importanza medica. Di lì venne la penicillina, dal nome del fungo contaminante. Che il fattore caso debba essere importante è chiaro, perché allo stato attuale della biologia una scoperta non può essere prevedibile soltanto sulla base delle conoscenze precedenti, altrimenti non sarebbe una scoperta. Ma per fare una scoperta è essenziale il fattore uomo, perché l'importanza di un'osservazione occasionale, come quella di Fleming, può essere riconosciuta solo da una mente attenta, preparata e aperta a concetti nuovi, a nuove sfide. Un fattore essenziale per il progresso della biologia e della scienza in generale è l'interazione della ricerca con la società. Infatti quest'ultima è responsabile della formazione dello scienziato e della sua possibilità di lavorare nel campo che gli interessa, procurandogli I mezzi per portare avanti la ricerca e soprattutto preparando l'ambiente in cui si deve sviluppare il suo lavoro. L'ambiente in cui si svolge la ricerca ha infatti un'importanza fondamentale per il suo successo. Ciò si deduce dall'osservazione che le scoperte più importanti avvengono solo in certi Paesi, in certe città, in certe università. Se si considerano i premi Nobel come il paradigma di coloro che fanno le scoperte più riconosciute, si vede che essi non sono distribuiti a caso nel mondo, ma sono concentrati solo in alcuni laboratori. Non solo: si possono anche riconoscere dei veri e propri alberi genealogici dei premi Nobel. Generalmente un maestro di grande statura produce allievi anch'essi di grande statura e anch'egli proviene da un maestro di grande distinzione. Queste genealogie esistono perché i maestri costituiscono l'ambiente adatto, mantenendo laboratori di alta attività e produzione scientifica, dove si affrontano problemi nuovi ed eccitanti con grande rigore, usando concetti e tecnologie nuove.

171 Il brano è di carattere:

- A storico
- B biografico
- C didascalico
- D polemico
- E umoristico

172 Secondo l'autore, la distribuzione non casuale dei premi Nobel nel mondo dimostra che:

- A senza un'adeguata preparazione scolastica è impossibile vincere un premio Nobel che non sia quello per la Pace
- B la probabilità di vincere il premio Nobel dipende dalla situazione familiare del ricercatore
- C per l'assegnazione dei premi Nobel conta essere raccomandati
- D l'ambiente di lavoro influenza il successo di una ricerca
- E i Paesi più poveri vengono sfruttati dalla ricerca mondiale che, pur utilizzandone le materie prime, non riconosce alcun valore alle scoperte fatte nei Paesi meno sviluppati

173 Quale potrebbe essere un titolo appropriato al brano?

- A *Fleming: genio per caso*
- B *Le condizioni che favoriscono la ricerca scientifica*
- C *Breve storia dei premi Nobel*
- D *Fleming e la penicillina*
- E *La biologia: scienza o effetto del caso?*

174 Nel brano si sottolinea che per la scoperta di Fleming fu decisivo, in particolare, il ruolo:

- A dell'osservazione occasionale
- B delle conoscenze precedenti
- C delle nuove tecnologie
- D del fattore caso
- E del fattore uomo

175 L'osservazione di Fleming, cruciale per la scoperta della penicillina, fu che:

- A le colonie batteriche erano di colore dorato
- B le chiazze grigie non ricoprivano tutto lo strato nutritivo
- C le chiazze di muffa erano grigie
- D accanto alla chiazza grigiastra non c'erano più colonie batteriche
- E sullo strato nutritivo c'erano chiazze di muffa

176 Nel brano si sostiene che l'interazione della ricerca con la società è:

- A importante solo in certi Paesi
- B alla base del progresso della società
- C fondamentale per il progresso scientifico
- D ininfluente per il progresso scientifico
- E fondamentale solo per il progresso della biologia

177 Secondo quanto sostenuto nel brano, la penicillina:

- A prende il nome da un fungo color grigiastro
- B stesa su uno strato di agar produce chiazze color oro
- C dimostra che la biologia è una scienza
- D è stata scoperta casualmente da allievi di Fleming che portarono avanti il suo lavoro
- E era già nota ai tempi di Fleming ma non era utilizzata a scopo medico

178 Individuare la figura che completa correttamente la seguente serie.

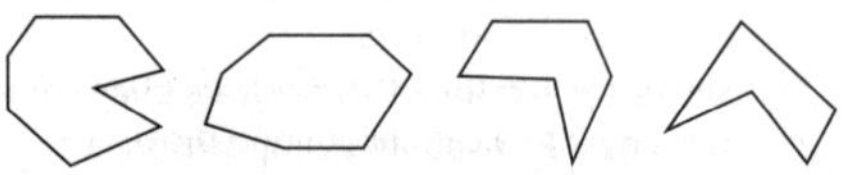
?

A 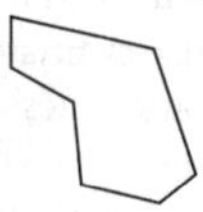

B 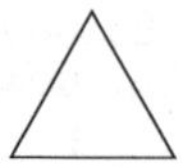

C 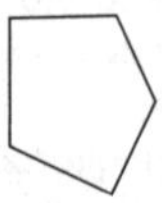

D 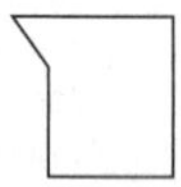

E 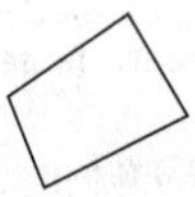

179 Il doppio di X è pari alla metà di Y.
(1) X è un numero minore di Y.
(2) Y + X è un numero compreso tra 5 e 20.
Quanto vale X?

- A Non vi sono dati sufficienti per individuare una soluzione univoca
- B I dati sufficienti per rispondere si trovano solo nella (2) ma non nella (1)
- C I dati sufficienti per rispondere si trovano solo nella (1) ma non nella (2)
- D Nessuna delle altre alternative è corretta
- E I dati sufficienti per rispondere si trovano nella (1) e nella (2) prese insieme

180 **In un ateneo, degli studenti iscritti, il 62% è di sesso maschile, il 36% è fuori corso ed il 9% è lavoratore. Quale delle seguenti affermazioni è necessariamente vera?**

- A C'è almeno una studentessa lavoratrice
- B C'è almeno uno studente di sesso maschile fuori corso
- C Non ci sono studenti lavoratori che non siano fuori corso
- D C'è almeno una studentessa in corso e non lavoratrice
- E C'è almeno uno studente di sesso maschile che non è né lavoratore né fuori corso

181 **In una di queste coppie i due termini NON si possono unire come nelle altre:**

- A scritto, mano
- B filo, acido
- C mente, triste
- D fucile, mano
- E piede, marcia

182 **"Se non piove allora ti aspetto a casa". Se la precedente affermazione è vera, allora è vero che:**

- A piove sempre quando non ti aspetto
- B se ti aspetto a casa allora non piove
- C se non ti aspetto a casa è perché piove
- D solo se non piove ti aspetto a casa
- E se piove non ti aspetto a casa

183 **"Tutti i giapponesi sono operosi. Ken è operoso". In base alle precedenti informazioni, quale delle seguenti affermazioni è certamente vera?**

- A Tutte le persone operose sono giapponesi
- B La maggior parte delle persone operose giapponesi si chiama Ken
- C Ken è giapponese
- D Ken non è giapponese
- E Nessuna delle altre alternative è corretta

Leggere il brano seguente e rispondere alla relativa domanda

Due libri di recente usciti negli Stati Uniti portano avanti (come si usa dire) il discorso su un tema che pare non esaurirsi mai, l'opera e la figura di Walt Disney. Il primo, dovuto ai due animatori veterani dello studio, Ollie Johnston e Frank Thomas, si intitolerà *The Disney Villain* ed è edito dalla Hyperion di New York. La sua novità consiste nel porre finalmente in risalto [...] il fascino dei "cattivi" che regolarmente appaiono come deuteragonisti nei corti e nei lungometraggi d'animazione. "Per catturare l'attenzione del nostro pubblico, esteso a tutto il mondo e a tutte le età – scriveva in un memorandum lo stesso Walt – la nostra narrazione deve essere elementare. Bene e Male, gli antagonisti di ogni dramma, devono essere personalizzati in modo credibile". Dove le parole chiave sono le ultime, che in parte contraddicono l'assunto iniziale. I "cattivi", i *villains*, vengono sempre dotati di una personalità assai ricca, complessa e mutevole, nella quale (in maniera appunto tutt'altro che "elementare") i fattori di malvagità, violenza, ostilità si mescolano regolarmente, sia in termini iconografici, sia in termini comportamentali, con la comicità, la vulnerabilità, la tenerezza. In poche parole mentre il "cattivo" impersonato da un attore può permettersi di essere unidimensionale perché il pubblico dà per sottinteso che dietro la maschera c'è un uomo, nel caso dell'animazione invece il personaggio deve essere raffinatamente delineato, altrimenti il regresso alla vignetta sarebbe breve. In quest'ottica Johnston e Thomas compiono una lunga e brillante cavalcata cronologica dai primi cortometraggi fino ai giorni nostri, analizzando con grande sottigliezza furfanti disegnati come il lupo dei *Tre porcellini*, la strega di *Biancaneve*, il demonio della *Notte sul Monte Calvo*, il gatto Lucifero di *Cenerentola*, su su fino alla Bestia e a Gaston della *Bella e la bestia* e a Jafar di *Aladdin*. (da "Mondo a strisce", di G. Bendazzi, su «il Sole-24 Ore», 21/8/94)

184 **Tra le seguenti considerazioni, UNA è in CONTRADDIZIONE con quanto osservato nell'articolo: quale?**

- A Che la narrazione, nei film d'animazione disneiani, sia elementare non implica che i personaggi debbano essere semplici e sempre uguali a se stessi
- B Per essere riuscito il personaggio dei cartoni animati deve essere disegnato con sottigliezza psicologica e raffinato mestiere
- C Lo scontro tra Bene e Male è il tema di ogni storia disneiana, ed i personaggi antagonisti incarnano le due categorie in modo radicale e integrale
- D Il lupo, la strega di Biancaneve e il gatto Lucifero, pur impersonando il Male, esercitano un particolare fascino sul pubblico
- E Diversamente da quanto può capitare in un film, i furfanti disegnati nei cartoni animati non possono mancare di sfumature e di spessore

Leggere il brano seguente e rispondere alla relativa domanda

"Sono un ... solo che lavora, e tutte le settimane aspetto la domenica. Non dico che questo ... mi piaccia, ma faccio festa come tutti perché un ... ci vuole. Una volta, quando ero ancora ..., pensai che, se avessi lavorato anche la domenica, sarei diventato uomo più presto degli altri, e mi feci dare la chiave dell'officina. Tutte le macchine erano ferme, ma io preparavo il ... del lunedì in poco tempo, e poi giravo nello stanzone vuoto tendendo l'orecchio e godendomela". (Pavese, *Ferie d'Agosto*)

185 **Dal testo sono state espunte 5 parole elencate qui sotto in diversa successione: indicare la serie che risponde alle esigenze logiche del testo:**

- A uomo, riposo, lavoro, ragazzo, giorno
- B ragazzo, giorno, lavoro, uomo, riposo
- C ragazzo, riposo, lavoro, uomo, giorno
- D uomo, giorno, riposo, ragazzo, lavoro
- E uomo, lavoro, riposo, ragazzo, giorno

186 **Individuare il numero mancante.**

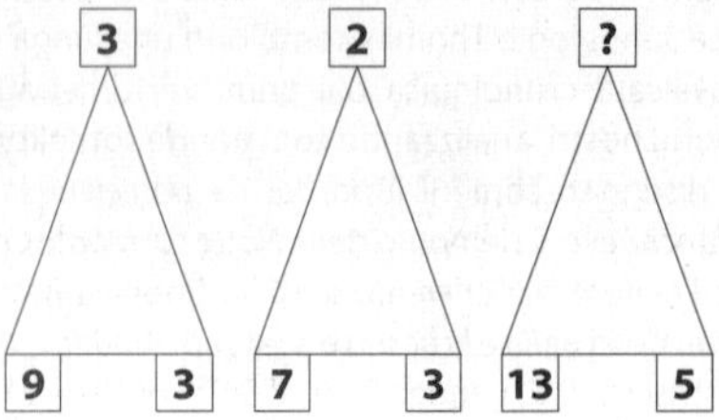

- A 1
- B 4
- C 7
- D 8
- E 9

187 **Come completare nella misura idonea il seguente periodo?**
"In molti annunci pubblicitari sono inseriti messaggi subliminali per incrementare le vendite. Annunci luminosi e colorati possono attirare molte persone; stimoli uditivi (suoni, canzoni) possono richiamarne altre. Alla base di questi stimoli sensoriali vi è lo scopo di ...":

- A fare un annuncio elegante
- B richiamarsi alla sensibilità uditiva
- C stimolare anche il subconscio
- D aumentare l'audience
- E aumentare la lunghezza del messaggio commerciale

188 **Completare la seguente serie numerica:**
11, 7, 22, 21, 44, ?, ?, 189, 176

- A 42; 88
- B 63; 88
- C 35; 77
- D 63; 66
- E 28; 55

189 **Se:**
$7 \cdot £ - 3 \cdot \$ = 22$
$£ = 2\,\$$
Allora \$ è uguale a:

- A 1
- B 2
- C 3
- D 5
- E 7

190 **Completare correttamente la seguente successione numerica: ?; 17; 34; 29; 17; 34; ?**

- A 17; 34
- B 34; 34
- C 29; 17
- D 34; 29
- E 29; 29

191 **"Solamente dopo la firma si può chiudere il contratto". Se la precedente informazione è corretta, quale delle seguenti affermazioni NON rappresenta una conclusione corretta?**

- A Se il contratto è stato firmato allora può essere chiuso
- B Se il contratto è stato chiuso allora è stato firmato
- C Se il contratto non è stato firmato allora non può essere chiuso
- D Anche se il contratto è stato firmato, potrebbe non essere chiuso
- E Se il contratto non è stato chiuso allora non è stato firmato

192 **Individuare la figura mancante.**

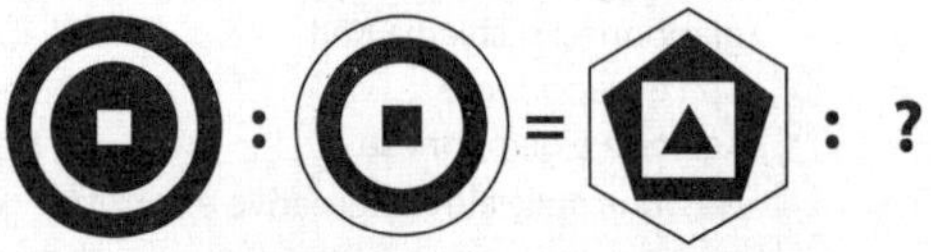

A 

B 

C 

D 

E 

193 **Se ALIENARE sta a CEDERE allora è corretto che ACQUISTARE stia a....**

- A ALLONTANARE
- B ACCANTONARE
- C VENDERE
- D COMPRARE
- E PEGGIORARE

194 **Si leggano le seguenti affermazioni. Tutti i ragazzi solitari amano leggere libri. Francesco è silenzioso.**
Tutte le persone silenziose amano leggere libri. Se le precedenti affermazioni sono vere, quale delle seguenti alternative è necessariamente vera?

- A Tutte le persone silenziose sono solitarie
- B Francesco ama leggere libri
- C Tutte le persone solitarie sono silenziose
- D Francesco è un ragazzo solitario
- E Tutte le persone che amano leggere libri sono solitarie

195 **Ada, Barbara, Cinzia e Daniela hanno vinto alla lotteria 45 milioni di euro. Ad Ada spetta il doppio di Barbara, a Cinzia spetta una volta e mezzo la cifra di Ada e a Daniela il triplo di Barbara. Quanti milioni di euro riceve Daniela?**

- A 15
- B 10
- C 8
- D 12
- E 5

196 **Se un computer processa un milione di informazioni al secondo, quanto tempo impiegheranno tre computer a processare novecento milioni di operazioni?**

- A 3 minuti
- B 5 minuti
- C 500 secondi
- D 15 minuti
- E 9 minuti

197 **Individuare il numero mancante.**

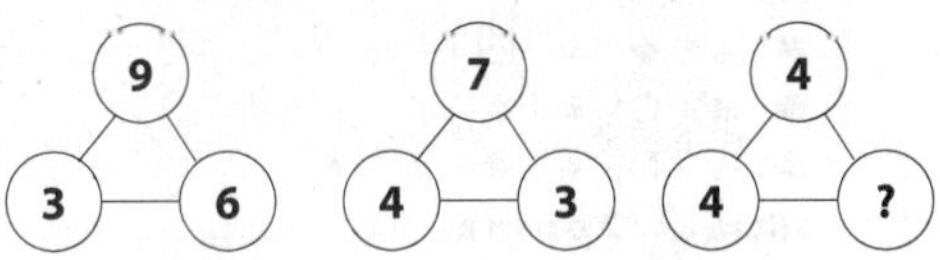

- A 0
- B 3
- C 4
- D 2
- E 5

Per ciascuno degli esercizi seguenti, indicare la rappresentazione (A, B, C, D, E) che soddisfa la relazione insiemistica esistente tra i tre termini dati.

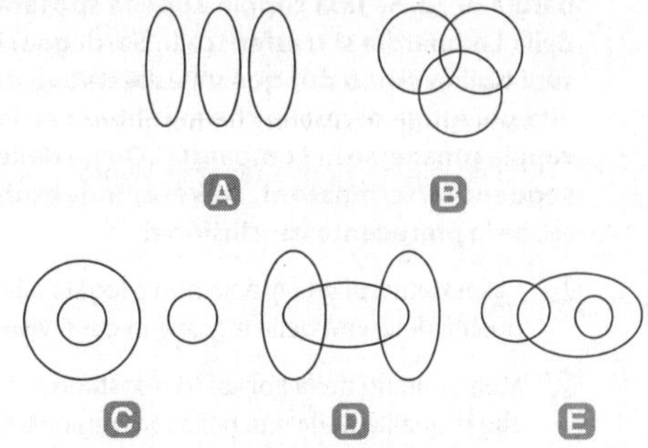

198 **LEONI, SCOIATTOLI, FELINI**
A B C D E

199 **CINA, RUSSIA, URALI**
A B C D E

200 **PATTINATORI, MAGGIORENNI, FUMATORI**
A B C D E

201 **PIANISTI, LONDINESI, GIOVANI**
A B C D E

202 **ANALFABETI, OBESI, LAUREATI**
A B C D E

203 **SOLIDI, PIRAMIDI, PARALLELOGRAMMI**
A B C D E

204 **TAPPETI, PALAZZI, GIARDINI**
A B C D E

205 **PROFESSORI, LAUREATI IN LETTERE, TOSCANI**
A B C D E

206 **LAVORATORI, NEONATI, PERSONE MAGRE**
A B C D E

207 **ALBERI, BETULLE, MOBILI**
A B C D E

208 **Indicare la parola da scartare.**

- A Giraffa
- B Squalo
- C Delfino
- D Gatto
- E Cane

209 **"L'aspettativa di vita media per la popolazione italiana è pari a 74 anni, ma gli abitanti della Sardegna hanno un'aspettativa di vita media di 77 anni mentre quelli della Lombardia di 72. Se una coppia appena sposata della Lombardia si trasferisce in Sardegna, i suoi figli avranno dunque un'aspettativa di vita più lunga di quella che avrebbero se la coppia rimanesse in Lombardia". Quale delle seguenti affermazioni, se vera, indebolirebbe la precedente conclusione?**

- A L'aspettativa di vita media non è legata alla qualità della vita della regione in cui si vive
- B Molti abitanti della Lombardia sostengono che la qualità della vita nella loro regione è ottima
- C La Sardegna ha un livello di inquinamento mediamente inferiore a quello delle altre regioni italiane
- D La longevità degli abitanti della Sardegna è principalmente attribuibile a fattori genetici
- E Il 30% degli abitanti della Lombardia ha un'aspettativa di vita superiore a 77 anni

210 **Completare correttamente la seguente successione di lettere, utilizzando l'alfabeto italiano:**

O; N; L; G; ?

- A H
- B C
- C D
- D E
- E B

211 **"Tutti i marciapiedi sono riservati ai pedoni. Mario è un pedone."**

Date le due precedenti affermazioni, quale fra le seguenti proposizioni è vera?

- A Mario potrebbe incrociare altri pedoni sul marciapiede
- B Mario cammina solo sul marciapiede
- C Mario cammina su tutti i marciapiedi
- D Mario incrocerà necessariamente altri pedoni sul marciapiede
- E Se Mario non incrociasse altri pedoni, allora non si troverebbe sul marciapiede

212 **Quale, tra i termini proposti, completa correttamente la seguente proporzione verbale?**

Gomito : X = ginocchio : gamba

- A tibia
- B ascella
- C braccio
- D avambraccio
- E femore

213 **In base ai risultati di uno studio condotto nel 2013, il 25% dei cittadini brasiliani con età superiore ai 17 anni è risultato analfabeta. Dunque, se è corretta la previsione in base alla quale nel 2025 i cittadini brasiliani con età superiore ai 17 anni saranno 150 milioni, si può stimare che 37,5 milioni di cittadini saranno analfabeti.**
Quale delle seguenti affermazioni, se considerata vera, indebolisce quanto sostenuto dal brano?

- A Dal 2008 al 2013 vi è stata una riduzione del 5% del tasso di analfabetismo dei cittadini brasiliani
- B Tutti gli studi demografici concordano nel prevedere un progressivo invecchiamento della popolazione brasiliana
- C Gli studi sovente conducono a risultati impropri
- D Numerosi cittadini brasiliani inclusi nello studio del 2013 sarebbero inclusi anche in uno studio del 2025
- E L'istituto di statistica brasiliano prevede per il prossimo trentennio una riduzione costante del tasso di analfabetismo

214 **Se di una persona diciamo che è *querula* vogliamo dire che è:**

- A generosa
- B molto esigente
- C lamentosa
- D molto dotata per la musica
- E loquace

215 **Se:**

✶ + ◆ = ⍓
◆ + ○ = ✶
◆ + ○ + ◆ = **14**

allora ⍓ / 2 è pari a:

- A 12
- B 4
- C 28
- D 14
- E 7

216 BIndividuare tre numeri sapendo che il terzo è doppio del secondo, che il secondo è triplo del primo e che la somma del primo e del terzo è uguale al secondo aumentato di 12.

A 5, 15 e 30
B 3, 9 e 18
C 7, 21 e 42
D 1, 3, 6
E 4, 12 e 24

217 AQual è la probabilità di estrarre da un mazzo di 52 carte da gioco una carta che NON sia di cuori?

A 75%
B 80%
C 10%
D 25%
E 90%

218 DDa un'urna contenente 15 palline numerate da 1 a 15 viene estratta, a occhi bendati, una pallina. Supponendo che tutte le palline abbiano uguale probabilità di essere estratte, qual è la probabilità che esca un numero minore di 9?

A 7/15
B 8/5
C 1/4
D 8/15
E 1/3

219 EAll'ingresso dello stadio si contano 12 file di persone in attesa. Ogni fila è composta di 3 persone in più della precedente. Nella prima fila vi sono 15 persone. Quante ce ne sono nell'ultima?

A 42 B 44 C 60 D 51 E 48

220 Per una gara di canottaggio si deve definire la composizione della squadra di tre vogatori che vi parteciperà. Siano date le seguenti restrizioni: Giorgio rema con Marco ma non con Julio; Julio rema con Marco ma non con Paolo; Paolo rema con Giorgio ma non con Julio. Indicare la squadra compatibile con le precedenti restrizioni.

A Marco, Julio, Paolo
B Marco, Giorgio, Julio
C Paolo, Julio, Giorgio
D Marco, Paolo, Giorgio
E Nessuna delle altre risposte soddisfa le restrizioni imposte dal quesito

221 Qual è la differenza tra i 2 risultati delle operazioni seguenti? 5514 / 2 e 5512 / 2

A 0,5 B 2 C 3 D 1 E 4

222 Individuare il sinonimo del termine "sciancato".

A Attillato
B Sghembo
C Zoppo
D Insulso
E Pigro

223 Qual è il significato di "bulimia"?

A Perdita dell'appetito
B Appetito insaziabile
C Disturbo del linguaggio
D Mancanza di ossigeno
E Mancanza di memoria

224 Un sinonimo di "abbrivio" è:

A spinta
B sintesi
C salto
D certezza
E richiesta

Leggere il testo del problema e rispondere alle domande seguenti.

Per gli ultimi sei mesi del 2004 (quindi a partire da luglio) è programmata l'uscita di sei libri di sei autori diversi. Ogni libro dovrà uscire in un mese differente.

È noto che:

- a luglio uscirà il libro di Smiraglia;
- il libro di Paganuzzi deve uscire il mese dopo quelli di Lorenzi e Colotto, che devono uscire in due mesi consecutivi ma non necessariamente in quest'ordine;
- i libri di Macchia e Dettori non devono uscire in due mesi consecutivi.

225 Quale è l'ultimo mese possibile nel quale può uscire il libro di Colotto?

A Novembre
B Ottobre
C Dicembre
D Agosto
E Settembre

226 Quale delle seguenti può essere una possibile sequenza di uscita dei libri?

A Colotto, Smiraglia, Lorenzi
B Macchia, Smiraglia, Colotto
C Paganuzzi, Macchia, Colotto
D Lorenzi, Paganuzzi, Dettori
E Dettori, Lorenzi, Paganuzzi

227 Quale dei seguenti ragionamenti risulta logicamente valido?

1. Tutte le volte che Betty torna da un viaggio, compone un quadro con tutte le foto che ha scattato. Betty è appena tornata da un viaggio. Dunque, Betty realizzerà un quadro con tutte le foto che ha scattato nell'ultimo viaggio.
2. La squadra per cui tifa Peter ha appena vinto lo scudetto. Ogni volta che la sua squadra del cuore vince lo scudetto, Peter si taglia i capelli a zero. Dunque, Peter si taglierà i capelli a zero.
3. Anna sta fumando nervosamente. Ogni volta che pensa agli esami da dare in università, Anna fuma nervosamente. Dunque, Anna sta pensando a un esame universitario che deve affrontare.
4. Evelina oggi ha preso la bicicletta al posto dell'autobus per spostarsi in città. Se la giornata è serena, Evelina gira per la città in bicicletta. Dunque, oggi è una giornata serena.

A 1 e 4
B 1, 2 e 3
C 2 e 3
D 1 e 2
E 3 e 4

228 Quali, tra i termini proposti, completano correttamente la seguente proporzione verbale?

Attacco : X = centravanti : Y

A X = aggressione; Y = portiere
B X = difesa; Y = terzino
C X = guerra; Y = pallone
D X = arma; Y = coltello
E X = gazzella; Y = elefante

229 Se:

$ + ° + § = 6

$ + 2§ = 7

° = 2

allora 4 x § è pari a:

A 16
B 4
C 12
D 3
E 20

230 Individuare tra le alternative quella che contiene un'inesattezza rispetto a:

Runggaldier Silvia, Via Nives 26, Selva Val Gardena (BZ)

Santoboni Danilo, Via Delle Orfane 2, Trento (TN)

Serano Luca, Via G. Verdi 4, Chieti (CH)

A Runggaldier Silvia, Via Nives 26, Selva Val Gardena (BZ)
B Santoboni Danilo, Via Delle Orfane 2, Trento (TN)
C Serano Luca, Via G. Verdi 4, Chieti (CH)
D Runggalldier Silvia, Via Nives 26, Selva Val Gardena (BZ)
E Serano Luca, Via G. Verdi 4, Chieti (CH)

231 Quali tra i termini proposti completano correttamente la seguente proporzione?

Stomaco : organi interni = X : Y

A X = osso; Y = ulna
B X = bicipite; Y = muscoli
C X = organismo; Y = milza
D X = pasto; Y = digestione
E X = fegato; Y = epatite

232 Se la seguente figura venisse ruotata di 180° in senso orario e poi riflessa su uno specchio, quale sarebbe il suo riflesso?

A 
B 
C 
D 
E 

233 "Ipotassi" è un contrario di:

A affisso
B paratassi
C prassi
D sintassi
E sinossi

Leggere il testo e rispondere alle tre domande seguenti:

Cinque giovani amici, Michele, Carlo, Paola, Vito e Sofia, praticano ciascuno una sola delle seguenti attività sportive: calcio, tennis, basket, nuoto e pallavolo, non necessariamente in questo ordine. Sono nati nei seguenti anni: 1985, 1986, 1987, 1988 e 1989, non necessariamente in questo ordine. Si sa inoltre che:

1) Paola è la ragazza nata nel 1989;
2) Vito è nato nel 1986;
3) chi è nato nel 1987 pratica il tennis;
4) chi è nato nel 1988 è il ragazzo che pratica il calcio;
5) Carlo pratica il nuoto.

234 Considerando tutte le informazioni riportate nel Brano, chi è nato nel 1988?

A Non è possibile determinarlo univocamente, con le informazioni a disposizione
B Carlo
C Michele
D Paola
E Sofia

235 Considerando solo le informazioni riportate nel Brano da 1) a 4), è possibile affermare con certezza che:

A Michele è nato nel 1985 o nel 1987
B è possibile che Sofia pratichi il nuoto
C Paola pratica la pallavolo o il calcio
D Carlo pratica il tennis
E chi pratica la pallavolo è nato nel 1989 o nel 1986

236 Quale delle seguenti affermazioni NON può essere dedotta con certezza dalle informazioni del Brano?

A Michele pratica il calcio
B Sofia è nata nel 1987
C Vito pratica la pallavolo o il basket
D Paola pratica la pallavolo
E Carlo è nato nel 1985

237 Se un esperto ellenista dichiara che non è vero che tutti gli abitanti di Atene possedevano scudo e spada, cosa si può dedurre dalla sua osservazione?

A C'è qualche abitante di Atene che non ha lo scudo oppure non ha la spada
B Gli abitanti di Atene non hanno né scudo né spada
C Gli abitanti di Atene se hanno lo scudo non hanno la spada
D Tutti gli abitanti di Atene hanno lo scudo ma non hanno la spada
E Una persona che abbia sia lo scudo che la spada non è di Atene

238 Un'asta di metallo lunga 1 metro è sospesa per il suo centro. A 25 cm dall'estremità destra è agganciato un peso di 35 kg, mentre all'estremità opposta è agganciato un peso di 40 kg. Cosa è necessario fare per equilibrare l'asta e mantenerla in posizione orizzontale?

A Aggiungere, al peso agganciato a sinistra, un ulteriore peso di 50 kg
B Nulla, l'asta è già in equilibrio
C Aggiungere, al peso agganciato a sinistra, un ulteriore peso di 45 kg
D Aggiungere, al peso agganciato a destra, un ulteriore peso di 45 kg
E Aggiungere, al peso agganciato a destra, un ulteriore peso di 50 kg

239 Quale delle tre serie di lanci di una moneta ha maggiori probabilità di presentarsi?
1) Testa, croce, testa, croce, testa, croce.
2) Croce, testa, testa, croce, croce, testa.
3) Croce, croce, croce, testa, testa, testa.

A Sono tutte e tre equiprobabili
B Non è possibile deciderlo sulla base delle informazioni fornite
C La 1
D La 2
E La 3

240 "Tutti gli impiegati sono lavoratori dipendenti; Andrea è un elettricista; alcuni elettricisti sono lavoratori dipendenti". Se le precedenti informazioni sono vere, quale delle seguenti affermazioni è necessariamente vera?

A Non è certo che Andrea sia un lavoratore dipendente
B Andrea è un impiegato
C Andrea è un lavoratore dipendente
D Andrea non è un lavoratore dipendente
E Tutti i lavoratori dipendenti sono impiegati

241 "Chi dorme non prende pesci; non prendere pesci è caratteristica essenziale di chi è pigro; chi beve molto dorme". Se le precedenti affermazioni sono vere, allora è certamente vero che:

A solo chi è pigro dorme e non prende pesci
B chi beve molto non prende pesci ma non è detto che sia pigro
C chi è pigro beve molto
D chi è pigro dorme
E alcune persone pigre dormono

242 La distanza tra la città A e la città B è di 200 km. Alle nove di mattina un treno parte da A diretto a B e, viceversa, un treno parte da B diretto ad A. Un'ora dopo, il primo treno ha percorso metà del tragitto. Sapendo che il secondo viaggia a 2/5 della velocità del primo, quanto sono distanti i due treni alle 10 del mattino?

- A Non è possibile determinarlo univocamente con i dati a disposizione
- B Alle 10 del mattino i due treni si sono già incontrati
- C 60 km
- D 100 km
- E 40 km

243 Identificare il diagramma che rappresenta correttamente i seguenti insiemi:

- **Numeri compresi tra 1 e 22.**
- **Numeri compresi tra 5 e 11.**
- **Numeri pari divisibili per 7.**

diagramma 1

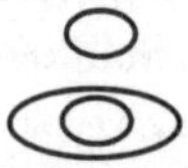
diagramma 2

diagramma 3

diagramma 4

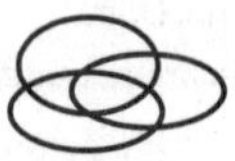
diagramma 5

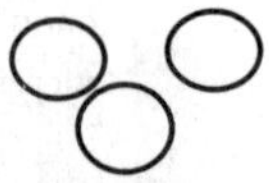
diagramma 6

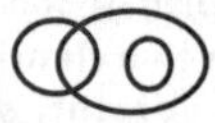
diagramma 7

- A Diagramma 4
- B Diagramma 2
- C Diagramma 7
- D Diagramma 1
- E Diagramma 5

244 Cinque treni (A, B, C, D ed E) partono dalla stessa stazione diretti in cinque città differenti. Si sa che: I) C è più veloce di B ma arriva dopo di questo che è, invece, il primo ad arrivare; II) A è l'ultimo ad arrivare anche se è più veloce di D e meno veloce di B; III) E, il secondo treno ad arrivare a destinazione, è più veloce di D, ma meno veloce di A. In base alle precedenti informazioni è certamente vero che:

- A C arriva terzo
- B C arriva prima di D
- C C arriva dopo D
- D C arriva quarto
- E C arriva prima di A

245 Alfredo, Marco e Giorgio devono percorrere 2.000 metri. Se partono rispettivamente alle ore 5.20, 6.50, 8.00 e procedono alle velocità rispettive di 1 Km/h, 800 m/h, 1.100 m/h, quali delle seguenti affermazioni risultano vere? I) Quando Marco parte, Alfredo è ancora in cammino; II) Quando Giorgio parte, Alfredo è ancora in cammino; III) Quando Giorgio parte, Marco è ancora in cammino; IV) Giorgio arriva prima di Marco.

- A II), IV)
- B III), IV)
- C I), III)
- D I), II), III)
- E I), II)

246 Completare la seguente proporzione:

Reparto : portare = parente : ?

- A riporto
- B pantere
- C patente
- D ponente
- E paziente

247 "Se Luca mi telefona, andiamo insieme a teatro".

In base alla precedente affermazione, è necessariamente vero che:

- A se Luca non telefona, io e lui non andiamo insieme a teatro
- B se io e Luca non siamo andati insieme a teatro, vuol dire che Luca non mi ha telefonato
- C io e Luca andiamo insieme a teatro solo se Luca mi telefona
- D se io e Luca andiamo insieme a teatro, significa che Luca mi ha telefonato
- E è necessario che Luca mi telefoni perché si vada insieme a teatro

248 "Tutti i biondi sono ricchi; nessun moro è ricco; tutti i bambini sono mori". Se le precedenti affermazioni sono vere, allora è certamente FALSO che:

- A non tutti i ricchi sono biondi
- B nessun biondo è bambino
- C non tutti i bambini non sono ricchi
- D non tutti i mori sono bambini
- E nessun bambino è ricco

249 Individuare la figura da scartare.

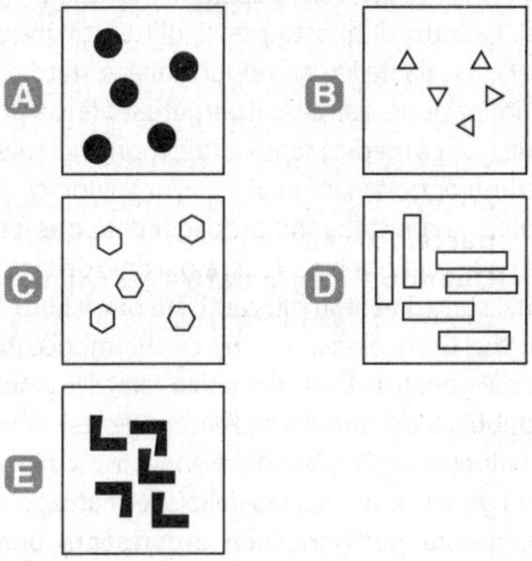

250 Se X e Y stanno tra loro come 5 sta a 6 e la loro somma vale 22, quanto vale X?

A 11
B Non è possibile determinarlo univocamente, con i dati a disposizione
C 9
D 10
E 12

251 Un'asta di metallo lunga 1 metro è sospesa per il suo centro. A 40 cm dall'estremità sinistra è agganciato un peso di 40 kg, mentre all'estremità opposta è agganciato un peso di 20 kg. Cosa è necessario fare per equilibrare l'asta e mantenerla in posizione orizzontale?

A Aggiungere, al peso agganciato a sinistra, un ulteriore peso di 60 kg
B Aggiungere, al peso agganciato a destra, un ulteriore peso di 12 kg
C Nulla, 'asta è già in equilibrio
D Aggiungere, al peso agganciato a sinistra, un ulteriore peso di 12 kg
E Aggiungere, al peso agganciato a destra, un ulteriore peso di 60 kg

252 Individuare il numero che completa correttamente la seguente successione:

17 - 126 - 235 - 344 - ?

A 363
B 426
C 415
D 453
E 688

253 Mirco ama il cioccolato; il cioccolato è un dolce; chi ama i dolci è un bravo sciatore. Allora è certo che:

A Mirco non ama sciare
B Mirco ama tutti i dolci
C Mirco sa sciare
D tutti coloro che sciano mangiano cioccolato
E tutti i bravi sciatori amano i dolci

254 Se quattro pizzaioli sfornano 9 pizze in 20 minuti, quanti pizzaioli servirebbero per fare 90 pizze in 12000 secondi?

A 4
B 40
C 14
D 20
E 9

255 Tutti i miei amici hanno la patente. Alcuni di essi non hanno la macchina. Questo significa che?

A I miei amici non hanno la macchina
B Alcuni miei amici non hanno la patente ma hanno la macchina
C Alcuni miei amici, pur essendo patentati, non hanno la machina
D Alcuni miei amici non hanno la macchina e neppure la patente
E Tutti i miei amici hanno la patente e la macchina

256 Individuare l'alternativa che riporta una successione di elementi identica alla sequenza BPBPBBBPBBPPB.

A BPBPBBPPBBPPB
B BPBPBPBPBBPPB
C BPBPBBPPBBPPB
D BBBPBBBPBBPPB
E BPBPBBBPBBPPB

257 Individuare il numero mancante.

9	**6**	**3**
9	**24**	**12**
2	**5**	**?**

A 6
B 2
C 5
D 9
E 12

258 "Uno dei motivi che ha spinto il Ministero della Pubblica Istruzione a cambiare l'esame di maturità è quello di verificare la preparazione degli studenti non solo su alcune materie, due per i compiti scritti e due per il colloquio orale come avveniva nella vecchia maturità, ma su tutte le materie studiate nell'ultimo anno. Questo dovrebbe rendere l'esame più equo e veritiero". Quale delle seguenti affermazioni, se vera, rafforzerebbe l'argomentazione precedente?

- **A** Secondo molti studenti e professori le nuove disposizioni impongono solo un incremento di lavoro per tutti, ma non consentono una reale verifica del livello culturale raggiunto dai ragazzi
- **B** In altri Paesi europei, dopo avere sperimentato un esame su tutte le materie, si è tornati a una verifica su un numero più ristretto di argomenti, spesso scelti dagli studenti stessi
- **C** La verifica delle conoscenze di più materie permette di valutare con maggiore precisione la reale preparazione degli studenti
- **D** Per valutare la preparazione di uno studente è sufficiente un esame anche su una singola materia
- **E** La verifica scritta è più significativa di quella orale

Leggere il brano seguente e rispondere alle relative domande

Abbiamo incontrato scienziati che amano abbastanza la propria disciplina da non volerla privare dell'intelligenza delle donne. Ancora troppo pochi. Era il Natale del 2000, in Italia si discuteva dell'esito della Commissione Dulbecco che doveva suggerire se e come autorizzare la ricerca sulle cellule staminali. Per una donna il dibattito aveva una comicità surreale: ventiquattro signori, alcuni votati al celibato, litigavano sull'eventuale uso di embrioni senza consultare chi normalmente li fa, li partorisce, li accudisce e li trasforma in persone umane. Basta dare un'occhiata alle ricerche sulle carriere femminili nei centri di ricerca statali, per vedere che le donne non contano. Anche nelle discipline in cui sono più numerose degli uomini, non fanno "massa critica", smentendo così la teoria che sta dietro alle pari opportunità. Rimangono bassa manovalanza, quasi mai raggiungono posti di responsabilità. Rispetto al mondo della letteratura e delle arti, dove l'autorevolezza intellettuale e la creatività delle donne non sono più messe in discussione, il mondo scientifico è piuttosto conservatore. Dalla pubblicazione nel 1997 su «Nature» dell'articolo di Christine Wennerås e Agnes Wold, biologhe dell'università di Göteborg, si sa che gli esperti chiamati dal Consiglio svedese per la ricerca medica ad approvare i progetti finanziati con fondi pubblici applicano alle candidate un fattore di discriminazione di 2,6. Nel senso che le ricerche proposte da donne ricevono finanziamenti soltanto se ottengono un punteggio di 2,6 volte superiore a quelle proposte da uomini. L'effetto di questa prassi, diffusa ovunque e non solo nella Svezia delle pari opportunità, è stato da un lato la discriminazione, dall'altro il perpetuarsi fino a pochi anni fa di una ricerca medica scriteriata, proprio nel senso di priva di criteri oggettivi, per cui il corpo-standard era quello maschile. I genetisti hanno propagandato questa visione. Dopo la pubblicazione nel febbraio scorso della mappa del genoma, sono diventati più cauti. Era ora. Il libro The Century of the Gene elenca i vicoli ciechi imboccati storicamente dai genetisti. È emblematico James Bonner che nel 1965 pubblica un trattato sull'embriogenesi. A proposito dello sviluppo dell'embrione, Bonner ne colloca il programma genetico nel nucleo dello spermatozoo. Nella sostanza, questa posizione non rappresenta una novità: dopo duemila e passa anni, Bonner prende ancora per buona la tesi che Eschilo, nelle Eumenidi, attribuisce ad Apollo: "Non è colei che ha partorito, la madre del bambino che si dice sia stato da lei stessa generato: ella ha solo nutrito il seme che le è stato insediato. Vero creatore è colui che ha cosparso il seme".

259 L'argomento centrale del brano è:

- **A** l'atteggiamento maschilista diffuso nel mondo della ricerca scientifica
- **B** il confronto tra la situazione femminile nel campo delle arti e nel campo economico/scientifico
- **C** le rivendicazioni femminili circa la gestione del potere nel mondo della ricerca scientifica
- **D** la ricerca scientifica nei centri di ricerca statali
- **E** la differenza fra i centri di ricerca svedesi e quelli italiani

260 "Se c'è lo sciopero dei treni, rimando la partenza per le vacanze". In base alla precedente affermazione, è necessariamente vero che:

- **A** se non c'è lo sciopero dei treni, non rimando la partenza per le vacanze
- **B** rimando la partenza per le vacanze solo se c'è lo sciopero dei treni
- **C** se non ho rimandato la partenza per le vacanze, vuoi dire che non c'è stato lo sciopero dei treni
- **D** se rimando la partenza per le vacanze, significa che c'è lo sciopero dei treni
- **E** l'unica possibilità che io rimandi la partenza per le vacanze è che ci sia lo sciopero dei treni

261 **Quali, tra i termini proposti, completano correttamente la seguente proporzione?**
Attore : X = pianista : Y
- A X = tastierista; Y = contratto
- B X = film; Y = pianoforte
- C X = film; Y = concerto
- D X = autografo; Y = metronomo
- E X = Oscar; Y = teatro

262 **Perché nel brano, la ricerca medica è definita "scriteriata"?**
- A Perché tendenzialmente conservatrice
- B Perché dimentica le sue radici umanistiche
- C Perché priva di criteri oggettivi
- D Perché finanziata secondo criteri eticamente scorretti
- E Perché discriminante nei confronti delle donne

263 **"Chi non ha credibilità, viene ignorato". In base alla precedente affermazione, è necessariamente vero che:**
- A chi viene ignorato non ha credibilità
- B chi ha credibilità non viene ignorato
- C coloro che non vengono ignorati sono tutti e soli quelli che hanno credibilità
- D chi non viene ignorato ha credibilità
- E è sufficiente essere credibile per non essere ignorato

264 **Quale tra le alternative ha significato opposto della parola "profusione"?**
- A Carenza
- B Povertà
- C Grandezza
- D Proliferazione
- E Certezza

265 **Quale tra le alternative ha significato opposto della parola "ponderato"?**
- A Accorto
- B Prudente
- C Impulsivo
- D Soppesato
- E Calcolato

266 **Il contrario di "fautore" è:**
- A impudente
- B avido
- C detrattore
- D imparziale
- E realista

267 **Quale dei termini proposti integra la serie: "ringhioso - iracondo - minaccioso - ..."?**
- A Melenso
- B Complimentoso
- C Rabbioso
- D Mellifluo
- E Ricco

268 **Quanti numeri di quattro cifre diverse si possono formare con 1, 3, 5, 8, 9?**
- A 120
- B 625
- C 80
- D 90
- E 60

269 **All'ingresso dello stadio si contano 8 file di persone in attesa. Ogni fila è composta di 3 persone in più della precedente. Nella prima fila vi sono 15 persone. Quante ce ne sono nell'ultima?**
- A 39
- B 15
- C 36
- D 30
- E 28

270 **Scalatore : corda = pianista : x = chimico : y**
- A x = leggìo; y = libro
- B x = archetto; y = provetta
- C x = sgabello; y = composto
- D x = tastiera; y = provetta
- E x = musica; y = computer

271 **Tutti i cani sono fedeli e tutti gli animali fedeli sono mammiferi. Alcuni mammiferi possono passeggiare sui tetti.**
Una sola delle deduzioni qui elencate completa correttamente il sillogismo.
- A Non è impossibile che alcuni cani possano passeggiare sui tetti
- B Gli animali che possono passeggiare sui tetti sono mammiferi
- C È impossibile che alcuni cani possano passeggiare sui tetti
- D È impossibile che alcuni mammiferi non siano fedeli
- E È impossibile che alcuni cani non possano passeggiare sui tetti

272 Marco è un atleta bravo quanto Mario. Mario è più bravo della media degli atleti. Questo significa che?

A) Mario è più bravo di Marco
B) Mario è sotto la media
C) Marco è più bravo di Mario
D) Marco è il migliore fra gli atleti
E) Marco non è inferiore alla media degli atleti

273 L'avvento del digitale ha cambiato molti aspetti e dinamiche all'interno del mondo della fotografia. Nonostante alcuni critichino questa rivoluzione e ne mettano in evidenza i limiti, è innegabile che molte più persone si sono improvvisamente affacciate a un universo prima di allora piuttosto elitario. Si assiste così a un numero sempre maggiore di fotografi amatoriali che acquistano attrezzature costose, questo perché è ormai assodato che si possono fare belle foto solo utilizzando apparecchiature costose.
Quale delle seguenti affermazioni, se considerata vera, rafforza quanto sostenuto dal brano precedente?

A) Se non si è capaci di utilizzarle, anche con apparecchiature costose le foto possono essere di bassa qualità
B) Con l'avvento del digitale si possono fare molte più foto di prima ma la qualità media si è abbassata
C) La vera differenza, nel campo della fotografia digitale, la fanno la postproduzione e il fotoritocco
D) I fotografi professionisti, per i quali fare belle foto è fondamentale, utilizzano apparecchiature costose
E) Il digitale non ha rivoluzionato solo la fotografia, ma anche la fruizione della musica

274 A quale percentuale corrisponde la frazione 36/200?

A) 3,6%
B) 18%
C) 36%
D) 20%
E) 180%

275 Un motociclista ha compiuto i 2/5 di una gara. Se ha corso per 20 chilometri, quanti chilometri è lungo il percorso di gara?

A) 50
B) 40
C) 100
D) 60
E) 30

276 Un piccolo appartamento con un prezzo pari a 90.000 euro viene venduto per una somma diminuita dei 3/5. A quanto è ammontato lo sconto?

A) 50.000 euro
B) 36.000 euro
C) 54.000 euro
D) 48.000 euro
E) 18.000 euro

277 Se la lettera N identifica una qualunque cifra (singola), la lettera P identifica una qualunque cifra (singola) pari e la lettera D identifica una qualunque cifra (singola) dispari, allora il prodotto tra i numeri NP e PD sarà certamente un numero:

A) pari
B) divisibile per tre
C) composto da cinque cifre
D) dispari di tre cifre
E) dispari di cinque cifre

278 Scegliere tra le alternative proposte quella che completa correttamente la seguente frase: «Ti avrei accompagnato volentieri...».

A) Se solo avrei saputo guidare
B) Se solo avevo la patente
C) Se solo sapessi guidare
D) Se avrei la patente
E) Se solo saprei guidare

279 Quale valore si ottiene dal prodotto fra i 2 risultati delle operazioni seguenti? 680 / 340 e 690 / 230

A) 8
B) 1
C) 4
D) 9
E) 6

Per ciascuno degli esercizi seguenti, indicare la rappresentazione (A, B, C, D o E) che soddisfa la relazione insiemistica esistente tra i 3 termini dati (le alternative proposte per ciascun esercizio sono quelle raffigurate qui di seguito).

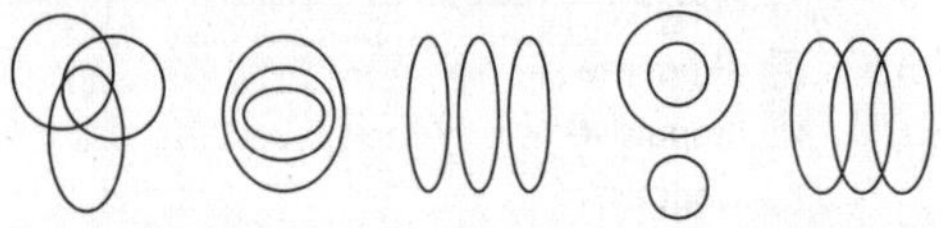

Diagramma 1 Diagramma 2 Diagramma 3 Diagramma 4 Diagramma 5

280 Amanti dell'arte contemporanea, Professori, Laureati in lettere

A) Diagramma 1
B) Diagramma 2
C) Diagramma 3
D) Diagramma 4
E) Diagramma 5

281 Giornali, Settimanali, Giornalisti

A Diagramma 1
B Diagramma 2
C Diagramma 3
D Diagramma 4
E Diagramma 5

282 Esseri viventi, Rondini, Uccelli

A Diagramma 1
B Diagramma 2
C Diagramma 3
D Diagramma 4
E Diagramma 5

283 Capre, Galline, Contadini

A Diagramma 1
B Diagramma 2
C Diagramma 3
D Diagramma 4
E Diagramma 5

284 Medicinali, Polmoniti, Antibiotici

A Diagramma 1
B Diagramma 2
C Diagramma 3
D Diagramma 4
E Diagramma 5

285 Monitor, Stampanti, Notebook

A Diagramma 1
B Diagramma 2
C Diagramma 3
D Diagramma 4
E Diagramma 5

286 Bevande, Bevande alcoliche, Grappe

A Diagramma 1
B Diagramma 2
C Diagramma 3
D Diagramma 4
E Diagramma 5

287 Assicurazioni, Automobili, Incidenti stradali

A Diagramma 1
B Diagramma 2
C Diagramma 3
D Diagramma 4
E Diagramma 5

288 Donne, Uomini, Maggiorenni

A Diagramma 1
B Diagramma 2
C Diagramma 3
D Diagramma 4
E Diagramma 5

289 Musulmani, Cattolici, Padri

A Diagramma 1
B Diagramma 2
C Diagramma 3
D Diagramma 4
E Diagramma 5

290 Quadri, Quadri astratti, Musei

A Diagramma 1
B Diagramma 2
C Diagramma 3
D Diagramma 4
E Diagramma 5

291 Cuochi, Fornelli, Posate

A Diagramma 1
B Diagramma 2
C Diagramma 3
D Diagramma 4
E Diagramma 5

292 Impiegati, Trentenni, Single

A Diagramma 1
B Diagramma 2
C Diagramma 3
D Diagramma 4
E Diagramma 5

293 Preti, Parroci, Suore

A Diagramma 1
B Diagramma 2
C Diagramma 3
D Diagramma 4
E Diagramma 5

294 Abitazioni in Roma, Monolocali, Bilocali

A Diagramma 1
B Diagramma 2
C Diagramma 3
D Diagramma 4
E Diagramma 5

295 Individuare il numero mancante.

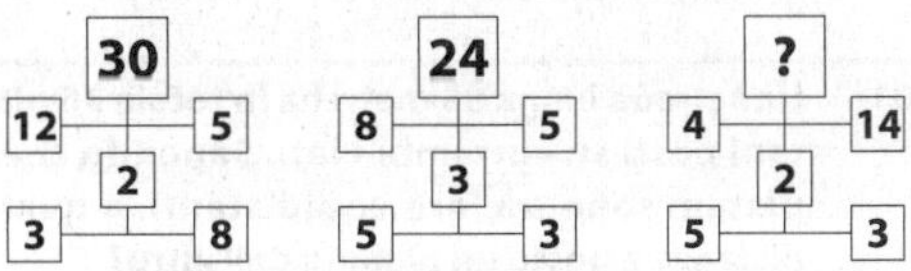

A 12
B 7
C 30
D 24
E 28

296 **Completare la seguente serie: OSTILE, AVVERSO, ANIMOSO, INVIDIOSO, ...**

A ASTIOSO
B BENEVOLO
C INTEGERRIMO
D SUPREMO
E AMOREVOLE

297 **Quale dei seguenti termini integra la serie: "malanimo - ostilità - rancore - ..."?**

A Benevolenza
B Sacrificio
C Astio
D Compiacenza
E Indulgenza

298 **Quale delle seguenti è una definizione corretta del verbo *coartare*?**

A Presentare le cose in modo non corrispondente al vero
B Diffidare di qualcuno o qualcosa
C Negare la validità o l'autenticità di qualcosa
D Costringere qualcuno a dire o a fare qualcosa contro la propria volontà
E Conformare o moderare qualcosa

299 **Quale dei termini proposti integra la serie: "rincrudire - esacerbare - inacerbire - ..."?**

A Mitigare
B Sospendere
C Lenire
D Temperare
E Inasprire

300 **La somma di tre numeri è 1.000. Il primo è due terzi del secondo e il secondo è tre quinti del terzo. I tre numeri sono:**

A 500; 200; 300
B 200; 400; 400
C 200; 200; 600
D 100; 150; 750
E 200; 300; 500

301 **Una strada lunga 85 metri ha in totale 36 platani posti su entrambi i lati. Sapendo che i platani sono tra loro equidistanti, a quale distanza è posto un platano dall'altro?**

A Circa 2,4 metri
B 5 metri
C Circa 4,7 metri
D 3,75 metri
E 4 metri

302 **Quanti numeri di tre cifre diverse si possono formare con 2, 3, 4, 5, 7?**

A 140
B 243
C 60
D 125
E 90

303 **Un armadio costa 1.100.000 lire IVA esclusa. Viene venduto con uno sconto del 10%. Qual è il prezzo di vendita IVA inclusa, sapendo che l'aliquota IVA è del 20%:**

A 1.188.000
B 1.210.000
C 1.200.000
D 1.120.000
E 1.118.000

304 **L'opposto del doppio dell'opposto dell'inverso della metà di 4 è uguale a:**

A 0
B 2
C –4
D –1
E 1

305 **Indicare la parola da scartare.**

A Pancreas
B Udito
C Cranio
D Femore
E Arteria

306 **Per numerare le pagine di un libro sono state usate 3.301 cifre. Le pagine del libro sono:**

A tra 1.500 e 2.000
B più di 3.000
C meno di 1.000
D tra 1.000 e 1.500
E tra 2.000 e 3.000

307 **Un sinonimo di *falcidia* è:**

A detrazione
B accidia
C falsità
D esalazione
E addizione

308 **Il contrario di *algido* è:**

A giocoso
B diaccio
C offuscato
D modesto
E ardente

309 **Completare correttamente la frase seguente scegliendo fra le alternative date.**
"Una ... di ricercatori cinesi ha creato un ... uomo-coniglio per ricavarne cellule ... da coltivare in laboratorio".

- **A** équipe, ibrido, staminali
- **B** squadriglia, ibrido, embrionali
- **C** équipe, ibrido, ferali
- **D** équipe, lepido, staminali
- **E** squadra, isotopo, staminali

310 **Inverti l'ordine delle lettere delle parole che seguono e individua quale non indica una disciplina sportiva:**

- **A** otoun
- **B** teksab
- **C** ordnedodor
- **D** sinnet
- **E** oiclac

311 **Se tutti gli uomini hanno la barba e tutti i militari sono uomini, quale affermazione fra le seguenti è vera?**

- **A** Tutti gli uomini non hanno la barba
- **B** Tutti gli uomini fanno il servizio militare
- **C** Tutti i militari hanno la barba
- **D** Solo i militari portano la barba
- **E** Tutti i militari non hanno la barba

312 **La frase "sul tavolo ci sono due bicchieri" implica che sul tavolo:**

- **A** ci sono due bicchieri e una bottiglia
- **B** non ci sono bottiglie
- **C** c'è un bicchiere
- **D** ci sono due bicchieri e due tazzine da caffè
- **E** non ci sono tre bicchieri

313 **La frase "Non c'è grattacielo senza ascensore" implica che:**

- **A** Nessun grattacielo ha due ascensori
- **B** Ogni grattacielo ha almeno un ascensore
- **C** Ogni grattacielo ha due ascensori
- **D** Qualche grattacielo non ha ascensore
- **E** Qualche grattacielo ha almeno un ascensore

314 **Inserisci la parola tra le parentesi che unita alle sillabe già fornite permetta di formare due parole di senso compiuto:**

TON (...) NNO

- **A** chi
- **B** a
- **C** no
- **D** fo
- **E** ta

Leggere il brano seguente e rispondere alla relativa domanda

Un giorno, ero allora liceale, un professore disse: "quando sarete innamorati, scriverete lettere bellissime". Se l'affermazione del professore fosse fondata, la storia della letteratura sarebbe in primo luogo formata da epistolari amorosi; invece non è così. Che strano. Nella vita ci si innamora da 1 a 12 volte, ma gli epistolari memorabili, quelli da tesi di laurea, da premio Nobel, saranno qualche decina, mettendo assieme tutte le letterature del mondo. [...]. In realtà, chiunque abbia conosciuto innamorati – e capita a tutti – e si ricorda di se medesimo amoroso o amorosa, sa benissimo che chi è trafitto d'amore è un personaggio monotono, ripetitivo, dall'aggettivazione scialba e iterativa, emotivamente instabile, solipsista, convinto che l'oggetto del suo amore sia di interesse generale, e più stupito che irritato se nota una certa tendenza alla noia nei più cari e pazienti sodali. L'innamorato è socialmente una peste, un diluvio innocente, un farneticante, un ossessivo, e sebbene tutto ciò sia assai nobile e fondamentale dal punto di vista della storia psicologica specifica, non è credibile che costui sia in grado di produrre testi letterari interessanti. [...]. Gli epistolari amorosi letterariamente eccitanti o erano scritti da perfetti mentitori, o erano opera di scrivani pagati per esprimere pene d'amore. Se qualcuno mi pagasse in modo esorbitante credo che potrei scrivere un'epistolaria decente; forse meglio sarebbe scrivere le lettere di entrambi gli innamorati. [...]. L'idea di fondo, cioè che "l'innamorato scrive troppo e male" mi pare sana. E non è solo probabile, ma pressoché certo che tutti gli epistolari siano o falsi o infiniti: scritti da altri o scritti da una gelida anima letteraria. [...]. Se ad esempio, a Carlo Bo, a Geno Pampaloni, ed a me, una lettera amorosa sembra bella, buona, letterariamente rimarchevole, al cuore amante della persona a cui è destinata restano poche soluzioni: viaggio per mare, convento, o porto d'armi, o quanto meno stiletto. A meno che non si tratti di qualcuno che si è affidato alla complicità di un onesto estraneo; un tale che scrive d'amore per soldi. Che è l'unica ragionevole ragione per scrivere d'amore, come sanno tutti i romanzieri. (da Giorgio Manganelli, *Il rumore sottile della prosa*, Adelphi, 1994)

315 **Tra le note che chiariscono il significato che assumono alcuni termini nel testo del Manganelli della domanda precedente, UNA offre una spiegazione SCORRETTA: quale?**

- **A** Iterativo: ripetitivo
- **B** Solipsista: che fa del proprio io il centro di ogni interesse
- **C** Sodali: persone solidali, che esprimono la propria solidarietà
- **D** Farneticante: che appare in preda al delirio
- **E** Stiletto: arma piccola e acuminata

Leggere il brano seguente e rispondere alla relativa domanda

"Io trovo che tutti i successi degli uomini derivano dalla volontà e dalla capacità: se si manca in una delle due necessariamente si fallisce lo scopo [...]. I medici moderni sono carenti in entrambe [...], o se l'una ce l'hanno, l'altra manca loro. Che non nasca nessuno con una capacità spirituale a seguire un'arte così umanitaria non mi pare ragionevole, essendo il mondo uguale in passato e ora [...]. È ragionevole pensare che sia a causa dell'educazione cattiva cui si sottopongono gli uomini d'oggi e del fatto che la ricchezza è più pregiata della virtù [...]. Non è certo possibile ricercare il guadagno e esercitare una così nobile arte (ma è necessario che colui che si impegna di più in una delle due cose disprezzi l'altra)" (Galeno).

316 Cercare, tra le osservazioni relative al brano di Galeno, quella NON coerente con il testo.

A I medici moderni non hanno più per natura le capacità spirituali dei medici del passato

B Nei tempi moderni gli uomini amano di meno la virtù

C Gli uomini sono responsabili del modo in cui utilizzano le loro capacità naturali

D L'esercizio della medicina richiede impegno morale

E La trasmissione dei valori positivi nell'educare i giovani è importante per il bene della società

317 In una lavanderia, quattro impiegati stirano 8 giacche in 16 minuti. Se due impiegati vanno in ferie, quanti minuti occorreranno agli impiegati rimasti per stirare quattro giacche?

A 16

B 13

C 32

D 36

E 64

318 Una persona si sente soffocare ogni volta che entra in metropolitana; di cosa soffre?

A Cleptomania

B Xenofobia

C Agorafobia

D Claustrofobia

E Acrofobia

319 Mario legge 30 pagine al giorno più di Christian che, a sua volta, ne legge un terzo più di Ernesto. Sapendo che Ernesto legge 60 pagine al giorno, qual è il numero minimo di giorni necessari ai tre amici insieme per leggere tutto il materiale di una ricerca per cui è necessario leggere complessivamente 1.000 pagine?

A 4 giorni

B 10 giorni

C 5 giorni

D 8 giorni

E 6 giorni

Leggere il brano seguente e rispondere alla relativa domanda

In una data popolazione, il numero annuo di nuovi casi registrati di una certa malattia, definito come incidenza, ed in genere riferito ad un milione di abitanti, indica il numero delle nuove diagnosi. Questo numero non coincide necessariamente con il numero reale dei soggetti che si ammalano della malattia in questione; infatti, se la malattia è difficile da diagnosticare, la sua "incidenza annua" registrata potrà risultare in seguito inferiore a quella reale. Per questo e molti altri motivi, quali la presenza di controindicazioni di vario tipo, un trattamento specifico di un processo morboso può non venire utilizzato in tutti i soggetti che ne sono realmente affetti: ne risulta che il numero dei nuovi casi che ogni anno vengono sottoposti ad un trattamento di questo genere non coincide necessariamente con l'incidenza reale della malattia per la quale il trattamento è indicato e neppure sempre con il numero delle nuove diagnosi. Analizzare l'incidenza nel tempo di alcune malattie può essere utile, ad esempio, per valutare l'efficacia della loro prevenzione. Si tratta di analisi interessanti, ma non facili, soprattutto per la necessità di disporre di rilevazioni complete ed attendibili non soltanto sulla malattia in esame, ma anche sulla composizione della popolazione generale. In effetti, se la malattia è più comune in una o più decadi di età che in altre, variazioni della composizione anagrafica della popolazione generale potranno determinare modificazioni dell'incidenza della malattia in esame.

Età	1981/82	1985/86	1989/90
Totale	2.166.363	2.124.281	2.094.944
< 20	567.868	505.421	445.121
30-39	310.668	313.604	306.871
> 70	181.612	192.838	189.804

320 **Il numero dei nuovi casi trattati per anno per milione di abitanti maschi della malattia D è raddoppiato nel 1989/90 rispetto al 1981/82; l'aumento si è verificato esclusivamente per i soggetti con oltre 70 anni. Una sola tra le conclusioni elencate appresso NON è deducibile dalle informazioni fornite nei paragrafi precedenti: quale?**

- A L'incremento è legato all'aumento degli anziani nella popolazione esaminata
- B È possibile che siano cambiate le indicazioni della terapia negli anziani
- C Siccome sta aumentando il numero degli anziani ci sono più soggetti a rischio di ammalarsi della malattia D
- D La malattia D è molto diffusa tra gli anziani
- E Le indicazioni alla terapia per la malattia D negli anziani sono sicuramente cambiate

Leggere il brano seguente e rispondere alla relativa domanda

"Chè anzi, ciò che veramente mi parve di aver appreso nell'entrare in questo periodo – scrive Benedetto Croce nel 1915 – è l'arte dell'imparare, senza più dissiparmi come innanzi mi accadeva, senza aggregare sterilmente cognizioni a cognizioni con metodo estrinseco: d'imparare muovendo da bisogni interiori, guidato da princìpi, consapevole delle difficoltà, paziente nell'attendere e lasciar maturare. Onde ho sperimentato in me stesso la falsità della dottrina pedagogica che confina l'educazione a una prima parte della vita (alla prefazione del libro), e la verità della dottrina contraria che concepisce la vita intera come continua educazione, e il sapere come unità del sapere e dell'imparare. E quando si sa senza più poter imparare, quando si è educati senza possibilità di meglio educarsi, la vita si arresta e non si chiama più vita ma morte".

321 **Quale delle seguenti considerazioni è arbitraria, in quanto NON DEDUCIBILE dal testo di Benedetto Croce?**

- A Nella giovinezza si immagazzinano facilmente molte nozioni, ma ciò ai fini di raggiungere un sapere autentico non è sempre proficuo
- B Per impadronirsi del sapere bisogna essere pazienti
- C La vecchiaia è l'età in cui, più che apprendere cose nuove, si rielabora e si approfondisce ciò che si è appreso
- D In tutte le età della vita ci si sente insoddisfatti di ciò che si è appreso e di ciò che si è diventati, e si sente il bisogno di migliorarsi e di arricchirsi di nuove conoscenze
- E L'arte di imparare senza disperdere energie è una preziosa conquista

322 **Giuseppe dipinge una parete in 6 ore; Francesco lavora con un ritmo doppio di Giuseppe; Dario dipinge la stessa parete in 12 ore. Lavorando insieme, quanti minuti impiegano a dipingere la parete?**

- A 91
- B 103
- C 108
- D 112
- E 117

323 **Cartuccia : X = Gasolio : Y**

- A X = motore; Y = fucile
- B X = diesel; Y = iniettore
- C X = fucile; Y = stampante
- D X = autocarro; Y = iniettore
- E X = stampante; Y = autocarro

324 **Un tablet viene venduto in tutto il mondo al prezzo di 100 dollari. Acquistandolo online da un sito cinese è tuttavia possibile ottenere uno sconto pari all'8% su ogni singolo pezzo ordinato. Questa soluzione sarebbe conveniente, se non fosse che bisogna tenere conto di una spesa fissa alla dogana pari a 40 dollari, indipendentemente dal numero di dispositivi comprati. Per rendere vantaggioso l'acquisto dalla Cina, qual è il numero minimo di tablet che vanno acquistati?**

- A 6
- B 11
- C 5
- D 4
- E 8

325 **Completare la seguente serie: DISOBBLIGARE, ESENTARE, ESONERARE, ESIMERE, ...**

- A CONDANNARE
- B COCCOLARE
- C ESPRIMERE
- D VINCOLARE
- E DISPENSARE

326 **Quale dei seguenti termini integra la serie: "malizia - furberia - astuzia - ..."?**

- A Benignità
- B Ottusità
- C Gentilezza
- D Franchezza
- E Scaltrezza

327 **Due colleghi di lavoro intendono acquistare una barca e decidono di ripartire in parti uguali l'investimento. Scoprono che se si aggiungesse nell'acquisto un altro collega, in regime di equa ripartizione, per ciascuno di loro la quota si ridurrebbe di 35.000 euro. A quanto ammonta il costo totale della barca?**

- A 240.000 euro
- B 210.000 euro
- C 150.000 euro
- D 315.000 euro
- E 600.000 euro

328 **Indica quale delle seguenti parole, se inserita al posto dei puntini, è coerente con l'idea espressa dal resto del testo: "Dostoevskij ammette che alla base dell'individualità personale di ciascuno vi sia qualcosa di sconosciuto a lui stesso, e che sia di conseguenza parziale e .... pensare di poter ridurre l'intera sfera dell'Io alla coscienza, anzi fa di questa consapevolezza il punto di partenza e l'elemento di forza della sua analisi dell'uomo del sottosuolo" (S. Taglialatela)**

- A illusorio
- B certo
- C possibile
- D facile
- E semplice

329 **Un ragazzo chiede una mela ad un contadino. "Potrai avere tutte quelle che ho nel cappello se risolvi l'indovinello: se le moltiplico per 3 e aggiungo 3 al prodotto e divido la somma per 3 e sottraggo 3 al quoziente il risultato è 5. Bimbo bello, quante mele ho nel cappello?":**

- A 5
- B 7
- C 9
- D 6
- E 8

330 **Se 3 uomini bevono 3 litri di vino in 3 giorni, quanti litri berranno 9 uomini in 9 giorni?**

- A 18
- B 27
- C 36
- D 63
- E 72

331 **Completare la frase con l'unico verbo pertinente: "La legge non può ______ nelle decisioni personali di un adulto tranne che queste non arrechino danno ad altri".**

- A intercalare
- B interdire
- C interporre
- D intromettere
- E interferire

332 **In una comitiva composta da 14 ragazzi tutti appassionati di sport, 10 ragazzi praticano il nuoto, 6 il tennis ed un certo numero pratica invece entrambe le discipline sportive. Quanti sono i ragazzi che si dedicano ad entrambi gli sport?**

- A 6
- B 14
- C 4
- D 2
- E 10

333 **Andrea afferma che tutte le pecore toscane sono nere. Quale delle seguenti condizioni è necessario che si verifichi affinché l'affermazione di Andrea risulti falsa?**

- A Deve esistere almeno una pecora toscana bianca
- B Nessuna pecora toscana deve essere nera
- C Deve esistere almeno una pecora nera non toscana
- D Tutte le pecore non toscane devono essere nere
- E Deve esistere almeno una pecora toscana non nera

334 **Giacomo dice a Filippo: "Se mi dai 5 euro, avremo in tasca gli stessi soldi!". Filippo risponde: "Se tu dai a me 5 euro, io avrò il doppio dei tuoi soldi!". Quanti soldi hanno inizialmente in tasca, rispettivamente, Giacomo e Filippo?**

- A 10 e 20 euro
- B 25 e 35 euro
- C 15 e 25 euro
- D 15 e 20 euro
- E 20 e 10 euro

335 **Se:**
£G – 2 · @ = # + 2 · @
 # = 2 · @
£G = 3
allora # è uguale a:

A 2
B 3
C 0
D 1
E non ci sono elementi sufficienti per rispondere

336 **Trova l'elemento che non è coerente con gli altri:**

A cavallo
B gatto
C medusa
D cane
E elefante

337 **Completare la frase con l'unico aggettivo pertinente: "Restare __________ per la sorpresa".**

A indifferente
B attonito
C sollecito
D inaudito
E emerito

Leggere il brano e rispondere alla relativa domanda

Un team di ricercatori guidato da Robert Prescott dell'Università di St. Andrews, in Inghilterra, ha localizzato in una palude nell'Essex quelli che si ritengono essere i resti della *HMS Beagle*, la nave a bordo della quale Darwin sviluppò la sua teoria dell'evoluzione. Per esplorare ulteriormente il sito, si sta considerando l'utilizzo della tecnologia progettata per la recente e sfortunata missione britannica su Marte. Le due missioni sono fra l'altro collegate dalla partecipazione di Colin Pillinger, che ha battezzato il veicolo *Beagle 2* per il pianeta rosso in onore del suo predecessore di 300 anni prima.

Per individuare la presenza di legno e metallo che potrebbero appartenere allo scafo della *HMS Beagle*, è stata usata una sofisticata tecnologia radar. I resti della nave sono infatti ricoperti da cinque metri di fango. Dopo aver circumnavigato il globo, la nave venne usata come vascello di guardia per fronteggiare i contrabbandieri. I ricercatori devono ora decidere se tentare un recupero dei suoi resti: al momento, il team non ha ancora raccolto i fondi necessari.

Ma gli archeologi potrebbero trovare un altro modo per esplorare il sito. Secondo Pillinger, la "talpa" usata su *Beagle 2*, un apparecchio sviluppato per scavare al di sotto del suolo marziano, potrebbe essere equipaggiata con una videocamera per esplorare sotto il fango alla ricerca della *HMS Beagle*.

Ritrovata la nave di Darwin, «Le Scienze», 2 marzo 2004

338 **L'autore del brano sostiene che:**

A la scavatrice progettata per esplorare il suolo marziano da Colin Pillinger non può essere impiegata per le ricerche della nave di Darwin

B sono stati identificati una volta per tutte i resti della nave di Darwin

C la nave di Darwin fu rubata dai contrabbandieri dell'Essex

D solo grazie a una sofisticata tecnologia radar è stato possibile individuare sotto cinque metri di fango i resti della nave probabilmente appartenuta a Darwin

E senza una costosa tecnologia radar sarà impossibile esplorare il sito della HMS Beagle

Leggere il brano e rispondere alle relative domande

Ecco un estratto dal risvolto di copertina del romanzo di Abraham B. Yehoshua, *Il responsabile delle risorse umane* (Einaudi, 2004).

Un terrorista suicida si fa esplodere in un mercato di Gerusalemme. Una donna muore. Era straniera, viveva da sola in una squallida baracca di un quartiere di religiosi. Nessuno va a reclamare il suo cadavere all'obitorio del Monte Scopus.

Eppure Julia Regajev aveva ancora formalmente un lavoro, come addetta alle pulizie in un grande panificio della città. Un giornalista senza scrupoli, detto il «serpente», sfrutta il caso per imbastire uno scandalo e denuncia la «mancanza di umanità» dell'azienda che non si è nemmeno accorta dell'assenza della dipendente.

Tocca al responsabile delle risorse umane, spedito in missione dall'anziano proprietario del panificio, cercare di rimediare al danno di immagine. Ma il viaggio verso la dignitosa e compassionevole sepoltura della donna morta si rivela per lui molto più importante di un'operazione di facciata per ottenere la simpatia dell'opinione pubblica.

Nel dizionario non esiste forse parola che rappresenti meglio l'universo narrativo di Abraham B. Yehoshua dell'aggettivo «responsabile». Per un suo personaggio, essere responsabile significa non tanto essere colpevole, ma soprattutto portare attivamente il peso di un imperativo morale. Così il responsabile delle risorse umane impara che anche una piccola colpa, come quella di cui si è macchiata per indifferenza e superficialità la sua azienda, non va trascurata, perché anche le piccole colpe possono avere un potere terribile.

339 Dal brano si può desumere che il responsabile delle risorse umane conosceva:

- A Julia Regajev
- B l'anziano proprietario del panificio
- C il terrorista suicida
- D l'azienda di Yehoshua
- E il giornalista

340 Il numero di auto vendute da un concessionario è passato da 300 a 360. Calcolare l'incremento percentuale di tale numero.

- A + 60
- B 60%
- C 20
- D – 20%
- E 20%

341 Delle risposte date a un questionario, 12 sono sbagliate e il 60% sono esatte. Quante risposte sono state date?

- A 24
- B 42
- C 18
- D 30
- E 20

342 Uno stile caustico è proprio di uno scrittore:

- A scurrile e sboccato
- B involuto e prolisso
- C graffiante e ironico
- D oscuro e pretenzioso
- E letterario e tradizionalista

Leggere il brano e rispondere alle seguenti domande

Ho sempre considerato la simpatia una forma di conoscenza. Di conoscenza intuitiva non proprio razionale, che si afferma e si verifica attraverso la sensibilità [...] una conoscenza induttiva. Ora io ho sempre diviso gli uomini in due categorie, gli induttivi e i deduttivi. Io per esempio sono un induttivo e sono contento di esserlo. Ho bisogno, come fanno gli induttivi, di partire da qualche cosa che non è un'idea o una parola, ma la semplice realtà della mia esperienza personale e diretta, anche se, com'è ovvio, essa è personale e limitata. Il deduttivo no, non è così. [...]; deduce i sentimenti, le azioni, le persone. Così ogni atto, ogni persona finisce per rappresentare qualcosa, diventa ai suoi occhi il simbolo, l'emblema di qualcosa, senza essere mai niente per sé, mai quello che in effetti è. [...] in fondo questa distinzione tra deduttivi e induttivi doveva servire solo a stabilire una volta per tutte che la simpatia è una forma di conoscenza induttiva. E aggiungo che sono particolarmente interessato alla parola simpatia anche come uomo del Sud, come meridionale [...], perché non si può capire il Sud e non si può amare una città come Napoli, da cui provengo, senza esercitare quella forma di conoscenza che è la *sympateia*. L'esempio massimo di questa è il viaggio in Italia di Goethe, che non sarebbe quel grande libro che è se non scoppiasse di simpatia.

da *Scrittori, l'arte della simpatia*, di Raffaele La Capria, «Corriere della Sera», 5/10/2000

343 UNO SOLO dei giudizi qui espressi NON È rigorosamente DEDOTTO dalle osservazioni di Raffaele La Capria: individuatelo.

- A Goethe ha compiuto un viaggio in Italia e ha saputo comprendere il carattere di ambienti radicalmente diversi dal proprio perché la sua sensibilità gli permise di mettersi in sintonia con essi
- B È impossibile comprendere realtà complesse e ricche di storia come il meridione d'Italia se non si è disposti a prescindere da ogni schematismo preconcetto
- C Non si può comprendere nessun tipo di realtà se non si è in grado di esercitare la simpatia, cioè un tipo di conoscenza intuitiva che si fonda sull'esperienza personale diretta
- D Napoli è una città incomprensibile per chi pretende di interpretare la realtà confrontandola con schemi razionali e deducendone una rappresentazione esauriente
- E La simpatia non è uno schermo che invalidi la conoscenza della realtà, ma può essere invece un efficace, e in alcuni casi privilegiato, strumento di conoscenza

344 Quale delle informazioni qui fornite su Goethe è ERRATA (quesito precedente)?

- A Goethe scrisse un resoconto del suo viaggio in Italia nel quale si fermò abbastanza a lungo a Napoli
- B Il libro più celebre di Goethe è *I dolori del giovane Werther*, che si conclude con il suicidio di entrambi i protagonisti
- C Dal romanzo di Goethe *Le affinità elettive* è stato tratto qualche anno fa un film che ha avuto un discreto successo
- D Faust, il protagonista dell'omonima opera di Goethe, è uno scienziato che ha perso la fiducia nella ragione e si dedica alle arti magiche
- E Goethe scrisse il *Faust*, modificandolo e arricchendolo, durante tutta la sua lunga esistenza, fino alla vigilia quasi della morte

345 Un treno che corre a 30 km/h precede un treno che corre a 50 km/h. Di quanti km distano l'uno dall'altro i due treni se occorreranno 15 minuti al treno più rapido per raggiungere il più lento?

A 7

B 8

C 2,5

D 5

E 3,5

346 Indica quale tra le interpretazioni indicate è coerente con il brano di Calvino: "Tra le molte virtù di Chuang-Tzu c'era l'abilità nel disegno. Il re gli chiese il disegno d'un granchio. Chuang-Tzu disse che aveva bisogno di cinque anni di tempo e d'una villa con dodici servitori. Dopo cinque anni il disegno non era ancora cominciato. "Ho bisogno di altri cinque anni" disse Chuang-Tzu. Il re glieli accordò. Allo scadere dei dieci anni, Chuang-Tzu prese il pennello e in un istante, con un solo gesto, disegnò un granchio, il più perfetto granchio che si fosse mai visto." (Calvino, Lezioni americane).

A Le opere d'arte hanno una lunga gestazione nella mente dell'artista

B Per poter lavorare bene bisogna avere scadenze impellenti

C Gli artisti sono persone inaffidabili

D L'azione è più importante della contemplazione

E I re hanno sempre fretta

347 Un sinonimo di "orpello" è:

A ostello

B gioiello

C fronzolo

D inezia

E fuscello

348 Scegliere tra le alternative proposte quella che completa correttamente la seguente frase: «Ti direi di venire a cena a casa mia...».

A Se solo abbia qualcosa in frigorifero

B Se solo avessi qualcosa in frigorifero

C Se solo non avrei qualcosa in frigorifero

D Se solo avrei avuto qualcosa in frigorifero

E Se solo avrei qualcosa in frigorifero

349 Un medico prescrive al paziente 5 pillole da prendere una ogni ora. Quanto tempo impiegherà il paziente a consumare tutte le pillole?

A 1 ora

B 2 ore

C 3 ore

D 4 ore

E 5 ore

350 Per riempire d'acqua una vasca ci sono tre rubinetti. Il primo impiega, da solo, 2 ore a riempire la vasca, il secondo ne impiega 3, il terzo ne impiega 4. Se vengono aperti tutti e 3 contemporaneamente, quanto tempo impiegano a riempire la vasca?

A 32 minuti

B 46 minuti

C 55 minuti

D 60 minuti

E 90 minuti

351 Un istituto di ricerca ha sondato le opinioni di un campione di italiani sulle loro abitudini relativamente allo shopping. Ecco ciò che è emerso: la convinzione che la qualità si paga è diffusa presso i consumatori, che sono disposti a spendere di più per quei prodotti a cui attribuiscono valore in termini di fattura, confezionamento, uso delle materie prime e così via. Si spiega dunque perché i consumatori spendono grandi cifre per acquistare prodotti firmati delle grandi case di moda italiane e internazionali.

Su quale supposizione implicita si basa il brano precedente?

A Quando si acquista un capo firmato si paga il nome prima ancora che la qualità

B Le materie prime utilizzate dalle grandi case di moda sono le stesse utilizzate da marchi meno prestigiosi

C I comportamenti reali dei consumatori differiscono sempre da quelli dichiarati nei sondaggi

D I prodotti delle grandi firme della moda sono prodotti di qualità

E Le abitudini di acquisto degli italiani sono assimilabili a quelle degli altri consumatori europei

352 Un vecchio disco di vinile a 33 giri è inciso nella zona compresa tra i diametri di 20 e 10 cm. Il suo ascolto dura 2 minuti primi e 30 secondi. Quanti è lungo il percorso compiuto dalla puntina del giradischi dall'inizio alla fine dell'ascolto?

A 20 cm
B 10 cm
C 8 cm
D 6 cm
E 5 cm

353 Una formica cammina su una zolletta di zucchero a forma di cubo. Ogni lato della zolletta misura 1 cm. Se la formica parte da un vertice e vuole arrivare al vertice diagonalmente opposto, qual è la distanza minima che deve percorrere?

A 1,5 cm
B 2 cm
C 2,2 cm
D 2,5 cm
E 3 cm

354 Per avere del latte è necessario ma non sufficiente avere o una mucca o una capra. Determinare quale delle seguenti situazioni è NON compatibile con questa affermazione.

A Riccardo ha una mucca, ma non ha del latte
B Riccardo non ha una capra, ma ha del latte
C Riccardo ha del latte ma non ha una mucca
D Riccardo ha del latte, ma non ha né capre né mucche
E Riccardo ha una capra e una mucca, ma non ha del latte

355 Aldo è titolare di una azienda casearia, e in un dato giorno può produrre formaggio se e solo se ha a disposizione sia latte che caglio. Determinare quale delle seguenti deduzioni è corretta.

A Aldo oggi possiede caglio, quindi può produrre formaggio
B Aldo oggi non può produrre formaggio, quindi non possiede caglio
C Aldo oggi possiede latte ma non può produrre formaggio, quindi non ha caglio
D Aldo oggi non può produrre formaggio, quindi non possiede né latte né caglio
E Aldo oggi non può produrre formaggio, quindi non possiede latte

356 Se l'affermazione "tutte le esperienze di vita sono utili" è FALSA, quale delle seguenti proposizioni è necessariamente vera?

A Tutte le esperienze di vita sono inutili
B Almeno un'esperienza di vita non è utile
C Nessuna esperienza di vita è utile
D Sono utili soltanto le esperienze di vita
E I buoni maestri sono più utili delle esperienze di vita

357 "Silvia è laureata in matematica; alcuni laureati in matematica hanno poche amicizie; solo le persone che hanno molte amicizie sono equilibrate". Se le precedenti affermazioni sono vere, allora è certamente vero che:

A tutti i laureati in lettere sono persone serene
B se ha molte amicizie, Silvia è sicuramente una persona equilibrata
C Silvia non è equilibrata
D Silvia potrebbe avere molte amicizie ma non essere una persona equilibrata
E tutti i laureati in matematica non sono persone equilibrate

358 "Se segui le lezioni in autoscuola, allora superi la prova scritta. Solo se superi la prova scritta, allora puoi sostenere l'esame di guida". Se le precedenti affermazioni sono vere, quale delle seguenti NON è certamente vera?

A Se non superi la prova scritta non hai seguito le lezioni in autoscuola
B Superare la prova scritta è condizione necessaria per sostenere l'esame di guida
C Se stai sostenendo l'esame di guida, allora hai superato la prova scritta
D Se non superi la prova scritta non puoi sostenere l'esame di guida
E Se stai sostenendo l'esame di guida, allora hai seguito le lezioni in autoscuola

359 Di una famiglia si sa che:

- **almeno un maschio non è celibe**
- **tutti i laureati sono celibi**
- **non è vero che almeno un maschio non è maggiorenne.**

Solo una delle seguenti proposizioni è deducibile dalle premesse. Quale?

A Nessun maggiorenne non è coniugato
B Tutti i celibi sono laureati
C Almeno un celibe non è maggiorenne
D Almeno un maggiorenne è coniugato
E Almeno un maggiorenne non è coniugato

360 **Indica quale delle interpretazioni è coerente con il testo del grande fisico Max Born: "Se Dio ha fatto del mondo un meccanismo perfetto, ha per lo meno fatto questa concessione al nostro intelletto imperfetto: che al fine di predire piccole porzioni di esso, non dobbiamo risolvere innumerevoli equazioni differenziali, ma possiamo usare i dadi con un certo successo".**

- A Dio non gioca a dadi
- B Il mondo è simile ad un orologio
- C L'uomo, a causa dell'imperfezione del suo intelletto, non riesce a capire il mondo
- D Dio ha creato un mondo dove c'è spazio per la contingenza
- E Dio ha creato un mondo buono che l'uomo ha reso cattivo

361 **Quale delle seguenti parole, scritta su un vetro e letta da dietro, è una parola italiana?**

- A AMOR
- B OSSA
- C ESSA
- D OTIT
- E ELOS

362 **Un quadrato è composto da 4 file, ognuna di esse è composta da 4 tessere messe una accanto all'altra. Qual è il numero totale dei lati delle tessere che toccano un'altra tessera?**

- A 16
- B 24
- C 36
- D 48
- E 64

363 **Se uno studente è contemporaneamente il 5° miglior studente ed il 5° peggior studente della sua classe, da quanti studenti è composta la classe?**

- A 5
- B 6
- C 7
- D 9
- E 10

364 **Un tale compra un oggetto a 300 Euro, lo vende a 310 Euro, lo ricompra a 320 Euro, ed infine lo rivende a 330 Euro. Quanto ha guadagnato?**

- A 0 Euro
- B 10 Euro
- C 20 Euro
- D 30 Euro
- E 300 Euro

365 **Un uomo ha l'età doppia di suo figlio, ed il prodotto delle loro età è 20 volte la somma delle loro età. Che età ha il padre?**

- A 40 anni
- B 50 anni
- C 60 anni
- D 70 anni
- E 80 anni

366 **Stai partecipando ad una gara ciclistica. Ad un certo punto superi il terzo, in quale posizione ti trovi?**

- A primo
- B secondo
- C terzo
- D quarto
- E nessuna delle risposte precedenti

367 **Andando a Civitavecchia, ho incrociato 2 vecchiette. Ogni vecchietta portava due borsette. In ogni borsetta v'erano 2 ovette. Quante ovette e quante vecchiette andavano a Civitavecchia?**

- A 2 e 2
- B 4 e 2
- C 8 e 2
- D 0 e 0
- E Nessuna delle risposte precedenti

368 **I gatti bianchi mangiano di più dei cani bianchi. I gatti neri mangiano di più dei gatti bianchi. I gatti neri mangiano meno dei cani neri. Quale di questi è l'animale domestico che vi costerebbe di meno per il vitto?**

- A I cani bianchi
- B I gatti bianchi
- C I gatti neri
- D I cani neri
- E non è possibile rispondere

369 **Ilaria chiede a Raffaella quante monete d'oro possiede e Raffaella le risponde che se le divide in due mucchi diversi, moltiplicando per 30 la differenza tra questi due mucchi si ottiene un valore pari alla differenza dei loro quadrati. Quante monete possiede Raffaella?**

- A 25
- B 30
- C 40
- D 50
- E 60

370 Delle seguenti 4 affermazioni, quale affermazione è vera se una sola delle 4 affermazioni è vera?

Affermazione A: L'affermazione B è vera;

Affermazione B: L'affermazione C è vera;

Affermazione C: L'affermazione A è vera;

Affermazione D: L'affermazione B è falsa.

A Affermazione A
B Affermazione B
C Affermazione C
D Affermazione D
E Nessuna delle quattro può essere vera

371 Tre campane suonano ad intervalli di 5 minuti, 6 minuti e 10 minuti, rispettivamente. Se suonano insieme alle 8 di mattina, dopo quanto tempo suoneranno di nuovo insieme?

A 10 minuti
B 19 minuti
C 30 minuti
D 65 minuti
E Non è possibile calcolarlo

372 Una banda musicale marcia formando un quadrato di 6 x 6 elementi. Arrivata in piazza, di dispone su 3 file, formando un rettangolo, per suonare. Di quanti elementi è composta ciascuna fila?

A 6
B 9
C 12
D 16
E 24

373 Completare la seguente proporzione:

abituale : insolito = X : Y

A X = lento, Y = debole
B X = fausto, Y = funesto
C X = alto, Y = grande
D X = vicino, Y = presso
E X = determinato, Y = certo

374 Un chimico studiando una soluzione, constatò che se si tingeva di verde, allora in essa era presente, sodio, opppure potassio, oppure ferro; constatò inoltre che, sempre se si tingeva di verde, se c'era sodio, c'era anche bromo oppure cloro, e che, se c'era potassio, c'era anche jodio. Quale di queste situazioni si può verificare?

A la soluzione contiene solo sodio e diventa verde
B la soluzione contiene solo jodio e diventa verde
C la soluzione contiene solo potassio e diventa verde
D la soluzione contiene sodio e bromo, e diventa verde
E La soluzione contiene potassio, ferro e sodio e si tinge di verde

375 Tre campane suonano ad intervalli di 4 minuti, 12 minuti e 9 minuti, rispettivamente. Se se suonano insieme alle 8 di mattina, dopo quanto tempo suoneranno di nuovo insieme?

A 16 minuti
B 24 minuti
C 29 minuti
D 36 minuti
E 72 minuti

376 Una gallina ha fatto i pulcini. Maria dice: "Sono nati tre pulcini e sono gialli". Gianni dice: "Sono nati due pulcini gialli e due neri". Anna dice: "Sono nati solo pulcini gialli". Quanti pulcini sono nati, sapendo che una e una sola delle precedenti affermazioni è falsa?

A 2
B 6
C 3
D 4
E non è possibile stabilire il numero con certezza

377 Quattro amici (Paolo, Marco, Carlo e Franco) si sfidano a un torneo di tennis. Ognuno dei quattro gioca due partite con ognuno degli altri tre. Per ogni vittoria sono assegnati 2 punti e per ogni sconfitta 0 punti (non esiste il pareggio). Se alla fine del torneo si hanno le seguenti informazioni:

	Punti ottenuti	Numero di sconfitte subite
Paolo	6	
Marco		2
Carlo		
Franco		3

Chi ha vinto il torneo?

A Carlo
B Marco
C Paolo
D Franco
E È impossibile stabilirlo con i dati in possesso

378 In uno stagno c'è una una ninfea. Questa ninfea si riproduce raddoppiando ogni giorno la propria estensione. Se la ninfea impiega 20 giorni per ricoprire tutto lo stagno, quanti giorni impiega per ricoprirne la metà?

A 2
B 3
C 4
D 16
E 19

379 Un uomo ha l'età doppia di suo figlio, ed il prodotto delle loro età è 20 volte la somma delle loro età. Che età ha il figlio?

A 10 anni
B 15 anni
C 20 anni
D 30 anni
E 40 anni

380 Alle Olimpiadi degli animali si svolge la gara di corsa tra un gambero ed una lumaca, sulla distanza di 7 cm. Il gambero, ogni secondo, fa quattro passi avanti seguiti da 3 passi indietro; tutti i passi sono di 1 cm. La lumaca procede ad una velocità costante di 1 cm/s. Chi vince la gara?

A la lumaca
B il gambero
C arrivano insieme
D non arrivano mai
E il gambero mangia la lumaca

381 Quattro delle seguenti parole hanno una radice etimologica comune. Individuate quella anomala.

A Antiemetico
B Antipatia
C Antifonario
D Antiquario
E Antibiotico

382 Un chimico mescola l'argento con l'oro così che per 10 grammi di lega vi sono 90% d'oro puro e 10% di argento. Un giorno aggiunge altro argento fino ad ottenere una lega ancora meno pura. Se l'orefice era partito con 10 grammi di lega fatta per il 90% di oro puro e il 10% di argento, quanto argento ha dovuto aggiungere per arrivare ad una lega con il 50% di argento?

A 8 grammi
B 6 grammi
C 22 grammi
D 50 grammi
E 10 grammi

383 Un esperimento consiste nel lanciare due dadi. Quante sono le combinazioni possibili la cui somma è 10?

A 1
B 2
C 3
D 4
E 5

384 Trova l'elemento che non è coerente con gli altri

A Petrarca
B Rubens
C Montale
D Ariosto
E Callimaco

385 Lanciando tre dadi qual è la probabilità di ottenere due 5 e un numero diverso da 5?

A 15/36
B 15/216
C 216/15
D 5/36
E 6/25

386 Scegliere tra le alternative proposte quella che completa correttamente la seguente frase: «Ho prenotato le vacanze per la prossima settimana e quindi...».

A Sperassi che fosse caldo
B Spererò tanto che fece caldo
C Spero tanto che faccia caldo
D Spero tanto che abbia fatto caldo
E Spero tanto che farebbe caldo

387 Il signor Rossi e sua moglie hanno 6 figlie. Ciascuna figlia ha un fratello. Quanti sono i componenti della famiglia Rossi?

A 9
B 10
C 17
D 13
E 15

388 Individuare la figura mancante.

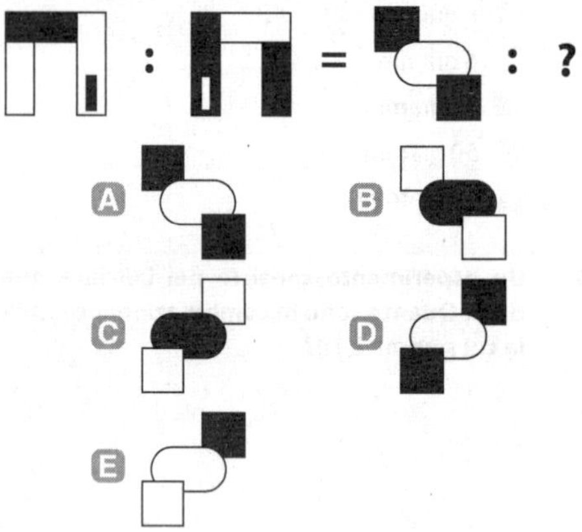

389 Individuare il rapporto anomalo.

A Anestesista - narcosi
B Giornalista - articolo
C Enigmatico - indovinello
D Medico - diagnosi
E Scultore - statua

390 Completare la seguente proporzione: Pavido : X = Y : attenzione

A X = impavido, Y = concentrazione
B X = ruvido, Y = distratto
C X = paura, Y = impavido
D X = coraggio, Y = disattento
E X = lento, Y = concentrazione

Leggere il brano seguente e rispondere alla relativa domanda

... due emigranti, due contadini, traversavano l'oceano su un piroscafo traballante. Uno di questi contadini dormiva nella stiva, l'altro stava sul ponte e si accorgeva che c'era una gran burrasca con delle onde altissime e che il piroscafo oscillava. E allora questo contadino, impaurito, domanda ad un marinaio: "Ma siamo in pericolo?" E questo dice: "Se continua questo mare, tra mezz'ora il bastimento affonda". Allora lui corre nella stiva e dice: "Beppe! Beppe! Beppe!" "Che c'è?" "Se continua questo mare, tra mezz'ora il bastimento affonda!". Quello allora: "Che m'importa? Non è mica mio!". (Pietro Calamandrei)

391 Una sola delle interpretazioni qui proposta è CORRETTA: con quest'apologo Pietro Calamandrei ammonisce a considerare:

A il dramma dell'emigrazione contadina
B la stupidità di chi dorme in viaggio
C la scarsa solidarietà tra i diseredati
D l'angoscia di chi teme il mare
E l'insensatezza dell'indifferentismo politico

392 Indica quale delle seguenti parole, se inserita al posto dei puntini, è coerente con l'idea espressa dal resto del testo: "L'osservazione scientifica non è pura descrizione di fatti separati. Il suo obiettivo principale è vedere un evento da quante più .... possibili" (A. Luria).

A azioni
B potenzialità
C prospettive
D funzioni
E idee

Leggere il brano seguente e rispondere alla relativa domanda

"Il clima della Valle d'Aosta presenta una notevole varietà, legata alla complessità morfologica del territorio; in genere il clima stesso può essere definito come semicontinentale di montagna, di tipo temperato freddo, con precipitazioni assai scarse, specie in autunno e in inverno: la piovosità è assai ridotta soprattutto nella parte centrale della valle (Aosta 580 mm di pioggia media annua, Saint Marcel 475 mm, circa la metà di Napoli). Ciò obbliga a ricorrere all'irrigazione artificiale delle colture".

393 Quale delle seguenti affermazioni PUÒ essere dedotta dalla lettura del brano?

A L'irrigazione artificiale delle colture in Valle d'Aosta deve essere effettuata in autunno e in inverno
B La piovosità media annua a Napoli è inferiore a 475 mm
C La piovosità media annua a Napoli è di poco inferiore a 1 m
D A Napoli non è necessario ricorrere all'irrigazione artificiale delle colture
E A Napoli piove sempre più che ad Aosta

Leggere il brano seguente e rispondere alla relativa domanda

«.......... della fisica è fatto/a di istanti solo quantitativamente differenti e distinti uno dall'altro, mentre .... dell'esistenza è costruito/a da momenti anche qualitativamente differenti e che si compenetrano tra loro; il primo concetto trova la sua immagine in una collana di perle, il secondo in un gomitolo di filo». (H. Bergson)

394 Indicare quale delle seguenti espressioni si PUÒ inserire nel testo:

A lo spazio
B la durata
C la natura
D il tempo
E la teoria

Leggere il brano e rispondere alla relativa domanda

«La fatica più bella è lavorare insieme», dice Riccardo Moro, direttore della Fondazione «Giustizia e solidarietà» di ritorno dalla Guinea dove si è svolta nei giorni scorsi la riunione del Comitato di gestione del Fondo creato con la conversione del debito. Alimentato con il denaro che il governo locale, grazie alla ______, non deve più pagare all'Italia, e con quello raccolto in Italia durante la campagna del Giubileo, il Fondo viene utilizzato per finanziare progetti di riduzione della povertà ed è amministrato da un comitato misto italo-guineano.

«Dobbiamo mettere in comune sensibilità ed esperienze, stili di lavoro e modalità diverse – racconta Moro –. La sintonia e il consenso vanno costruiti nel ______ rigoroso, ma ci riusciamo perché ci accomuna una voglia direi "testarda" di lavorare per lo sradicamento della povertà, dando protagonismo alle persone. È uno stile che si trasforma in cammino comune attraverso gesti concreti». Ora che il Fondo in Guinea è attivo stanno nascendo le prime opportunità per avviare gemellaggi e partenariati con l'Italia, «[...] Sarà un modo per fare, dopo il Giubileo, ulteriore esercizio di cittadinanza comune e solidale», spiega il direttore.

Quello di questi giorni è solo l'ultimo di decine di viaggi che Moro ha compiuto negli ultimi tre anni per conto del Comitato prima e della Fondazione dopo, con l'obiettivo di dare solidarietà a Paesi poveri tagliati fuori dall'economia globale e indebitati fino all'osso. Ma non c'è solo il lavoro in Africa: «L' ______ organica della Fondazione in campo culturale si è definitivamente avviata nel 2003 con la preparazione del primo Rapporto annuale sul debito che sarà presentato in questa primavera e che si colloca nel percorso per rendere la Fondazione un vero e proprio ______ permanente sul debito», afferma il vescovo di Alessandria Fernando Charrier, presidente della Fondazione.

Il Rapporto, che si avvale di un comitato scientifico, presenterà lo stato dell'iniziativa internazionale e di quella italiana; approfondirà la questione della sostenibilità del debito; presenterà i risultati raggiunti nei due Paesi-obiettivo: Guinea e Zambia. Al testo – dal linguaggio accessibile anche ai "non addetti ai lavori" – saranno accompagnati strumenti divulgativi per una "______" [...].

Italia e Guinea alleate contro il debito, di Vincenzo Grienti, www.avvenire.it, 5 marzo 2004

395 Dal testo sono state eliminate cinque parole, elencate qui sotto. Indicare l'alternativa che meglio risponde alle esigenze logiche del testo.

A generosità, dialogo, organizzazione, consultorio, traduzione
B cancellazione, dialogo, attività, osservatorio, traduzione
C moratoria, dialogo, operosità, tribunale, presentazione
D cancellazione, dialogo, attività, osservatorio, concessione
E moratoria, dialogo, organizzazione, osservatorio, traduzione

396 "Se e solo se mangio cibi dietetici, riduco i miei grassi superflui".
In base alla precedente informazione, quale delle seguenti affermazioni è certamente vera?

A Mangiare cibi dietetici è una moda della società occidentale
B Le modelle mangiano solo cibi dietetici
C Mangio cibi dietetici quando svolgo attività sportive
D I miei grassi superflui si riducono quando mangio solo cibi dietetici
E A volte, anche se mangio cibi dietetici, non riduco i miei grassi superflui

Leggere il brano e rispondere alle seguenti domande

Telefoni mobili: sono o non sono sicuri?

Il problema continua ad essere oggetto di dibattito. Nel maggio 2000 in UK un gruppo indipendente di esperti ha concluso che è improbabile che i telefoni mobili causino il cancro o altre malattie. Tuttavia – riporta la rivista «Lancet» nella sua rubrica NEWS – il rapporto raccomanda cautela e suggerisce di scoraggiare nei bambini l'uso di telefoni mobili per chiamate "non essenziali". Secondo John Mulder, un consulente della WHO sulla sicurezza della telefonia mobile, "il rapporto include il principio largamente utilizzato dalla UE della precauzione. Mentre in generale l'assenza di evidenza di pericolo può essere assunta a significare che qualche cosa è relativamente sicuro, l'Unione Europea tende ad impiegare la mancanza di evidenza come supporto a restrizioni". Mulder ritiene in effetti che concludere che è opportuno scoraggiare nei bambini l'impiego di telefonini è piuttosto illogico, in base ai dati presentati.

397 UNA SOLA tra le seguenti considerazioni è IN CONTRADDIZIONE con le tesi sostenute nel testo riportato: quale?

A. Su argomenti non definitivamente chiariti l'Unione Europea tende a privilegiare la prudenza
B. Le raccomandazioni pubblicate in UK non hanno alcuna ragione di essere seguite
C. Le raccomandazioni pubblicate in UK potrebbero costituire un freno all'immissione sul mercato di telefonini specificamente destinati ai giovani
D. Data l'importanza del problema sarebbe opportuno disporre di un maggior numero di informazioni scientifiche sull'argomento
E. Si auspicano più ampie indagini epidemiologiche sugli eventuali rischi della telefonia mobile (anche se sarà difficile reperire un'adeguata popolazione di controllo di giovani che non usino i telefonini)

398 Tra le seguenti osservazioni UNA NON HA FONDAMENTO NEL TESTO CITATO (quesito precedente):

A. distinguere i possibili effetti dei telefoni mobili sui bambini rispetto agli adulti può trovare giustificazione nel fatto che in essi il cervello è in fase evolutiva
B. le pareti della scatola cranica dei bambini sono meno spesse di quelle degli adulti
C. l'assenza di un aumento di incidenza di neoplasie o di altre malattie non esclude l'eventuale comparsa di alterazioni funzionali difficili da documentare
D. dire che un effetto è improbabile non significa negare che sia possibile
E. di fronte a un possibile rischio, a un organismo pubblico non è lecito interferire sul comportamento degli adulti

399 Il 12% di 2.500.000 è:

A. 30%
B. 30.000
C. 300.000
D. 3.000.000
E. 3.000

400 Individuare il numero mancante.

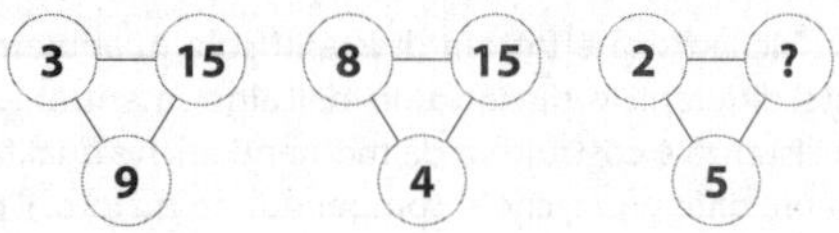

A. 15
B. 10
C. 13
D. 8
E. 15

401 La perizia balistica non ha escluso l'impossibilità che il colpo non sia stato sparato dalla casa di fronte.
La precedente affermazione è logicamente equivalente a:

A. il colpo non è stato sicuramente sparato dalla casa di fronte
B. il colpo deve essere stato sparato dalla casa di fronte
C. il colpo potrebbe essere stato sparato dalla casa di fronte
D. dalla casa di fronte si sparano sempre colpi
E. la perizia non è riuscita a certificare, dopo molte ricerche, che il colpo sia stato sparato dalla finestra

402 La *sinestesia* è una figura retorica che:

A. esprime un'affermazione in apparenza assurda o contraria al buon senso
B. associa parole o concetti appartenenti a sfere sensoriali diverse
C. sostituisce una parola con un'altra che abbia significato affine
D. accosta due termini sulla base della somiglianza di quanto indicano
E. nessuna delle precedenti è una definizione di *sinestesia*

403 Che cos'è l'apologo?

A. Un discorso in difesa di se stessi o di altri
B. Un breve racconto che utilizza l'allegoria per fornire un insegnamento filosofico o morale
C. Una figura retorica in cui si interpella con enfasi una persona o una cosa personificata
D. La proposizione principale di un periodo ipotetico
E. La caduta di un fonema (vocale o sillaba) alla fine di una parola

404 **Individuare fra le cinque alternative proposte quella che completa il quadro:**

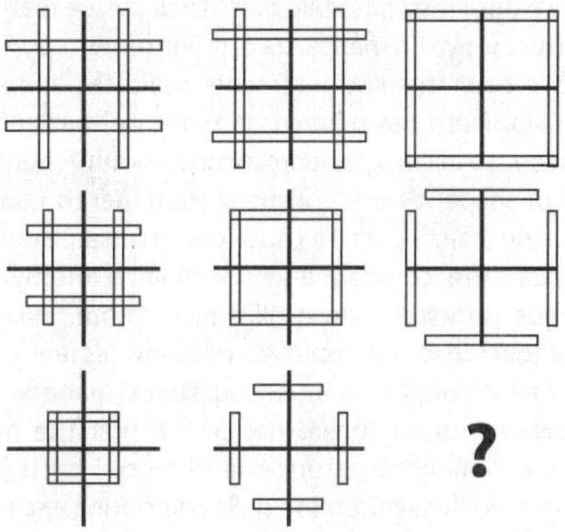

A 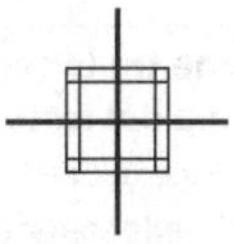

B 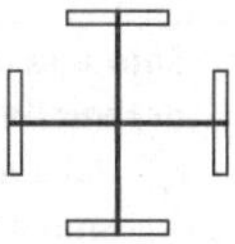

C 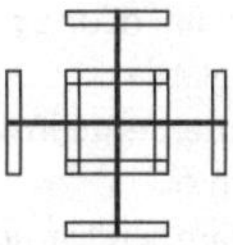

D 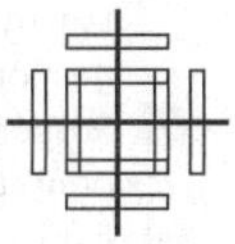

E 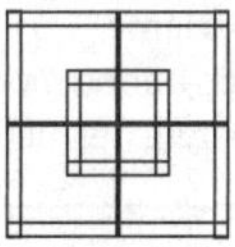

405 **"Si sente un din don di campane". Questa frase contiene:**

- A una sinestesia
- B un'anafora
- C un'onomatopea
- D una ripetizione
- E una similitudine

406 **Trova l'intruso.**

- A Commedia
- B Tragedia
- C Melodramma
- D Sacra rappresentazione
- E Novella

407 **Se è vero che «non esistono rane con quattro zampe», allora è necessariamente vera anche una delle affermazioni seguenti. Quale?**

- A Tutte le rane hanno quattro zampe
- B Esiste almeno una rana con tre zampe
- C È impossibile che una rana abbia quattro zampe
- D Senza zampe una rana non può saltare
- E È impossibile che una rana abbia una zampa sola

408 **Una strofa isometrica è:**

- A una strofa con un numero di versi uguale a quello delle altre strofe del componimento di cui è parte
- B una strofa con un numero di sillabe uguale a quello delle altre strofe del componimento di cui è parte
- C una strofa formata da versi tutti dello stesso tipo
- D una strofa i cui versi terminano tutti con la stessa rima
- E nessuna delle precedenti alternative è corretta

409 **Se è vero che «le bugie hanno le gambe corte», allora è necessariamente vera anche una delle affermazioni seguenti. Quale?**

- A Tutte le verità hanno le gambe lunghe
- B Alcune bugie hanno le gambe lunghe
- C Esiste almeno una bugia che ha le gambe lunghe
- D Non esistono bugie dalle gambe lunghe
- E Anche le verità hanno le gambe corte

410 ***Prendere in castagna* è sinonimo di:**

- A cogliere in flagrante
- B prendere in giro
- C cogliere la palla al balzo
- D capirsi al volo
- E cogliere di sorpresa

411 **Individuare il termine che risponde alla definizione: *chi tende a mantenere un cauto riserbo intorno a determinati temi.***

- A Renitente
- B Accolito
- C Misogino
- D Inclito
- E Reticente

412 **Se è vero che «chi vede una stella cadente è fortunato», allora è necessariamente vera anche una delle affermazioni seguenti. Quale?**

- **A** Le stelle cadenti sono in realtà dei meteoriti che impattano sull'atmosfera terrestre
- **B** Solo chi vede una stella cadente è fortunato
- **C** Chi crede nelle stelle cadenti è un superstizioso
- **D** Se la fortuna è cieca, non può vedere le stelle cadenti
- **E** Se vedi una stella cadente, sei fortunato

413 **Solo chi si impegna può raggiungere il livello di Maestro.**

Se la precedente affermazione è vera quale delle seguenti affermazioni NON può essere vera?

- **A** Orietta, malgrado si sia impegnata moltissimo, non ha raggiunto il livello di Maestra
- **B** Alberto ha raggiunto il livello di Maestro e ciò significa che si è impegnato
- **C** Gianni è stato raccomandato ed ha raggiunto il livello di Maestro senza impegnarsi
- **D** Lampredo non si è mai impegnato e infatti non ha raggiunto il grado di Maestro
- **E** Adalgisa e Tina si sono impegnate: ciononostante solo Tina ha raggiunto il livello di Maestra

414 **Scegliere fra le alternative proposte quella che completa correttamente la frase seguente.**

"Il ... Fantozzi è famoso per la sua inconciliabilità con il mondo che lo circonda, quello burocratico dell'ufficio-fabbrica, caratterizzato da opprimenti gerarchie, incartamenti, procedure, pratiche amministrative o gestionali, calcoli, corrispondenza e, nel suo caso, da continui strapazzi da parte dei superiori e dei colleghi più furbi e ambiziosi".

- **A** Peptico
- **B** Bucaniere
- **C** Travet
- **D** Lapalissiano
- **E** Nessuna delle alternative proposte è corretta

Leggere il brano seguente e rispondere alla relativa domanda

Il controllo domiciliare della glicemia nei soggetti diabetici è oggi reso possibile dall'uso di strisce reattive la cui lettura visiva (in mancanza di reflettometro portatile) fornisce risultati sufficientemente indicativi ai fini dell'aggiustamento terapeutico da parte del paziente stesso. Un errore in cui il paziente incorre comunemente è quello di sospendere il consueto trattamento con insulina poiché "salta i pasti" a causa della nausea e dell'inappetenza che accompagnano una malattia infettiva; ne consegue uno scompenso glicemico, talora con rischio di chetoacidosi. Tali episodi possono essere prevenuti istruendo opportunamente i pazienti diabetici sul comportamento da tenere nei casi di malattie non gravi, come l'influenza: assunzione di piccoli pasti frequenti, controllo della glicemia e della chetonuria a scadenze fisse, contatto con il medico.

415 **Solo una affermazione tra le seguenti non è derivabile dalla lettura del testo. Quale?**

- **A** Il diabete indebolisce le difese dell'organismo nei confronti delle malattie infettive
- **B** I pazienti diabetici possono essere adeguatamente istruiti ai fini di una parziale autogestione della malattia
- **C** Sospendere il trattamento insulinico è in ogni caso un rischio
- **D** È possibile misurare la glicemia a domicilio mediante strisce reattive, e tale tecnica è consigliabile al paziente
- **E** Il diabetico non dovrebbe modificare la terapia senza il parere del medico

Leggere il brano seguente e rispondere alla relativa domanda

"Forse era ver, ma non però credibile a chi del senno suo fosse signore; ma parve facilmente a lui possibile, ch'era perduto in vie più grave errore. Quel che l'uom vede, Amor gli fa invisibile, e l'invisibil fa vedere Amore. Questo creduto fu; che 'l miser suole dar facile credenza a quel che vuole". (Ariosto, *Orlando Furioso*, canto I, 56)

416 **Da questa riflessione dell'Ariosto sulla credulità dell'innamorato Sacripante di fronte alla bella Angelica si deduce che (UNA delle illazioni sottoelencate è ERRATA):**

- **A** il savio sa sempre riconoscere la verità meglio di chi è posseduto da Amore
- **B** il vero può talora apparire incredibile ad alcuni
- **C** Amore può nascondere all'uomo la verità
- **D** il misero innamorato crede facilmente ciò che vorrebbe fosse vero
- **E** l'innamorato pazzo può dar credito al vero prima del savio

417 **"Il tuo trillo sembra la brina / che sgrigiola il vetro che incrina". Questi versi di Pascoli sono interamente costruiti su una figura retorica. Quale?**

- A Allegoria
- B Preterizione
- C Allitterazione
- D Anafora
- E Iperbole

Leggere il brano e rispondere alla relativa domanda

Con una conferenza stampa tenuta alle ore 11 sulla costa del Pacifico (alle 20 ora italiana), la Nasa ha annunciato che la sonda *Opportunity* ha trovato significative prove che una volta sul pianeta Marte c'era acqua in abbondanza. Le prove sarebbero di tipo minerale, ovvero le rocce scrutate dagli strumenti di *Opportunity* dimostrerebbero che vi sono prodotti inequivocabilmente dovuti alla presenza di acqua abbondante.

L'annuncio della Nasa conferma una serie di ricerche piuttosto univoche nel descriverci un «pianeta rosso» piuttosto umido e caldo nel passato. Pochi studiosi di Marte, ormai, avevano dubbi in proposito. Anche perché nelle settimane scorse una sonda europea, *Mars Express*, ha trovato evidenze di acqua presente tuttora al polo sud marziano. Tuttavia la conferma diretta, «in situ», dell'esistenza di acqua abbondante in passato, ha certamente un rilievo notevole.

Resta da capire se la presenza di questo ambiente favorevole (molta acqua e caldo sufficiente) abbia consentito, milioni di anni fa, l'origine di una «vita marziana». La sonda *Opportunity* questo non ce lo dice. Cosicché la ricerca della eventuale vita su Marte continua.

di Pietro Greco, www.unita.it, 02 marzo 2004

418 **Delle alternative di seguito proposte, solo una NON È CONSEGUENTE al brano. Quale?**

- A Le conferme annunciate dalla NASA sul fatto che un tempo Marte fosse un pianeta caldo e umido non portano ancora a dimostrare che sul pianeta rosso ci sia stata vita
- B La forza delle prove trovate dalla sonda *Mars Express* dipende soprattutto dal fatto che sono di tipo minerale
- C Un conto è fotografare il pianeta da una sua orbita e un conto è raccogliere campioni di terreno per studiarne la composizione
- D L'ora registrata in un dato momento sulla costa americana del Pacifico può differire di nove ore rispetto a quella registrata in Italia nello stesso momento
- E Il lavoro congiunto di *Opportunity* e di *Mars Express* potrà fornirci informazioni sempre più complete e dettagliate su Marte

419 **La frase "non c'è alcuna persona che parli bene l'inglese tra noi" è falsa. Questo significa che:**

- A almeno una persona tra noi parla bene l'inglese
- B nessuno parla bene l'inglese
- C tutti parlano bene l'inglese tra noi
- D una sola persona parla bene l'inglese tra noi
- E pur non essendo inglesi non parliamo bene la lingua

420 **Una bottiglia piena di vino costa 10 euro. Il vino costa 9 euro più della bottiglia vuota. Il vuoto della bottiglia costa:**

- A quanto il vino
- B 9 euro
- C solo 1 euro
- D 50 centesimi
- E nulla

421 **"Giulia ama i biscotti". "I biscotti sono un dolce". "Chi ama i biscotti adora la montagna". Sulla base di queste considerazioni, individuate quale tra seguenti conclusioni è vera.**

- A Giulia ama tutti i dolci
- B Giulia ama tutti i dolci che mangia in montagna
- C Chi ama i biscotti ama tutti i dolci
- D Giulia ama la montagna
- E Giulia adora la montagna solo quando mangia biscotti

422 **Il compito in classe assegnato a 20 studenti è difficile: 12 studenti non riescono a fare nulla; la prima metà degli esercizi è risolta da 6 studenti. Quanti studenti risolvono il compito in modo esatto?**

- A 2 su 20
- B Non più di 6
- C Non più di 8
- D 8 su 20
- E Nessuna delle risposte precedenti è corretta

423 **Giovanna è più vecchia di Carla, Carla è più vecchia di Silvia, Silvia è più giovane di Giovanna e di Roberta, Roberta è più vecchia di Carla e più giovane di Giovanna. Qual è l'ordine dalla più giovane alla più vecchia?**

- A Carla, Silvia, Roberta, Giovanna
- B Silvia, Roberta, Giovanna, Carla
- C Roberta, Carla, Silvia, Giovanna
- D Carla, Giovanna, Roberta, Silvia
- E Silvia, Carla, Roberta, Giovanna

Leggere il brano e rispondere alle seguenti domande

"Non erigerò nuovi idoli [...]. Rovesciare gli idoli (il mio termine per ideali) – è questo piuttosto che attiene al mio mestiere. La realtà è stata spogliata del suo valore, del suo senso, della sua veracità, nella misura in cui si è inventato un mondo ideale. Il mondo reale e il mondo apparente – vedi: il mondo inventato e la realtà – ... La menzogna dell'ideale è stata fino ad ora la maledizione scagliata contro la realtà, l'umanità stessa è diventata per suo mezzo mendace e falsa, giù nei suoi istinti più sotterranei – fino al culto dei valori inversi rispetto a quelli per mezzo dei quali le sarebbe stata garantita la crescita, il futuro, il solenne diritto all'avvenire".

Friedrich W. Nietzsche, *Ecce homo*, Prologo, §2

424 Delle deduzioni tratte da questo pensiero di Nietzsche UNA È ARBITRARIA: quale?

A "Idoli" per Nietzsche è sinonimo di valori menzogneri e perniciosi in quanto l'umanità, affascinata da loro, ha perso la capacità di crescere nella realtà
B L'ideale non solo è privo di reale consistenza, ma è un'apparenza che impedisce il riconoscimento della realtà
C Attratta dalla menzogna dell'ideale, l'umanità ha imparato a mentire a se stessa
D L'ideale non solo distrae dalla realtà, ma le contrappone un sistema che le falsifica e soffoca
E Contro gli idoli menzogneri e asfittici l'umanità, per liberarsi e salvarsi, deve erigerne altri, reali e vitali

425 Immaginate di dover dare un titolo ad una relazione su Nietzsche che incomincia con la citazione sopra riportata: QUALE, tra i titoli proposti, SCARTERESTE subito in quanto fuorviante?

A Contro tutti gli idoli, maledizione della realtà
B L'umanità deve liberarsi di ogni principio morale
C L'uomo deve riappropriarsi del proprio avvenire
D Contro l'ascetismo
E L'ideale opera come Circe: seduce e disumanizza

426 Oltre che filosofo, Nietzsche fu (UNA affermazione È SBAGLIATA):

A politico
B poeta
C musicologo
D filologo
E grecista

427 10 squadre si sono iscritte a un torneo di beach volley che inizierà con la prima partita alle ore 14.30 del sabato pomeriggio. Ogni squadra incontrerà le altre una sola volta e non si giocheranno partite in contemporanea. Ogni incontro durerà 20 minuti e tra una partita e l'altra sarà rispettato un intervallo di 7 minuti. Al termine dell'ultimo incontro, ci sarà un intervallo di 22 minuti e subito dopo le migliori due squadre si affronteranno in una finale unica della durata di 30 minuti. A che ora avrà termine il torneo?

A Alle 9.40 della domenica
B Dopo 48 ore esatte
C Alle 18.15 del giorno successivo
D Alle 8.15 del lunedì successivo
E Alle 11.30 del giorno successivo

Leggere il brano seguente e rispondere alla relativa domanda

"Singolare pareva a prima vista che in Italia, nel paese del Papato e centro un tempo della controriforma e reazione cattolica, il partito liberale non si trovasse di fronte un partito cattolico e clericale, e che questa lotta non occupasse il primo piano e non dominasse e soverchiasse le altre tutte. Non già che il paese non fosse, nella grande maggioranza, cattolico, e cattolici molti di quelli che prendevano parte alla vita pubblica, e parecchi uomini di Stato autorevoli; ma l'abbattimento del potere temporale, e l'atteggiamento che il Papato aveva stimato di dover prendere, vietavano la formazione di una parte cattolica, che entrasse nel campo parlamentare: un'associazione liberale cattolica, che cercò di costituirsi nel 1879, non ebbe fortuna, e d'altronde il Vaticano avversava ogni reviviscenza di neoguelfismo."

B. Croce, *Storia d'Italia dal 1871 al 1915*, Bari, Laterza, 1956 (XI ed.), p. 71.

428 Nel brano citato si afferma che:

A nel 1879 si costituì in Italia una fiorente associazione liberale cattolica
B l'Italia era stata un tempo il centro della Riforma e della Controriforma
C i cattolici non prendevano parte alla vita pubblica
D il Vaticano avrebbe voluto un partito clericale, purché non neoguelfo
E l'Italia restava comunque un Paese a forte maggioranza cattolica

429 **Indicare il contrario di *disadorno*.**

- A Decorato
- B Deciso
- C Dinamico
- D Dedito
- E Spartano

430 **Individuare la figura che completa correttamente la seguente serie.**

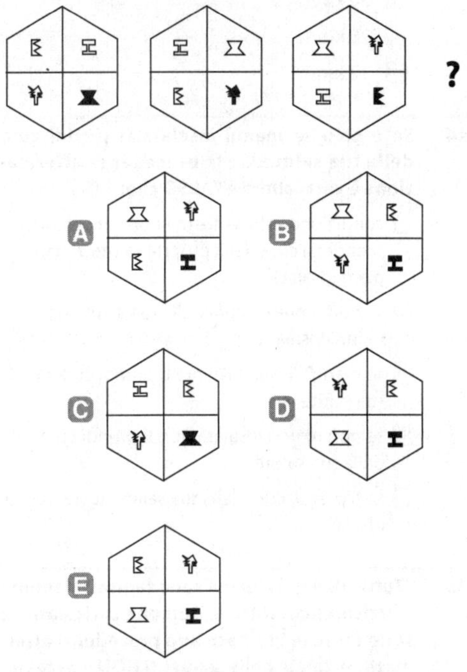

431 **Alcuni studenti della classe sono alti, tutti gli studenti alti sono biondi. Quindi:**

- A tutti gli studenti della classe sono biondi
- B chi non è biondo non fa parte di questa classe
- C solo se sei alto e biondo puoi far parte di questa classe
- D alcuni studenti della classe sono biondi
- E nessuno studente della classe è biondo

432 **Posto che, secondo una regola nascosta, a PIPA corrisponde 16 e ad ARANCIA corrisponde 28, che numero corrisponde a LANCIA?**

- A 36
- B 24
- C 10
- D 22
- E 40

433 **Date le due serie di numeri 17, 7, 12 e 21, 9, 15, completare, seguendo la stessa regola nascosta, la serie 20, 6, ?, scegliendone il terzo elemento tra le 5 alternative proposte di seguito.**

- A 15
- B 14
- C 12
- D 16
- E 13

434 **Quali, tra i termini proposti, completano correttamente la seguente proporzione verbale?**

Calciatore : pallone = X : Y

- A X = squadra; Y = giocatore
- B X = acrobata; Y = trapezio
- C X = erborista; Y = minerale
- D X = trattore; Y = escavatore
- E X = otorino; Y = pneumatico

435 **Un gioco ha le seguenti regole: se un numero è divisibile per 2 vale 4 punti; se è divisibile per 4 vale 8 punti; se è divisibile per 8 vale 2 punti. In base a tali regole, quanto vale il numero 40?**

- A 10 punti
- B 6 punti
- C 14 punti
- D 4 punti
- E 12 punti

436 **Completare correttamente la seguente successione numerica:**

87; 94; 105; 119; 126; 137; ?

- A 151
- B 144
- C 154
- D 149
- E 153

437 **Il sinonimo del termine "coalizione" è :**

- A opposizione
- B governo
- C mescolanza
- D alleanza
- E condizione

438 **Con quale lettera continua la seguente progressione:**

S; S; O; N; D; U; ?

- A B
- B D
- C G
- D R
- E S

439 **Completare la seguente frase: *il fosforo non si trova in natura allo stato ________, ma sotto forma di fosfato, è abbondante in alcune rocce e nelle cellule degli esseri viventi, del cui metabolismo è un componente essenziale.***

A base
B esistenziale
C alimentare
D naturale
E elementare

440 **Una mondina raccoglie 2 chili di riso ogni 30 minuti. Quante mondine ci vogliono per raccogliere 12 chili di riso in un'ora?**

A 2
B 3
C 6
D 20
E 5

Leggere il brano seguente e rispondere alla relativa domanda

"Gli uomini, non avendo potuto guarire la morte, la miseria, l'ignoranza, hanno creduto meglio, per essere felici, di non pensarci".
"L'uomo è manifestamente nato a pensare; qui sta tutta la sua dignità e tutto il suo pregio; e tutto il suo dovere sta nel pensare rettamente".

441 **Individuare quale delle seguenti illazioni è da considerare arbitraria in quanto NON deducibile dai testi citati di Pascal.**

A L'ignoranza non impedisce la felicità
B L'uomo, non potendo evitarla, ha il dovere morale di non pensare alla morte
C Per essere felice l'uomo evita il pensiero della morte
D La dignità dell'uomo è intimamente connessa all'esercizio del pensiero
E Non usare rettamente il pensiero è per l'uomo una colpa

442 **Nella proposizione seguente si sostituisca la parte sottolineata con una delle alternative proposte, mantenendone invariato il significato.**
"Nel diciottesimo secolo visse in Francia un uomo, tra le figure più geniali e <u>scellerate</u> di quell'epoca".

A Nefande
B Nefaste
C Funeste
D Sciagurato
E Sciatte

443 **Uno studente impiega solitamente 20 minuti per recarsi a scuola procedendo a una velocità media di 15 km/h. Una mattina, non avendo sentito la sveglia, parte da casa con 5 minuti di ritardo rispetto al solito. A che velocità deve andare per recuperare il ritardo e arrivare a scuola alla solita ora?**

A 10 km/h
B 25 km/h
C 30 km/h
D 20 km/h
E 12 km/h

444 **Se e solo se mangi insalata ti prendi cura della tua salute. Se la precedente affermazione è vera, allora è FALSO che:**

A condizione sufficiente ma non necessaria per prendersi cura della propria salute è mangiare insalata
B se non ti prendi cura della tua salute non mangi insalata
C se mangi l'insalata allora ti prendi cura della tua salute
D se non mangi insalata non ti prendi cura della tua salute
E se ti prendi cura della tua salute allora mangi insalata

445 **"Tutti i divi del cinema sono famosi; Massimo è carismatico; tutte le persone carismatiche sono famose". In base alle precedenti affermazioni, quale delle seguenti NON è necessariamente vera?**

A È possibile che esistano divi del cinema carismatici
B Non esistono divi del cinema non famosi
C Non esistono persone carismatiche non famose
D Massimo è un divo del cinema
E Massimo è famoso

446 **Una strada lunga 104 metri ha in totale 28 platani posti su entrambi i lati. Sapendo che i platani sono tra loro equidistanti, a quale distanza è posto un platano dall'altro?**

A 5 metri
B Circa 7,4 metri
C Circa 3,7 metri
D 8 metri
E 4 metri

447 Tenendo conto che a numero uguale corrisponde lettera uguale, nella frase: «57 52b43tà è p43s1n754 4 2n82157b254» l'ultima parola è:

- A inviolabile
- B antidiabete
- C enucleabile
- D intestabile
- E detestabile

448 Individuare il diagramma che soddisfa la relazione insiemistica esistente tra i termini dati: Numeri compresi tra 4 e 7, Numeri compresi tra 5 e 11, Numeri compresi tra 9 e 14

diagramma 1

diagramma 2

diagramma 3

diagramma 4

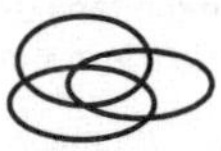
diagramma 5

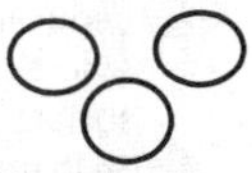
diagramma 6

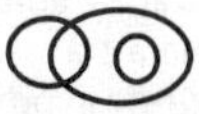
diagramma 7

- A Diagramma 2
- B Diagramma 1
- C Diagramma 6
- D Diagramma 4
- E Diagramma 3

449 Un'asta di metallo lunga 1 metro è sospesa per il suo centro. A 10 cm da una delle estremità è agganciata una massa di 20 kg. Qual è la massa da applicare all'estremità opposta per equilibrare l'asta e mantenerla in posizione orizzontale?

- A 32 kg
- B 8 kg
- C 80 kg
- D 22 kg
- E 16 kg

450 Scegliere tra le alternative proposte quella che completa correttamente la seguente frase: «Ti chiederei di uscire con me...».

- A Anche se non sapessi che fossi fidanzato
- B Se non avrei saputo che sei già fidanzato
- C Se non saprei che sei già fidanzato
- D Se non sapevo che sei già fidanzato
- E Se non sapessi che sei già fidanzato

Leggere il brano e rispondere alla seguente domanda

Secondo una nota apparsa su Lancet, in casi di ipercolesterolemia ai quali è stata imposta una dieta strettamente controllata si è ottenuta una riduzione dei valori della colesterolemia sino del 15%; l'interesse per questi dati è evidente, se si tiene conto del fatto che una riduzione protratta dell'1% dei valori sembra ridurre l'incidenza della malattia cardiaca coronarica del 2-3%. Non è chiaro tuttavia quanto può essere grande la riduzione della cardiopatia coronarica che si può ottenere dando consigli dietetici a persone che conducono una vita "normale e libera" cioè senza seguire una dieta stretta. Secondo una revisione di 19 indagini in proposito è stato osservato che la riduzione dei valori della colesterolemia era intorno al 5% dopo sei mesi o più, ma che l'efficacia dell'intervento pareva ridursi con la durata dello studio. Gli autori di questa revisione concludono che consigli dietetici individualizzati per ridurre la colesterolemia sono solo modestamente utili in soggetti che conducono una vita "normale e libera".

451 Tra le seguenti considerazioni UNA SOLA È CONSENTITA dalle notizie riportate nel brano precedente: quale?

- A Le diete consigliate ai pazienti con ipercolesterolemia non sono in grado di prolungare la vita, ma riducono il piacere di vivere
- B Prima di iniziare un trattamento con farmaci capaci di ridurre la colesterolemia, ma non del tutto privi di effetti potenzialmente negativi, bisognerebbe sempre valutare preventivamente quali effetti sono sortiti da una prescrizione dietetica
- C Gli studi eseguiti con diete strettamente controllate hanno fornito risultati eccessivamente favorevoli sulle possibilità di controllare con questo mezzo la colesterolemia
- D Gli studi che hanno valutato i risultati ottenibili con consigli dietetici hanno corretto le erronee valutazioni delle indagini precedenti
- E Le speranze di ridurre le cardiopatie coronariche con la correzione dietetica dell'ipercolesterolemia sono andate del tutto deluse

452 Individuare, tra le alternative proposte, la versione in negativo della seguente figura.

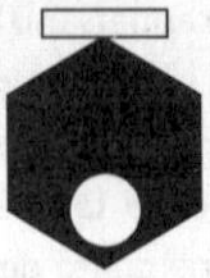

A 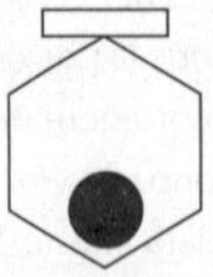

B 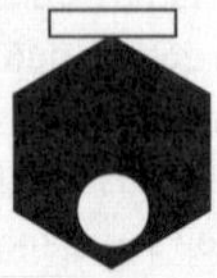

C 

D 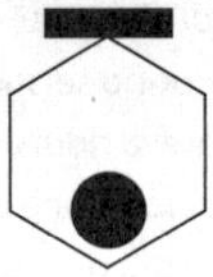

E 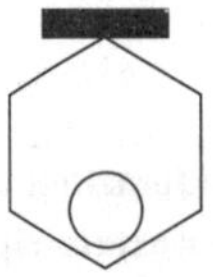

Leggere il brano e rispondere alle relative domande

La persecuzione di Valeriano rappresenta una svolta decisiva nei rapporti fra lo Stato romano e il Cristianesimo: essa apre, dopo il lungo e contraddittorio compromesso fra la condanna di diritto e la tolleranza di fatto, un'epoca nuova, l'epoca dei riconoscimenti ufficiali, che culminerà nel cosiddetto "editto di Milano". Paradossalmente, fu infatti il riconoscimento negativo di Valeriano, con la sua decisione di rinnovare profondamente la vecchia legislazione anticristiana, colpendo il Cristianesimo come chiesa, come gerarchia, come struttura, e con i due minuziosi editti (a noi noti attraverso gli epistolari dei contemporanei Dionigi di Alessandria e Cipriano di Cartagine) a sbloccare la situazione sul piano giuridico, rendendo possibile a Gallieno il primo riconoscimento positivo del Cristianesimo.

453 Dal brano si può desumere che:

A Valeriano era cattivo
B Valeriano era un cattivo imperatore
C la persecuzione contro i cristiani è precedente a Valeriano
D Gallieno era cristiano
E Gallieno era figlio di Valeriano

454 "Tutti gli sciatori sono spericolati; Francesco è spericolato; tutti gli sciatori sono alti". In base alle precedenti affermazioni, quale delle seguenti è necessariamente vera?

A Francesco è uno sciatore
B Tutti gli spericolati sono sciatori
C Tutti gli spericolati sono alti
D Tutte le persone alte sono spericolate
E Nessuno sciatore è spericolato e basso

455 "L'educazione sanitaria deve già iniziare nei programmi della scuola materna. Se non si modificano le abitudini sanitarie sin dalla più tenera età, non si può sperare di migliorare in futuro la salute degli adulti e degli anziani. Gli investimenti in programmi di educazione sanitaria nell'età prescolare possono essere utili per la società intera e comportare un risparmio di spesa per l'assistenza". A quale conclusione è corretto pervenire in base a quanto riportato nel testo?

A L'educazione sanitaria dei bambini può essere utile sia a loro singolarmente sia alla società
B Se in futuro non migliorerà la salute degli adulti e degli anziani, significa che non sono state modificate le abitudini sanitarie sin dalla più tenera età
C Solo se si investe in programmi di educazione sanitaria nell'età prescolare si ottiene un risparmio di spesa per l'assistenza
D Se si modificano le abitudini sanitarie sin dalla più tenera età, si ha la certezza di migliorare in futuro la salute degli adulti e degli anziani
E Una corretta educazione sanitaria della popolazione permette di ridurre il costo dell'assistenza sanitaria nazionale

Leggere il brano e rispondere alla seguente domanda

"Nel transetto sud della cattedrale di Chartres, in quella che è forse la più bella delle vetrate medievali, sono rappresentati i quattro evangelisti come nani che siedono sulle spalle dei quattro profeti del Vecchio Testamento: Isaia, Geremia, Ezechiele e Daniele. Quando vidi questa vetrata per la prima volta, era il 1961 ed io ero uno studentello borioso che immediatamente ricordò il famoso aforisma di Newton – [...] – e ritenne di aver fatto un'importante scoperta che rivelava la mancanza di originalità del famoso fisico. Anni dopo, divenuto più umile, scoprii che Robert K. Merton, il celebre sociologo della scienza della Columbia University, aveva dedicato un intero libro all'uso di questa metafora prima di Newton [...]. Benché Merton abbia costruito il suo libro come un piacevole viaggio nella vita intellettuale dell'Europa medievale e rinascimentale, quella che il libro ci presenta è una questione seria. [...]"

Stephen Jay Gould, *Il pollice del panda*, Editori Riuniti 1992

456 **UNA delle osservazioni fatte sullo scritto citato è ERRATA: quale?**

- **A** È naturale che un giovane si compiaccia un po' troppo della propria cultura
- **B** L'aforisma di Newton non è solo oggetto di curiosità erudita, ma allude a una questione di interesse scientifico
- **C** Anche il libro di un severo scienziato può essere scritto in modo da essere letto con piacere
- **D** L'età insegna ad essere più umili e cauti
- **E** Merton ha scoperto il significato della metafora inventata da Newton e ci racconta amabilmente la propria scoperta

457 **A gennaio Luca ha acquistato un computer portatile in un negozio del centro. Lo ha pagato 1.255,5 euro, usufruendo di uno sconto del 7% rispetto al costo indicato sul cartellino. Dopo quattro mesi, non soddisfatto del suo acquisto, ha deciso di rivenderlo a Elena per un importo pari al 48% del costo indicato sul cartellino. Quanti soldi ha perso Luca in tutto?**

- **A** 814 euro
- **B** 607,5 euro
- **C** 722,5 euro
- **D** 770,5 euro
- **E** 567,5 euro

458 **Il prefisso in uno dei seguenti aggettivi NON obbedisce alla stessa logica degli altri: quale?**

- **A** Irregolare
- **B** Imbiancato
- **C** Illogico
- **D** Imbattibile
- **E** Inutile

459 **Se l'affermazione "Nessun animale è più intelligente dell'uomo" è falsa, quale delle seguenti è necessariamente vera?**

- **A** Molti animali sono più intelligenti dell'uomo
- **B** Tutti gli animali sono più intelligenti dell'uomo
- **C** Diversi animali sono più intelligenti di alcuni uomini
- **D** Almeno un animale è più intelligente dell'uomo
- **E** Esistono animali molto intelligenti

460 **Quale è un contrario di *rinomato*?**

- **A** Celebre
- **B** Sconosciuto
- **C** Apprezzato
- **D** Periferico
- **E** Anarchico

461 **Cinquanta famosi matematici sono riuniti a congresso. Non tutti sono distratti. Però, presi a caso due matematici, almeno uno dei due è distratto. Dunque necessariamente i congressisti distratti sono:**

- **A** almeno 2, ma possono essere meno di 25
- **B** più di 25, ma non si può dire quanti
- **C** 50
- **D** 49
- **E** 25

462 **Completare la frase seguente con l'unico aggettivo pertinente: "nonostante il suo proverbiale coraggio, lo spavento fu tale che rimase a lungo ...".**

- **A** imperterrito
- **B** apatico
- **C** atterrito
- **D** impavido
- **E** inaudito

463 **Quale delle seguenti frasi contiene un errore lessicale?**

- **A** È da quando ho sedici anni e mezzo che conosco la differenza tra rimpianti e rimorsi e, da allora, provo ad evitarli
- **B** Gli antichi dicevano che nel vino si nascondeva la verità. Vale anche per i cocktail?
- **C** Nonostante le rassicurazioni ricevute, preferì non riaffrontare l'argomento
- **D** Malgrado le voci sul suo conto, quando la vidi la prima volta non lessi cattività nei suoi occhi
- **E** Da allora ne è passato di tempo e sciamo scivolati verso la vacua quotidianità che ammorba le nostre giornate

464 **Una delle seguenti città non è omogenea con le altre, per motivi geografici. Quale?**

- **A** Como
- **B** Ginevra
- **C** Chicago
- **D** Lione
- **E** Costanza

465 Vocabolario sta a traduttore come X sta a Y.

A X = elefanti, Y = Annibale

B X = appetito, Y = ristorante

C X = francobollo, Y = lettera

D X = cartina, Y = guida

E X = giornali, Y = edicolante

466 Cinque scatole, denominate da A a E, sono impilate una sull'altra, in ordine alfabetico, con la scatola A in cima alla pila. Le tre scatole alla base vengono prese simultaneamente e messe in cima alla pila senza cambiarne l'ordine. Se questa procedura viene ripetuta altre due volte, quale delle scatole, alla fine, va ad occupare la posizione in mezzo alla pila?

A la scatola A

B la scatola B

C la scatola C

D la scatola D

E la scatola E

467 "Il morbo di Alzheimer è una forma di decadimento progressivo delle funzioni cerebrali la cui incidenza è anche legata all'età: attualmente varia dal 10% di affetti tra gli individui di 65 anni, al 35% di affetti tra gli individui di 85 anni. Poiché la vita media degli individui si è allungata la percentuale dei pazienti affetti da morbo di Alzheimer sulla popolazione totale è aumentata negli ultimi 20 anni". Quale delle seguenti affermazioni può essere dedotta dal brano precedente?

A Tra 20 anni la percentuale di individui di 65 anni affetti dalla malattia sarà l'1%

B Poiché la vita media si è allungata i sintomi della malattia compariranno in età più avanzata

C Tra gli individui di 75 anni l'incidenza della malattia è esattamente del 22,5%

D Il morbo di Alzheimer è un processo degenerativo

E L'unico fattore determinante l'incidenza della malattia è l'età degli individui

Per ciascuno degli esercizi seguenti, indicare la rappresentazione (A, B, C, D o E) che soddisfa la relazione insiemistica esistente tra i tre termini dati (le alternative proposte per ciascun esercizio sono quelle raffigurate qui di seguito).

Diagramma 1 Diagramma 2 Diagramma 3 Diagramma 4 Diagramma 5

468 Fratelli, Gemelli, Persone esuberanti

A Diagramma 1

B Diagramma 2

C Diagramma 3

D Diagramma 4

E Diagramma 5

469 Settantenni, Genitori, Scapoli

A Diagramma 1

B Diagramma 2

C Diagramma 3

D Diagramma 4

E Diagramma 5

470 Oggetti di legno, Cuscini, Sedie

A Diagramma1

B Diagramma 2

C Diagramma 3

D Diagramma 4

E Diagramma 5

471 Capi di Governo, Politici, Parlamentari

A Diagramma1

B Diagramma 2

C Diagramma 3

D Diagramma 4

E Diagramma 5

472 Direttori d'orchestra, Musicisti, Amanti della musica lirica

A Diagramma1

B Diagramma 2

C Diagramma 3

D Diagramma 4

E Diagramma 5

473 Giudici, Poliziotti, Imputati

A Diagramma 1

B Diagramma 2

C Diagramma 3

D Diagramma 4

E Diagramma 5

474 Appassionati di calcio, Ex calciatori, Allenatori

- A Diagramma 1
- B Diagramma 2
- C Diagramma 3
- D Diagramma 4
- E Diagramma 5

475 Artisti, Russi, Fumatori

- A Diagramma 1
- B Diagramma 2
- C Diagramma 3
- D Diagramma 4
- E Diagramma 5

476 Pensionati, Donne, Francesi

- A Diagramma 1
- B Diagramma 2
- C Diagramma 3
- D Diagramma 4
- E Diagramma 5

477 Forchette, Oggetti di plastica, Vino

- A Diagramma 1
- B Diagramma 2
- C Diagramma 3
- D Diagramma 4
- E Diagramma 5

478 Sportivi, Giocatori di basket, Persone bionde

- A Diagramma 1
- B Diagramma 2
- C Diagramma 3
- D Diagramma 4
- E Diagramma 5

479 L'espressione mettere il carro davanti ai buoi significa:

- A fare il proprio danno
- B perdere tempo
- C non avere nessun peso
- D anticipare inopportunamente
- E prendere provvedimenti tardivi

480 Di quanto aumenta il numero 39175 inserendo uno zero tra la cifra delle decine e la cifra delle centinaia?

- A 351900
- B 351000
- C 351800
- D 351300
- E 359100

481 Alberto è più alto di Davide, Eugenio è più basso di Davide, Carla è più bassa di Basilio ma è più alta di Alberto. Chi è la persona che occupa il posto intermedio in altezza?

- A Davide
- B Alberto
- C Carla
- D Basilio
- E Eugenio

482 Se lo spazio di tempo tra adesso e le 20 è il triplo dello spazio di tempo tra adesso e il momento nel quale mancherà esattamente un'ora e mezzo all'ora che è esattamente a metà strada tra adesso e le 20, che ora è adesso?

- A le 9
- B le 10
- C le 11
- D le 12
- E le 13

483 Marina è più veloce di Giusy che è più veloce solo di Francesca. Raffaella è più veloce di Paola e più lenta solo di Marina. In base alle informazioni precedenti, è vero che:

- A Raffaella è la più veloce delle cinque ragazze
- B Paola è più veloce di Giusy
- C Francesca non è la più lenta delle cinque ragazze
- D Raffaella è più veloce di Marina
- E Francesca è più veloce di Paola

484 Due amici si rivedono dopo molti anni. Il primo dice al secondo: "Quanti figli hai adesso?". E l'altro risponde: "Ho una figlia femmina, che ha tanti fratelli quante sorelle. Ognuno dei suoi fratelli ha un numero di sorelle doppio rispetto al numero dei fratelli che ha". Quanti figli maschi e quante femmine ha quest'uomo

- A 1 maschio e due femmine
- B Due maschi e due femmine
- C Non ha figli maschi
- D Tre maschi e quattro femmine
- E Una femmina e due maschi

Leggere il brano seguente e rispondere alla relativa domanda

In una data popolazione, il numero annuo di nuovi casi registrati di una certa malattia, definito come incidenza, ed in genere riferito ad un milione di abitanti, indica il numero delle nuove diagnosi. Questo numero non coincide necessariamente con il numero reale dei soggetti che si ammalano della malattia in questione; infatti, se la malattia è difficile da diagnosticare, la sua "incidenza annua" registrata potrà risultare in seguito inferiore a quella reale. Per questo e molti altri motivi, quali la presenza di controindicazioni di vario tipo, un trattamento specifico di un processo morboso può non venire utilizzato in tutti i soggetti che ne sono realmente affetti: ne risulta che il numero dei nuovi casi che ogni anno vengono sottoposti ad un trattamento di questo genere non coincide necessariamente con l'incidenza reale della malattia per la quale il trattamento è indicato e neppure sempre con il numero delle nuove diagnosi. Analizzare l'incidenza nel tempo di alcune malattie può essere utile, ad esempio, per valutare l'efficacia della loro prevenzione. Si tratta di analisi interessanti, ma non facili, soprattutto per la necessità di disporre di rilevazioni complete ed attendibili non soltanto sulla malattia in esame, ma anche sulla composizione della popolazione generale. In effetti, se la malattia è più comune in una o più decadi di età che in altre, variazioni della composizione anagrafica della popolazione generale potranno determinare modificazioni dell'incidenza della malattia in esame.

Età	1981/82	1985/86	1989/90
Totale	2.166.363	2.124.281	2.094.944
< 20	567.868	505.421	445.121
30-39	310.668	313.604	306.871
> 70	181.612	192.838	189.804

485 La malattia NR, di interesse quasi esclusivamente pediatrico, è dovuta in gran parte a fattori congeniti, ed è di difficile diagnosi. Nel biennio 1989/90, nella popolazione considerata, ne è stata registrata un'incidenza superiore di quattro volte a quella del biennio 1981/82. Anche in base alle informazioni fornite nei paragrafi precedenti, può essere dedotta UNA sola delle affermazioni appresso elencate: quale?

A L'aumento è dovuto alla minor mortalità infantile
B L'aumento può essere dovuto alla migliore accuratezza diagnostica
C L'aumento è legato alla maggiore natalità
D Si tratta di un fenomeno apparente, legato alle modificazioni della popolazione in esame
E Non è affatto vero che la malattia NR sia di interesse prevalentemente pediatrico

486 Mauro compra un computer a 200 euro, lo vende a 210 euro, lo ricompra a 220 euro, e infine lo rivende a 230 euro. Quanto ha guadagnato?

A 0 euro
B 10 euro
C 20 euro
D 30 euro
E 15 euro

487 Quali, tra i termini proposti, completano correttamente la seguente proporzione verbale?

Metodico : sistematico = X : Y

A X = preciso; Y = complessivo
B X = pianura; Y = piatto
C X = ulna; Y = radio
D X = improvvisato; Y = moderato
E X = chiuso; Y = serrato

488 Per trasportare la propria bicicletta sul treno bisogna pagare 3,50 euro. I tesserati della FIAB hanno diritto ad una tessera che permette di portare la bici sul treno per 12 mesi ad un prezzo di 42 euro. La tessera costa 18 euro. Facendo 100 viaggi l'anno sul treno, un tesserato della FIAB quanto può risparmiare?

A 200 euro
B 290 euro
C 302 euro
D 180 euro
E 280 euro

489 "Cossero" è una voce del verbo:

A cogliere
B correre
C cucinare
D cuocere
E costare

490 Individuare la coppia di termini che completa la proposizione data:

Sbadiglio : sonnolenza = X : Y

A X = dormire Y= Sogno
B X = Risata Y = Divertimento
C X = Viso Y = Espressione
D X = Impazienza Y = Ribellione
E X = Raffreddore Y = Starnuto

491 **Scartare la serie contenente un termine anomalo.**

- A dimensione, estensione, volume, mole, angolo
- B arroganza, prepotenza, superbia, alterigia, insolenza
- C cultura,civiltà, sapere, scienza, erudizione
- D malattia, morbo, infermità, affezione, patologia
- E epilogo, conclusione, esito, risoluzione, finale.

492 **Individuare quale tra le seguenti affermazioni NON è necessariamente derivata dall'esperienza:**

- A il calore dilata i corpi
- B il tutto è maggiore della parte
- C gli esseri viventi sono mortali
- D giorno e notte hanno durata variabile
- E i cavalli hanno quattro zampe

493 **Inserire nel settore il numero mancante.**

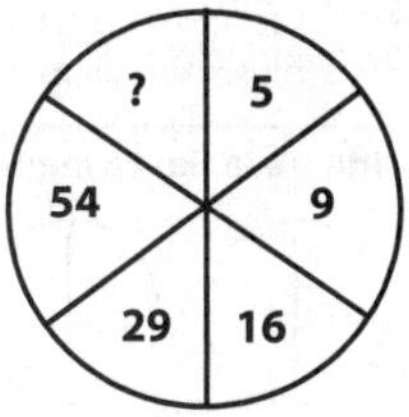

- A 103
- B 110
- C 105
- D 108
- E 106

494 **Quando in un sistema economico registriamo un processo di costante e generalizzato rialzo dei prezzi, che determina una diminuzione del potere d'acquisto della moneta siamo di fronte a un fenomeno chiamato:**

- A deflusso
- B deflazione
- C riflusso
- D detassazione
- E inflazione

495 **Completa la serie con il numero che manca:**
4, 9, 19, ?, 79, 159.

- A 41
- B 39
- C 40
- D 38
- E 3

496 **Cosa studia chi si dedica all'eziologia?**

- A Invasioni
- B Allagamenti
- C Cause
- D Sensazioni
- E Comportamenti

497 **Individuare la figura da scartare:**

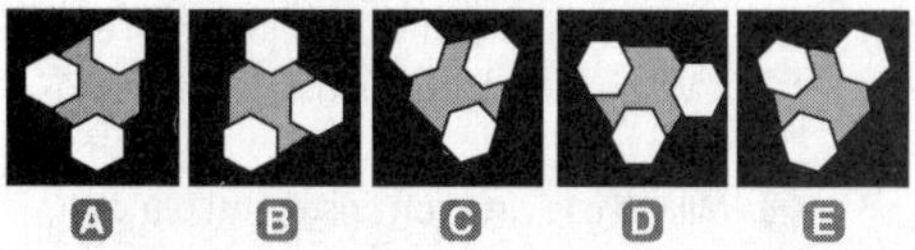

498 **"Giuseppe è sardo; tutte le persone con i capelli neri sono italiane; tutti i sardi sono italiani."**
Se le precedenti informazioni sono vere, quale delle seguenti è necessariamente vera?

- A Tutte le persone con i capelli neri sono sardi
- B Giuseppe è italiano
- C Tutte le persone che si chiamano Giuseppe sono sarde
- D Tutti i sardi hanno i capelli neri
- E Giuseppe ha i capelli neri

499 **Freddo sta a gelato come X sta a Y**

- A X = bollente; Y = caldo
- B X = bello; Y = stupendo
- C X = atteso; Y = arrivato
- D X = estate; Y = sole
- E X = sfinito; Y = stanco

500 **Indicare l'unico sinonimo di riluttante tra:**

- A retrivo
- B polemico
- C docile
- D deciso
- E recalcitrante

501 Individuare la parola da scartare.

A Panchina
B Trono
C Bracciolo
D Scranno
E Seggio

502 Una sarta confeziona un abito ogni 2 settimane. Quante sarte occorrono per confezionare 3 abiti ogni settimana?

A 2
B 3
C 6
D 20
E 8

503 Se l'affermazione "tutti i ristoranti di Milano sono cari" è vera, allora necessariamente:

A almeno un ristorante di Milano non è caro
B a Milano non esiste un ristorante economico
C Milano è la città con i ristoranti più cari
D non può esistere un ristorante di Roma più caro di un ristorante di Milano
E a Milano i ristoranti cinesi sono meno cari degli altri

504 Un bruco deve arrivare a una mela che è posta in cima a un albero alto 10 metri. Di giorno sale per 2 metri, ma di notte quando riposa scivola giù di 1 metro. Quanti giorni impiegherà il bruco per arrivare alla mela?

A 10
B 7
C 9
D 11
E 8

505 A una riunione di partito partecipano 150 delegati. Ognuno di loro è a favore o contro l'elezione di Piero come presidente del partito. Si sa inoltre che: almeno uno dei delegati è contro l'elezione di Piero come presidente; presi due delegati qualsiasi, almeno uno dei due è a favore dell'elezione di Piero come presidente. Quanti sono i delegati a favore dell'elezione di Piero come presidente?

A 101
B 49
C 149
D 148
E 145

506 Individua il significato del termine lapalissiano.

A Complesso
B Uniforme
C Liscio
D Ovvio
E Ceruleo

507 Solo e pensoso i più deserti campi
vo mesurando a passi tardi e lenti,
e gli occhi porto per fuggire intenti
ove vestigio uman l'arena stampi.
Altro schermo non trovo che mi scampi
dal manifesto accorger delle genti,
perché negli atti d'alegrezza spenti
di fuor si legge com'io dentro avampi:
sì ch'io mi credo omai che monti e piagge
e fiume e selve sappian di che tempre
sia la mia vita, ch'è celata altrui.
Ma pur sì aspre vie, né sì selvagge
cercar non so ch'Amor non venga sempre
ragionando con meco, e io collui.
Questo componimento di Petrarca, tratto dal *Canzoniere*, è:

A una canzone
B una ballata
C un'ode
D un sonetto
E un madrigale

508 Individuare la figura mancante.

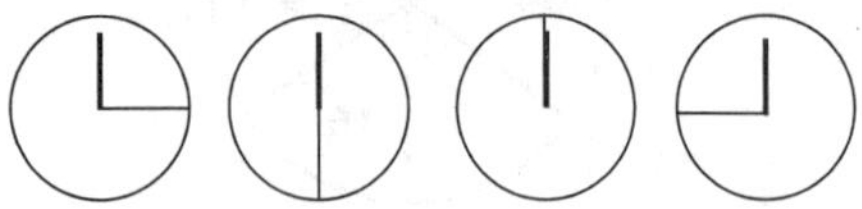 ?

A 

B 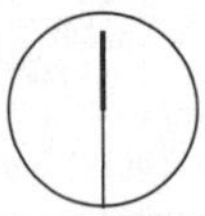

C 

D 

E 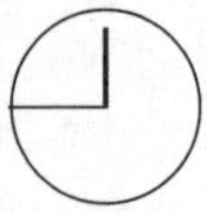

509 **Marco dice a Francesco: "Se mi dai una biglia, ne avremo lo stesso numero". Francesco risponde: "Se me ne dai una tu, io ne avrò il doppio delle tue". Quante biglie hanno rispettivamente Marco e Francesco?**

A 3 e 4

B 5 e 7

C 1 e 2

D 5 e 6

E 2 e 4

510 **Risolvete le seguenti operazioni sostituendo a ogni simbolo un numero:**

A+A+A=BC

BC+BC+BC=EB

A A=8, B=2, C=4, E=7

B A=4, B=1, C=5, E=7

C A=11, B=8, C=2; E=7

D A=3, B=5, C=4, E=9

E A=8, B=2, C=5, E=6

511 **In una boccia di vetro ci sono tre tipi di gomme da masticare: rosse, gialle e blu. Quante occorre prenderne al buio affinchè se ne abbiano almeno tre dello stesso colore?**

A 5

B 6

C 7

D 8

E 4

512 **Maurizio va dal tabaccaio ed acquista 2 sigari cubani, spendendo in tutto 1 euro e 10 centesimi. Un sigaro costa un euro in più dell'altro. Qual è il prezzo di ogni sigaro?**

A Un sigaro costa 1 Euro e l'altro 10 centesimi

B Un sigaro costa 75 centesimi e l'altro 35 centesimi

C Un sigaro costa 1 Euro e 5 centesimi e l'altro 5 centesimi

D Un sigaro costa 1 Euro e 25 centesimi e l'altro 75 centesimi

E Un sigaro costa 1 Euro e 75 centesimi e l'altro 25 centesimi

513 **"Emilio promette al figlio Davide che, se si diplomerà con una votazione superiore a 80/100, gli regalerà un'automobile". In quale dei seguenti casi si è certi che Emilio NON mantiene la promessa?**

A Davide non si diploma e non riceve alcun regalo dal padre

B Davide si diploma con 80/100 e non riceve alcun regalo dal padre

C Davide viene respinto all'Esame di Stato e riceve in regalo un'automobile dal padre

D Davide si diploma con una votazione pari a 90/100 e riceve dal padre soltanto un orologio d'oro

E Davide si diploma con 60/100 e riceve in regalo un'automobile dal padre

514 **Andrea arriva in aeroporto a Roma e osserva i seguenti dati: I) l'aereo in arrivo da Milano per Praga atterra a Roma alle 12.00 e riparte alle 12.30; II) l'aereo che va a Stoccolma parte 90 minuti dopo quello che va a Berlino che parte alle 12.00; III) 40 minuti prima del volo per Stoccolma parte l'aereo per Madrid e, 10 minuti dopo quest'ultimo, quello per Lisbona. In base alle informazioni precedenti, l'aereo che va a Lisbona parte:**

A 30 minuti prima di quello per Stoccolma

B un'ora dopo quello per Praga

C 10 minuti prima di quello per Madrid

D 50 minuti prima di quello per Stoccolma

E 30 minuti dopo quello per Berlino

515 **"Giuseppe promette al figlio Antonio che, se verrà promosso con al più due debiti formativi, gli regalerà un weekend a Rimini". In quale dei seguenti casi si è certi che Giuseppe NON mantiene la promessa?**

A Antonio riceve in regalo dal padre un weekend a Rimini prima di conoscere l'esito degli scrutini di fine anno

B Antonio non è promosso e non riceve alcun regalo dal padre

C Antonio è promosso con un debito formativo e non riceve alcun regalo dal padre

D Antonio viene promosso con tre debiti formativi e non riceve alcun regalo dal padre

E Antonio viene respinto e riceve in regalo dal padre un weekend a Rimini

516 **"Tutti coloro che hanno un diploma possono partecipare alla selezione. Filippo è un veterinario. Tutti i veterinari hanno un diploma". Se le precedenti informazioni sono corrette, quale delle seguenti affermazioni NON rappresenta una conclusione corretta?**

A Ogni diplomato può partecipare alla selezione

B Filippo ha un diploma

C Chi non può partecipare alla selezione non può essere un veterinario

D Vi sono diplomati, che non sono veterinari, che possono partecipare alla selezione

E Coloro che possono partecipare alla selezione sono veterinari

517 **"Tutti i bambini sono affettuosi; Max è affettuoso; tutte le persone affettuose hanno un buon carattere". In base alle precedenti affermazioni, quale delle seguenti NON è necessariamente vera?**

A Max è un bambino

B È impossibile che Max non abbia un buon carattere

C Tutti i bambini hanno un buon carattere

D Chi non ha un buon carattere non è affettuoso

E Max ha un buon carattere

518 **Luigi aveva 8 anni quando è nato suo fratellino. Quanti anni ha ora che la sua età è doppia di quella del fratello?**

A 21

B 20

C 12

D 16

E 18

519 **Se: 10 = 5, 8 = 4, 6 = 3, 4 = ?**

A 1

B 3

C 16

D 4

E 7

520 **Giacomo deve spedire un sottile listello di legno intarsiato lungo 90 cm. Lo spedizioniere incaricato del trasporto ha però posto il seguente vincolo: "I pacchi che trasportiamo devono avere forma di parallelepipedo rettangolo e ciascuna delle tre dimensioni non deve superare la lunghezza di 60 cm".**

Quale dei seguenti involucri può utilizzare Giacomo per effettuare la spedizione?

A Una scatola cubica con spigolo pari a 60 cm

B Un contenitore cilindrico lungo 1 metro

C Una scatola di dimensioni 30 cm x 60 cm x 90 cm

D Un contenitore di forma piramidale con altezza pari a 92 cm

E Una scatola di dimensioni 30 cm x 25 cm x 50 cm

521 **Individuare l'elemento mancante.**

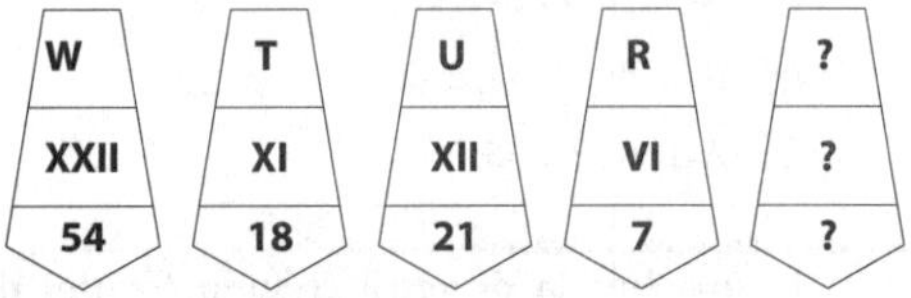

A 

B 

C 

D 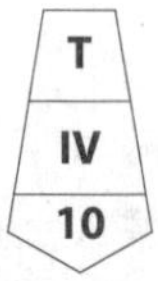

E 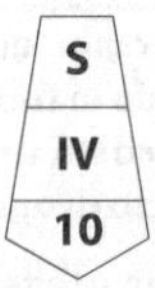

522 **Completare la seguente serie: 1, 2, 2, 4, 8, 32, ...**

A 40

B 64

C 128

D 256

E 1544

523 **Se TAP significa cifra (singola) divisibile per 5, TUP significa cifra (singola) divisibile per 3 e TOP significa cifra (singola) divisibile per 2, allora con quale scrittura può essere espresso il numero 92?**

A TOP TOP
B TOP TAP
C TUP TOP
D TUP TAP
E TUP TUP

524 **Gianna parte dalla propria abitazione in automobile, in direzione di Rimini, per passare un fine settimana con gli amici. Per i primi 10 minuti di tragitto, prima di prendere l'autostrada, viaggia a una velocità costante di 30 km orari. Una volta entrata in autostrada viaggia a una velocità media di 123 km orari, impiegando 330 minuti per arrivare al casello di Rimini. Uscita dal casello impiega 0,2 ore per giungere a destinazione, viaggiando a una velocità media di 40 km orari. Quanti km ha percorso in tutto Gianna?**

A 712 km
B 623, 8 km
C 689,5 km
D 347 km
E 714 km

525 **Immagina su un tavolo una carta da gioco coperta e la seguente serie di 5 carte scoperte: 1 di picche; 3 di fiori; 4 di cuori; 6 di cuori; 7 di fiori. Scegli tra le seguenti quale possa essere, su basi logiche, l'unica carta coperta:**

A 9 di fiori
B 9 di picche
C 5 di cuori
D 8 di quadri
E 8 di picche

526 **Una somma di denaro deve essere divisa tra tre persone; alla prima spettano i 2/3 della somma, alla seconda spetta 1/5 di quanto spetta alla terza. Se alla seconda spettano 100 euro, a quanti euro ammonta la somma?**

A 9000
B 1800
C 1500
D 4500
E 4000

527 **Quale delle seguenti frasi contiene un errore di grammatica:**

A l'erba del vicino cresce sempre più rapidamente della propria
B Pur avendo più volte visitato quel posto provai una sensazione di estraneità
C Nonostante fosse stata una serata piacevole, Giovanni si era recato al bar per consolarsi
D Francesco amava molto venire a visitare le sue zie lassù in montagna
E Enrico non avrebbe certamente gradito tale atteggiamento se fosse stato presente in quella occasione

528 **Tiepido : Caldo = X : Y**

A X = estasi, Y = gioia
B X = bollente, Y = freddo
C X = gelido, Y = freddo
D X = bello, Y = stupendo
E X = estate, Y = sole

529 **Se A >B e B = C, quale delle seguenti relazioni è vera ?**

A $A < C$
B $A \leq C$
C $A \geq C$
D $A = C$
E $A > C$

530 **"Una ricerca indica che il numero di operazioni chirurgiche concluse con la guarigione del paziente nell'ospedale A è doppio rispetto a quello dell'ospedale B. Ne segue che le operazioni chirurgiche vengono condotte meglio nell'ospedale A rispetto all'ospedale B". Quale delle seguenti affermazioni, se vera, indebolirebbe maggiormente la precedente argomentazione?**

A L'ospedale A è più facile da raggiungere in automobile rispetto all'ospedale B
B L'ospedale A è privato e le operazioni chirurgiche sono più costose di quelle dell'ospedale B
C Il numero di operazioni chirurgiche effettuate nell'ospedale A è uguale a quello relativo all'ospedale B
D Il tasso di guarigione dei pazienti sottoposti a operazioni chirurgiche nell'ospedale B è maggiore rispetto a quello dell'ospedale A
E Il numero di operazioni chirurgiche effettuate nell'ospedale A è doppio di quello relativo all'ospedale B

531 **"Se Anna riceve un rimprovero a scuola, piange. Se nessuno rimprovera Anna a scuola, la sua vicina di banco le fa i dispetti. Ieri Anna non ha pianto". Se le precedenti affermazioni sono vere, è possibile dedurre che ieri:**

- A Anna ieri non è andata a scuola e la sua vicina di banco non le ha fatto i dispetti
- B Anna non ha ricevuto un rimprovero a scuola e la sua vicina di banco non le ha fatto i dispetti
- C Anna non ha ricevuto un rimprovero a scuola e la sua vicina di banco le ha fatto i dispetti
- D Anna ha ricevuto un rimprovero a scuola e la sua vicina di banco le ha fatto i dispetti
- E Anna ha ricevuto un rimprovero a scuola e la sua vicina di banco non le ha fatto i dispetti

532 **Durante un processo: 1) è stata respinta la prova che conferma che il sig. Rossi abbia truffato il sig. Bianchi 2) non è stata acquisita alcuna prova del contrario. Se ne può dedurre che:**

- A il sig. Rossi non ha sicuramente truffato il sig. Bianchi
- B il sig. Rossi potrebbe non aver truffato il sig. Bianchi
- C il sig. Rossi ha truffato il sig. Bianchi al 99%
- D il sig. Rossi ha sicuramente truffato il sig. Bianchi
- E Nessuna delle altre alternative è corretta

533 **"Franco promette al figlio Tommaso che, se verrà promosso con una votazione superiore a sette, gli regalerà un computer portatile". In quale dei seguenti casi si è certi che Franco NON mantiene la promessa?**

- A Tommaso viene respinto e riceve in regalo un computer portatile
- B Tommaso è promosso con una votazione pari a otto e non riceve alcun regalo dal padre
- C Tommaso riceve in regalo dal padre un computer portatile prima di conoscere l'esito degli scrutini di fine anno
- D Tommaso non viene promosso e non riceve alcun regalo
- E Tommaso viene promosso con sette e non riceve alcun regalo dal padre

534 **Individuare la versione in negativo della figura data.**

A 

B 

C 

D 

E 

535 **Qual è il contrario di *sdegno*?**

- A Disprezzo
- B Indulgenza
- C Irritazione
- D Spregio
- E Bello

536 **Se tappeto = 14; divano = 12; lampada = 14; poltrona = ?**

- A 18
- B 16
- C 14
- D 10
- E 12

537 **Leggete attentamente i seguenti dati: Guido è più alto di Tiziano; Tiziano è più basso di Paolo; Paolo è il più alto dei tre. In base ai dati presentati, quale delle seguenti affermazioni è certamente vera?**

- A Tiziano non è il più basso dei tre
- B Guido è il più basso dei tre
- C Paolo è più alto di Guido
- D Tiziano è il più alto dei tre
- E Nessuna delle altre affermazioni è vera

538 **Se A ≤ B e B ≤ C, quale delle seguenti relazioni è vera ?**

- A A< C
- B A ≤ C
- C A ≥ C
- D A = C
- E A > C

539 **"Codesto" indica:**

- A Modo elegante di indicare qualcosa vicino a chi parla e a chi ascolta.
- B Qualcosa vicino a chi ascolta e lontano da chi parla
- C Modo arcaico di indicare qualcosa lontano da chi parla e da chi ascolta
- D Qualcosa lontano da chi parla e da chi ascolta
- E Modo elegante di indicare qualcosa lontano da chi parla e vicino a chi ascolta

540 **Le piastrelle (quadrate) del pavimento (rettangolare) di un locale di dimensioni 2 x 3 = 6 metri quadrati sono costate complessivamente 600 euro. Sapendo che il costo unitario delle piastrelle è di 4 euro, quanto misura il lato della piastrella?**

- A 15 cm
- B 30 cm
- C 20 cm
- D 40 cm
- E 35 cm

541 **Luca ha frequentato i 4/5 del corso di informatica. Sapendo che lo ha frequentato per 84 ore, per quante ore ancora frequenterà il corso?**

- A 105
- B 16 e 48 minuti
- C 35
- D 18
- E 21

542 **Completare la proporzione.**

Rita Levi Montalcini: medicina = x : y

- A x = radio; y = Marconi
- B x = tv; y = elettricità
- C x = computer; y = stampante
- D x = astronautica; y = Yuri Gagarin
- E x = Grazia Deledda; y = letteratura

543 **Che ora indicherà l'orologio proposto in figura dopo che la lancetta dei minuti avrà compiuto 11,25 giri? E dopo ulteriori 19,25 giri?**

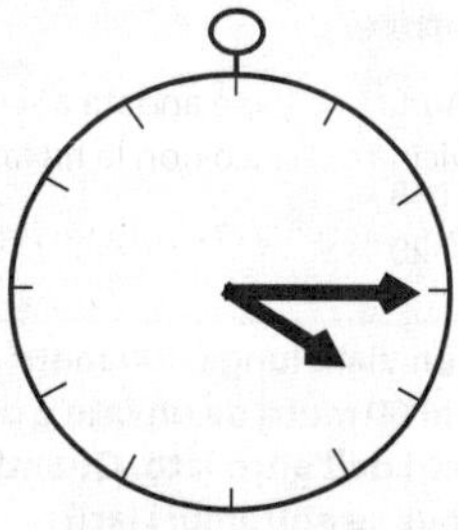

- A Rispettivamente le ore 3,35 e le ore 10,25
- B Rispettivamente le ore 3,30 e le ore 10,45
- C Rispettivamente le ore 3,15 e le ore 10,30
- D Rispettivamente le ore 3,35 e le ore 10,40
- E Rispettivamente le ore 3,30 e le ore 11,15

544 **Date le relazioni sotto riportate, individuare il valore di ❑.**

✻ + ❖ + ❍ + ❑ = 21

✻ + ✻ = ❍ + ❖

24 = ✻ + ✻ + ✻

- A – 3
- B 4
- C 3
- D 2
- E – 4

545 **Quale numero va inserito nella casella vuota?**

5	7	6	10
3	7	4	5
2	0	2	5
1	7	2	

- A 0
- B 1
- C 2
- D 3
- E 4

546 **Una pizza piccola del diametro di 8 cm costa € 3,99. Una pizza grande del diametro di 14 cm viene venduta in offerta a € 10,39. Di quanto è scontata in percentuale la pizza grande (arrotondare)?**

- A 10%
- B 12%
- C 15 %
- D 18 %
- E 20 %

547 **In un viale lunga 300 metri ci sono tre alberi ogni 60 metri da un lato e due alberi ogni 50 metri dall'altro lato. Quanti alberi ci sono in totale su entrambi i lati?**

- A 28
- B 40
- C 32
- D 30
- E 35

548 **7 imbianchini iniziano a pitturare un gruppo di appartamenti e prevedono di completare il lavoro in 16 giorni. Due giorni dopo l'inizio del lavoro, altri 7 imbianchini vengono ad aggiungersi agli altri. In quanti giorni sarà finito il lavoro?**

- A 4
- B 9
- C 6
- D 7
- E 8

549 **Individuare l'elemento mancante.**

14	18	22
A	Z	?
8	6	4

- A S
- B T
- C V
- D U
- E 6

550 **Lorenza ha tre anni in più di Karin che ha 5 anni in meno di Grazia. Fra tre anni la somma dei loro anni sarà pari a 44. Quanti anni hanno ora le tre ragazze?**

- A Lorenza 15, Karin 12, Grazia 17
- B Lorenza 12, Karin 9, Grazia 14
- C Lorenza 9, Karin 12, Grazia 15
- D Lorenza 14, Karin 9, Grazia 12
- E Lorenza 5, Karin 2, Grazia 8

551 **Qual lettera completa la seguente serie (alfabeto inglese):**

A .. D .. I .. L .. Q .. ?

- A Y
- B U
- C T
- D V
- E W

552 **Ci sono tre scatole piene di frutta, chiuse da coperchio. In un coperchio c'è scritto "PERE", in un altro c'è scritto "LIMONI" e nel terzo c'è scritto "PERE E LIMONI". Nessuno dei coperchi corrisponde al vero contenuto delle scatole. Quanti frutti è sufficiente estrarre per mettere il coperchio al posto giusto su ogni scatola?**

- A 0
- B 1
- C 2
- D 3
- E 4

553 **Un falegname deve fissare con chiodi una lastra a forma di ettagono regolare con lato di 25 cm. Per fissarla bene il carpentiere mette 26 chiodi per lato. Quanti chiodi sono necessari in tutto?**

- A 189
- B 180
- C 170
- D 175
- E 182

554 **Completare la serie:**

N, 4, P, 16, R, 256, ___, ___.

- A O, 276
- B T, 65536
- C Q, 1024
- D 276, O
- E T, 16384

555 L'archeologia dice ancora poco, ma la genetica ci informa di più. Lo studio del DNA mitocondriale ci ha detto che la data di separazione di Africani e non Africani deve essere posteriore a 200.000 anni fa. I mitocondri costituiscono una piccolissima parte del nostro corredo genetico (un 200 millesimo), ed abbiamo imparato che è necessario rivolgersi a materiale più vasto. Sono stati studiati molti altri geni, e si è creato un vastissimo corpo di conoscenze (migliaia di pubblicazioni), di cui è stata fatta una paziente elaborazione statistica.
Una delle affermazioni seguenti NON è suffragata dal testo. Quale?

- A La data si separazione di Africani e non Africani non risale a più di 200.000 anni
- B I mitocondri non costituiscono la totalità del nostro corredo genetico
- C I geni mitocondriali sono meno informativi del complesso di tutti i geni
- D Lo studio archeologico indica una data di separazione di Africani e non Africani di 200.000 anni fa
- E La genetica può dare più informazioni dell'archeologia

556 Qual è il significato esatto della seguente frase?
"È stata respinta la prova della negazione della certezza manifestare avversione per il sig. Bianchi".
La frase significa che:

- A il sig. Bianchi non ama il sig. Rossi
- B il sig. Rossi nasconde la sua inimicizia per il sig. Bianchi
- C la frase non ha senso
- D il sig. Rossi è nemico del sig. Bianchi
- E il sig. Rossi dimostra palese amicizia per il sig. Bianchi

557 Mediamente il 60% del peso dell'uomo è costituito da acqua. Nel corso della vita questa percentuale varia e tende a ridursi dalla nascita alla vecchiaia. Si supponga che una sostanza, ad esempio un farmaco, sia capace di diffondersi liberamente in tutta l'acqua corporea. Per ottenerne un'identica concentrazione in un bambino, in un adulto e in un anziano, se ne dovrà somministrare una quantità, relativamente al peso corporeo:

- A maggiore nell'anziano che nel bambino
- B maggiore nell'adulto che nel bambino
- C minore nell'adulto che nell'anziano
- D maggiore nel bambino che nell'adulto
- E identica nei tre soggetti

558 Stefania, Piera e Maria lavorano in una biblioteca nella quale, periodicamente, occorre spostare tutti i libri da una scaffalatura a un'altra. Per compiere questo lavoro Stefania da sola impiega 16 ore, Piera da sola impiega 48 ore e Maria da sola impiega 24 ore. Quanto tempo impiegherebbero le tre bibliotecarie a spostare i libri se lavorassero insieme?

- A 4 ore
- B 12 ore
- C 8 ore
- D 24 ore
- E 36 ore

559 A dice: "B è falso". B dice: " A e C sono entrambi veri". C dice: "A è falso".

Quale assegnamenti delle tre variabili ABC rendono tutte e tre le frasi sopra riportate esatte?

- A A vero – B falso – C falso
- B A falso – B falso – C falso
- C A vero – B vero – C vero
- D A vero – B falso – C vero
- E A falso – B vero – C vero

560 Marco ha tre dischi più di Flavio e la metà di Andrea; Flavio ne ha 10 meno di Guido, mentre i quattro amici insieme hanno 169 dischi. Quanti dischi possiede Guido?

- A 65
- B 33
- C 66
- D 40
- E 30

561 Se ieri era l'indomani del dopodomani del giorno in cui ho riscosso un assegno e domani è domenica, in quale giorno ho riscosso l'assegno:

- A martedì
- B giovedì
- C mercoledì
- D lunedì
- E venerdì

562 **Io chiamo chiara quella conoscenza che é presente e manifesta a uno spirito attento , come noi diciamo di vedere chiaramente gli oggetti quando, presenti, agiscono abbastanza fortemente e i nostri occhi sono disposti a guardarli. E distinta quella che é talmente precisa e differente da tutte le altre da non comprendere in sè se non ciò che appare manifestamente a chi la considera come si deve"**

Cartesio

A quale regola del ragionamento cartesiano si riferisce il brano suddetto:

- A Sintesi
- B Analisi
- C Enumerazioni
- D Calcolo
- E Evidenza

563 **Il sinonimo di improbo è:**

- A improbabile
- B faticoso
- C impuro
- D leggero
- E impossibile

564 **Stefano compra da un amico un maglione scontato del 30%. L'amico gli fa un ulteriore sconto sul prezzo scontato del 20%. Di qale sconto totale sul prezzo iniziale ha beneficiato Stefano?**

- A 50%
- B 72%
- C 36%
- D 66%
- E 44%

565 **Cercare le due parole mancanti nella frase, in modo che il rapporto esistente tra le prime due parole sia uguale al rapporto esistente tra le altre due**

..........sta a TRE come LUGLIO sta a ....

1 Ordinale 2 Anno 3 Due 4 Trapezio

5 Piramide 6 Sei 7 Agosto 8 Settimana

- A 2; 7
- B 2 ; 8
- C 4; 5
- D 1; .6
- E 3; 6

566 **Quale tra le alternative proposte è identica alla seguente figura?**

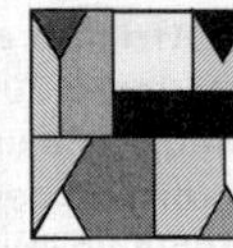

A 

B 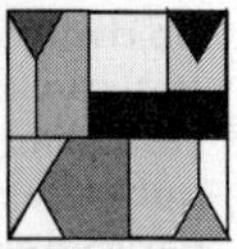

C 

D 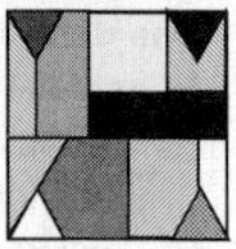

E 

567 **"Consapevole del fatto che alcune delle sue teorie si discostavano e andavano contro il dettato delle Sacre Scritture, Cartesio non manca di avere le dovute cautele nei confronti della censura. Egli presenta infatti le sue dottrine come ipotesi euristiche che servono a meglio comprendere la natura di molti fenomeni fisici, ancorché esse siano o possano essere in sè del tutto false: ma egli si guarda bene dal presentarle come verità indiscutibili, giacchè solo la Rivelazione può in proposito avere l' ultima parola."**

Cosa vuol dire "ipotesi euristiche":

- A Ipotesi basate sulla Bibbia
- B Ipotesi basate sulla rivelazione divina
- C Ipotesi assunte come fondamento di una ricerca
- D Ipotesi che portano ad un risultato certo
- E Ipotesi ben costruite

568 **Su un terrazzo vi sono diversi tavoli e sedie che fra tutti hanno 37 gambe. Tre di essi hanno 3 gambe, tutti gli altri ne hanno 4. Quanti mobili vi sono sul terrazzo?**

- A 7
- B 8
- C 9
- D 10
- E non è possibile stabilirlo

569 Individuare, tra le alternative proposte, la versione in negativo della seguente figura.

A 

B 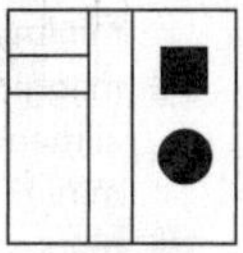

C 

D 

E 

570 Individuare nella seguente serie il termine NON omogeneo:

- A canzone
- B sonetto
- C endecasillabo
- D poema
- E ballata

571 Ho sette sfere che apparentemente sembrano tutte uguali ma in realtà una ha peso maggiore rispetto alle altre. Con una bilancia a due piatti, qual è il numero minimo di pesate necessario per individuare sicuramente la sfera più pesante:

- A 2
- B 3
- C 1
- D 4
- E 5

572 Secondo l'opinione delle ditte produttici di vernici riportata nel brano, per dimezzare l'inquinamento sarebbe necessario rivestire con il materiale fotocatalitico il:

- A 100% delle superfici urbane
- B 70% delle superfici urbane
- C 20% delle superfici urbane
- D 35% delle superfici urbane
- E 15% delle superfici urbane

573 Individuare il diagramma che soddisfa la relazione insiemistica esistente tra i termini dati: Pasticceri, Anziani, Texani

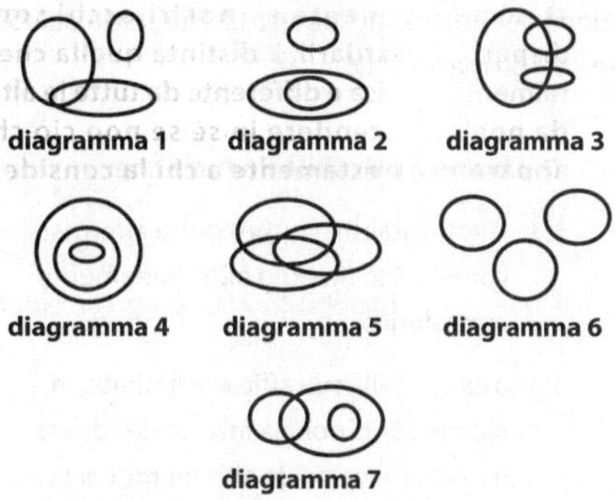

- A Diagramma 3
- B Diagramma 5
- C Diagramma 7
- D Diagramma 6
- E Diagramma 4

Leggere il brano e rispondere alle seguenti domande.

Il nuovo metodo per ridurre l'inquinamento si chiama fotocatalisi, la reazione chimica che trasforma le sostanze inquinanti responsabili dello smog in componenti inerti. La trasformazione dei gas nocivi avviene sulle pareti degli edifici, sulla vernice che riveste i muri e persino sul manto stradale adeguatamente trattato. Il meccanismo, per essere attivato, necessita di un ingrediente essenziale come la luce del sole, che irradia il biossido di titanio (una sostanza aggiunta al cemento, alle vernici, o ad altri materiali edili utilizzati come rivestimento degli edifici). Il biossido di titanio, una volta attivato, cattura le sostanze nocive presenti nell'aria e le rende innocue trasformandone alcune in acqua e anidride carbonica e altre in sali minerali (minuscoli sassolini). Secondo alcune ditte produttrici basterebbe rivestire il 15% delle superfici urbane con i nuovi materiali per dimezzare l'inquinamento. La stima è forse un po' troppo ottimistica, visto che la riduzione degli inquinanti in aree test oscilla dal 20% al 70%. Bisogna, infatti, considerare la presenza dei fenomeni atmosferici poiché la rimozione degli inquinanti presenti in una via cittadina è sempre controbilanciata dall'arrivo di nuove sostanze convogliate dal vento e lo spostamento continuo dei flussi d'aria impedisce il completo disinquinamento delle zone dove esistono edifici trattati con materiali fotocatalitici. All'aperto, quindi, la fotocatalisi funziona a pieno ritmo solo nelle situazioni in cui la concentrazione di inquinanti è elevata e c'è stagnazione di aria ricca di sostanze nocive mentre nei locali chiusi la sua efficacia aumenta: un esperimento condotto in due scuole milanesi ha mostrato come il livello degli inquinanti fosse molto più basso nelle classi trattate con vernici fotocatalitiche rispetto alle classi trattate con vernici tradizionali. Secondo gli esperti, il metodo non può essere considerato risolutivo, ma va affiancato ad altre attività di prevenzione finalizzate alla riduzione dello smog.

Riduzione dell'articolo di Roberto La Pira tratto dal «Sole 24 ore» del 30 marzo 2006

574 Dal brano è possibile dedurre che:

- A la fotocatalisi in futuro potrà affermarsi come unico rimedio all'inquinamento atmosferico
- B a causa della sua efficacia limitata, in alcune condizioni la fotocatalisi dovrà essere affiancata da altri metodi di riduzione dello smog
- C la fotocatalisi è ancora troppo dipendente dai fenomeni atmosferici per essere più utile della prevenzione tradizionale
- D sarà impossibile ridurre l'inquinamento atmosferico
- E a causa dei costi elevati che la fotocatalisi comporta per il rivestimento delle superfici urbane, questa reazione chimica dovrà essere ulteriormente perfezionata

575 Nella reazione chimica descritta nel brano, l'agente che permette alle vernici composte da biossido di titanio di trasformare le sostanze inquinanti presenti nello smog è:

- A l'alcool
- B il vento
- C l'acqua
- D l'anidride carbonica
- E la luce del sole

576 Secondo quanto riportato nel brano, quale tra questi elementi NON è un prodotto della fotocatalisi?

- A L'anidride carbonica
- B L'aria
- C L'acqua
- D I sali minerali
- E Nessuna delle altre alternative è corretta

577 L'effetto disinquinante della reazione chimica descritta nel brano è:

- A maggiore in luoghi aperti dove l'aria circola alimentata dal vento e gli inquinanti sono elevati
- B uguale in edifici chiusi e luoghi aperti purché ventosi
- C maggiore in edifici chiusi e in luoghi aperti dove l'aria è immobile e gli inquinanti sono minimi
- D maggiore in luoghi aperti dove l'aria circola alimentata dal vento e gli inquinanti sono minimi
- E maggiore in edifici chiusi e in luoghi aperti dove l'aria è immobile e gli inquinanti elevati

578 Posto che, secondo una regola nascosta, a PIPA corrisponde 16 e ad ARANCIA corrisponde 28, che numero corrisponde a LANCIA?

- A 40
- B 36
- C 22
- D 24
- E 18

579 Da un'urna contenente 15 palline numerate da 1 a 15 viene estratta, a occhi bendati, una pallina. Supponendo che tutte le palline abbiano le stesse probabilità di essere estratte, qual è la probabilità che esca un numero maggiore di 7?

- A 7/15
- B 1/3
- C 9/14
- D 1/4
- E 8/15

580 Un'auto con un prezzo di listino pari a 40.000 euro viene venduta con uno sconto del 60%. A quanto è ammontato lo sconto?

- A 16.000 euro
- B 24.000 euro
- C 20.000 euro
- D 6.000 euro
- E 18.000 euro

581 Completare correttamente la seguente successione numerica:

?, 8, 7, 13, 8, 7, 13, ?

- A 13, 7
- B 13, 8
- C 14, 6
- D 7, 7
- E 14, 8

582 **CSe LIC significa cifra (singolA) divisibile per 4, LEC significa cifra (singolA) divisibile per 5 e LAC significa cifra (singolA) divisibile per 9, allora con quale scrittura può essere espresso il numero 89?**

A LAC LEC
B LEC LAC
C LIC LAC
D LIC LIC
E LAC LAC

583 **AUn paio di pantaloni costava 64 euro e con i saldi il suo prezzo attuale è pari ai 3/4 del prezzo iniziale. A quanto ammonta lo sconto applicato?**

A 16 euro
B 48 euro
C 12 euro
D 20 euro
E 22 euro

584 **"Tutti i pasticcieri sono grassi; Antonio è grasso; tutte le persone grasse sono socievoli". In base alle precedenti affermazioni, quale delle seguenti è necessariamente vera?**

A I grassi sono più socievoli dei magri
B Antonio è un pasticciere
C Chi non è socievole può essere grasso
D Chi è socievole è grasso
E Chi non è socievole non è un pasticciere

585 **Individuare tra le alternative proposte quella che contiene una differenza rispetto alle righe seguenti: 89UI-HYGV-VGFR-4ER5 WSED-3WSE-4FTF-CFVG DE45-56TY-45RD-ES34**

A WSED-3WSE-4ETF-CFVG
B DE45-56TY-45RD-ES34
C WSED-3WSE-4FTFvCFVG
D 89UI-HYGV-VGFR-4ER5
E HYGV-VGFR-4ER5 WSED

586 **Individuare l'alternativa che riporta una successione di elementi identica alla sequenza UUVUVUUVUVVUV.**

A UUVUVUUVVVVUV
B UUVUVVUVUUVUV
C UUVUVUUVVUVUV
D UUVUUVUVVUVUV
E UUVUVUUVUVVUV

587 **AIn un grattacielo di 100 piani un ascensore fermo al 32° piano inizia la risalita e nello stesso istante un secondo ascensore comincia a scendere. Si sa che mentre il primo sale di tre piani, il secondo scende di quattro piani. Sapendo che si incontreranno al 50° piano, da quale piano è partito il secondo ascensore?**

A Dal 74° piano
B Dal 72° piano
C Dal 68° piano
D Dal 70° piano
E Dal 71° piano

588 **BUn uomo a cavallo parte alle 7 del mattino percorrendo in media 20 km/ora. Un motociclista parte dallo stesso punto alle 11 e raggiunge l'uomo a cavallo dopo 2 ore. Qual è la velocità del motociclista?**

A 100 km/h
B 60 km/h
C 120 km/h
D 90 km/h
E 80 km/h

589 **In base all'informazione "tutti i pappagalli brasiliani sono loquaci", quale delle seguenti affermazioni è necessariamente vera?**

A La loquacità è la caratteristica più apprezzata dei pappagalli brasiliani
B Non esistono pappagalli brasiliani taciturni
C I pappagalli più loquaci sono quelli brasiliani
D È impossibile negare che esista almeno un pappagallo brasiliano taciturno
E Solo i pappagalli brasiliani sono loquaci

590 **ESe:**

 # + 20 + ç = $ + 2

 # = 6 + $

allora ç è uguale a:

A -48
B -22
C 48
D 24
E -24

591 Nella proposizione seguente si sostituisca la parte sottolineata con una delle alternative proposte, mantenendone invariato il significato.

"Oltre alla pletora di privati cittadini che l'hanno adottato anche molti esperti sono pronti a scommettere sulle potenzialità del prodotto".

- A al numero elevato
- B al totale
- C alla marmaglia
- D al seguito confuso
- E al numero irrisorio

592 Quale dei seguenti è un significato di *avventizio*?

- A Provvisorio
- B Ecumenico
- C Appetente
- D Propizio
- E Avventuroso

593 Masterizzatore: X = Telecamera : Y

- A X = obiettivo; Y = RAM
- B X = CD; Y = Videocassetta
- C X = ROM; Y = CD
- D X = penna; Y = pellicola
- E X = videocassetta; Y = ROM

594 Giacomo è convinto che se partisse per la Francia, troverebbe un lavoro come ingegnere aerospaziale.

In quale dei seguenti casi si sarebbe sicuri che Giacomo ha torto?

- A Giacomo rimane in Italia e trova lavoro come ingegnere aerospaziale
- B Giacomo rimane in Italia e non trova lavoro come ingegnere aerospaziale
- C Giacomo parte per la Francia e dopo diversi mesi trova un lavoro come ingegnere aerospaziale
- D Giacomo parte per la Francia ma non trova un lavoro come ingegnere aerospaziale
- E Giacomo rimane in Italia e solo dopo un anno trova lavoro come ingegnere aerospaziale

595 Il bando di un concorso richiede ai candidati la conoscenza almeno di francese e/o tedesco; per superarlo occorre aver conseguito nella prima delle due prove il punteggio di almeno 60/100 ed è necessario raggiungere comunque, tra prima e seconda prova, il punteggio di almeno 150/200. In base a questi criteri, qual è l'unico candidato che ha superato il concorso?

- A Lingue conosciute: spagnolo e tedesco; 1ª prova: 80; 2ª prova 70
- B Lingue conosciute: francese e spagnolo; 1ª prova: 60; 2ª prova 75
- C Lingue conosciute: francese e inglese; 1ª prova: 50; 2ª prova 100
- D Lingue conosciute: francese e tedesco; 1ª prova: 70; 2ª prova 75
- E Lingue conosciute: francese e russo; 1ª prova: 90; 2ª prova 55

Leggere il brano seguente e rispondere alla relativa domanda

Negli ultimi 15-20 anni gli studiosi di mammiferi ...1... hanno rivolto la massima attenzione ai metodi di comunicazione tra le balene. Questi cetacei comunicano per mezzo di suoni, benché gli organi di cui dispongono per emetterli non siano ...2...: questi animali non possiedono infatti corde vocali. Si pensa che i suoni emessi siano importanti per la comunicazione ...3... e sessuale; mantengono anche in contatto reciproco gli individui in branchi aperti, e forse segnalano i pericoli. Una situazione ...4... è stata descritta in una specie di lupo nordamericano: gli individui stanno per lunghi periodi a una distanza di chilometri l'uno dall'altro, ma si mantengono in contatto mediante ...5... richiami.

596 Nel brano precedente sono sottintese e numerate 5 parole. Qui di seguito sono indicati i loro contrari. Associare al numero di riferimento all'interno del brano la lettera corrispondente al contrario della parola sottintesa.

Riferimento N. 5

- A ignoti
- B terrestri
- C asociale
- D differente
- E uniformi

597 **Con quale lettera continua la seguente progressione:**

S .. S .. O .. N .. D .. U .. ?

A B

B D

C G

D R

E S

598 **Tre bambini mangiano 3 torte in 3 ore. Quante torte mangiano 6 bambini in 6 ore?**

A 6

B 9

C 12

D 18

E 24

599 **Tre mercoledì di un dato mese cadono in un giorno pari. Quale giorno della settimana cade nel 18° giorno di quel mese?**

A Lunedì

B Martedì

C Giovedì

D Venerdì

E Sabato

600 **Un collezionista aveva raccolto molte monete d'oro, ma non voleva far sapere a nessuno quante erano.**

Così il giorno in cui un amico gli chiese: "So che hai molte monete d'oro, ma quante ne hai?", il collezionista gli rispose: "Se divido le monete in due mucchi di numero non uguale, allora moltiplicando per cinquantacinque volte la differenza fra i due numeri ottengo un numero uguale alla differenza fra i quadrati dei due numeri".

L'amico non riuscì a risolvere il problema.

Sei più bravo tu a scoprire quante erano le monete?

A 42

B 48

C 52

D 55

E 65

Quesiti di cultura generale

601 La penisola dello Yucatan appartiene al:

- A Messico
- B Guatemala
- C Honduras
- D Nicaragua
- E Salvador

602 Il "periodo degli arlecchini" è un momento pittorico di:

- A Cézanne
- B Picabia
- C Rembrant
- D Picasso
- E Renoir

603 La città di Samarcanda si trova in:

- A Uzbekistan
- B Russia
- C Turchia
- D Iran
- E nessun posto, è un luogo di fantasia

604 Le cinque giornate di Milano rientrano nella:

- A seconda guerra mondiale
- B prima guerra di indipendenza
- C seconda guerra di indipendenza
- D terza guerra di indipendenza
- E prima guerra monndiale

605 Il significato del termine "oliguria" è:

- A escrezione di piccole quantità di urina
- B scarsa produzione di sudore
- C ridotta capacità di lacrimazione
- D risposta allergica all'anguria
- E paura del buio

606 Jonas Salk ha messo a punto la vaccinazione:

- A trivalente
- B antipolio con virus vivo
- C antipolio con virus formulato
- D antitetanica "spot"
- E antitetanica "long life"

607 Quale dei seguenti uomini politici non fu mai Capo del Governo?

- A Amintore Fanfani
- B Fernando Tambroni
- C Antonio Segni
- D Mario Scelba
- E Enrico De Nicola

608 A quale opera appartiene il seguente incipit?

" 1. Noi vogliamo cantare l'amor del pericolo, l'abitudine all'energia e alla temerità.

2. Il coraggio, l'audacia, la ribellione, saranno elementi essenziali della nostra poesia.

3. La letteratura esaltò fino ad oggi l'immobilità pensosa, l'estasi e il sonno. Noi vogliamo esaltare il movimento aggressivo, l'insonnia febbrile, il passo di corsa, il salto mortale, lo schiaffo ed il pugno."?

- A A *Senilità* di Italo Svevo
- B A *Sei personaggi in cerca d'autore* di Luigi Pirandello
- C Al *Manifesto del Futurismo* di Filippo Tommaso Marinetti
- D A *Myricae* di Giovanni Pascoli
- E A *La vergine delle rocce* di Gabriele D'Annunzio

609 Non si trova nell'emisfero australe:

- A Caracas
- B Fortaleza
- C Salvador de Bahia
- D La Paz
- E Asuncion

610 Individuare il termine sinonimo della parola "cannibale".

- A Antropofago
- B Andrologo
- C Antropologo
- D Speleologo
- E Linguista

611 Cosa è la sineddoche?
- A Un farmaco di origine vegetale
- B Il tempio ebraico
- C Una specie ittica
- D Una patologia osteo-muscolare
- E Una figura retorica

612 La Costituzione Italiana è "rigida", ciò vuol dire che:
- A non può essere modificata
- B non si può modificare con leggi ordinarie
- C è categorica nel sancire i poteri del Parlamento
- D prevede pene severe per il reato di attentato alla Costituzione
- E non prevede deroghe relativamente alla separatezza tra potere legislativo ed esecutivo

613 Quale dei seguenti termini non è omogeneo con gli altri?
- A Cubo
- B Quadrato
- C Sfera
- D Cilindro
- E Tetraedro

614 Cos'è il MIBTEL?
- A La sigla di una società commerciale
- B L'organismo di controllo della Borsa di Milano
- C L'ente pubblico che esercita la vigilanza sul sistema bancario italiano
- D Un indice della Borsa di Milano
- E L'organismo di controllo della Borsa di Francoforte

615 .... (Santo Stefano Belbo, Cuneo 1908 - Torino 1950) esordì come narratore con i romanzi *Il carcere* e *Paesi tuoi* (1941). *La luna e i falò*, del 1950, è una delle sue opere più importanti. Si tratta di:
- A Corrado Alvaro
- B Ignazio Silone
- C Cesare Pavese
- D Guido Piovene
- E Beppe Fenoglio

616 Quale dei seguenti autori NON è omogeneo con gli altri?
- A Mahler
- B Heinlein
- C De Falla
- D Sibelius
- E Smetana

617 Chi è l'autore dei "Vespri Siciliani"?
- A Vincenzo Bellini
- B Giuseppe Verdi
- C Gaetano Donizetti
- D Giacomo Puccini
- E Arrigo Boito

618 Tra i capolavori novecenteschi della letteratura francese spicca "Il piccolo principe", fiaba che si deve a:
- A Sainte Beuve
- B Saint-Exupéry
- C Saint Simon
- D Simenon
- E Sagan

619 La pace di Westfalia concluse la:
- A terza guerra d'indipendenza
- B guerra dei cent'anni
- C guerra dei trent'anni
- D prima guerra mondiale
- E guerra delle due rose

620 All'inizio del Novecento la chinina (chiamata "Chinino di Stato") veniva venduta al pubblico:
- A nelle osterie
- B nelle tabaccherie
- C nelle trattorie
- D negli ospedali
- E nei panifici

621 L'opera pittorica di Lorenzo Lotto si colloca nel secolo:
- A XV
- B XVI
- C XVII
- D XVIII
- E XIX

622 Quale era la professione di Alfred Bernhard Nobel?
- A Scrittore
- B Chimico
- C Fisico
- D Medico
- E Astronomo

623 Quale regista francese diresse il film "Jules e Jim"?
- A Rohmer
- B Chabrol
- C Malle
- D Truffaut
- E Besson

624 **Il più famoso e cosmopolita letterato argentino del Novecento, nato nel 1899 e morto nel 1986, cieco per buona parte della sua vita, fu:**

- A Cortazar
- B Amado
- C Soriano
- D Borges
- E Puig

625 **L'intellettuale e uomo politico federalista Carlo Cattaneo, visse durante:**

- A il fascismo
- B il Risorgimento
- C l'età liberale
- D l'età repubblicana
- E la guerra fredda

626 **Quale tra i seguenti movimenti dell'avanguardia artistica del primo Novecento nacque in Russia?**

- A Vorticismo
- B De Stijl
- C Suprematismo
- D Metafisica
- E Orfismo

627 **Tra i seguenti elenchi di scienziati, quale rispetta correttamente l'ordine cronologico della loro rispettiva nascita?**

- A Copernico, Tolomeo, Mendel, Lavoisier
- B Copernico, Tolomeo, Lavoisier, Mendel
- C Tolomeo, Lavoisier, Copernico, Mendel
- D Tolomeo, Copernico, Lavoisier, Mendel
- E Tolomeo, Copernico, Mendel, Lavoisier

628 **Nel 1823, in un celebre messaggio al Congresso degli Stati Uniti d'America, annunciò un decisivo cambiamento di rotta (riassumibile nello slogan «l'America agli americani») della politica statunitense nei confronti dell'intero continente, che da allora innanzi sarebbe stato posto al riparo da ogni interferenza europea. Si trattava del Presidente:**

- A James Madison
- B John Adams
- C Thomas Jefferson
- D James Monroe
- E Thomas Jefferson

629 **Il centro irradiatore della cultura ellenistica fu:**

- A Atene
- B Argo
- C Alessandria d'Egitto
- D Cartagine
- E Costantinopoli

630 **Con il termine Neorealismo si definisce:**

- A una corrente culturale, attiva al principio del XX secolo, che privilegiò quale strumento conoscitivo della realtà, il sentimento
- B un clima culturale caratterizzato da un forte legame con le vicende contemporanee e da un notevole impegno sociale e politico dello scrittore e dell'artista in genere, attiva negli anni Cinquanta del Novecento
- C una posizione culturale caratterizzata dalla centralità della riflessione sulla comunicazione
- D un movimento culturale e filosofico ottocentesco di matrice romantica
- E un indirizzo poetico fondato sulla ripresa dei miti classici, che ebbe pieno sviluppo nella prima metà del XIX secolo

631 **A norma della Costituzione italiana, relativamente alla gestione delle aziende, i lavoratori:**

- A devono partecipare al controllo gestionale, in quanto la proprietà dei mezzi di produzione spetta a chi lavora
- B hanno il divieto di parteciparvi
- C devono collaborare in posizione paritaria rispetto ai datori di lavoro, con modalità determinate dalla legge e dalla contrattazione collettiva
- D hanno diritto a collaborare, nei modi e nei limiti stabiliti dalla legge, in armonia con le esigenze della produzione
- E hanno diritto a collaborare, nei modi e nei limiti stabiliti dalla legge, in armonia con le esigenze della produzione, se sono più di 40

632 **Individuare l'abbinamento errato.**

- A Steven Spielberg - *Il colore viola*
- B Stanley Kubrick - *Arancia meccanica*
- C Federico Fellini - *I vitelloni*
- D Al Pacino - *Il Padrino*
- E Mel Gibson - *La passione di Cristo*

633 Nikolaj Vasiljevitch Gogol è stato:
- A l'autore delle famose "danze ungheresi"
- B un poeta e commediografo della prima metà del Novecento
- C uno scrittore russo della prima metà dell'Ottocento
- D un pittore famoso per le icone su fondo oro
- E un ballerino del Bolshoi di Mosca

634 I denti decidui sono:
- A quelli definitivi
- B quelli da latte
- C quelli del giudizio
- D gli incisivi
- E i canini

635 Per "stratificazione sociale" si intende:
- A la cultura di una società
- B il modo in cui individui e gruppi sociali sono differenziati e ordinati gerarchicamente
- C l'insieme delle conoscenze accumulate da una società nel corso della sua storia
- D un tipo di azione sociale individuato da Max Weber
- E un aspetto della teoria evoluzionista

636 Il Protocollo di Kyoto sull'ambiente risale al:
- A 1992
- B 1997
- C 2000
- D 2002
- E 1972

637 L'unità minima di visualizzazione su uno schermo di computer si definisce:
- A mono
- B uni
- C bit
- D pixel
- E axel

638 Il *Corano*, che significa "lettura ad alta voce", è:
- A un codice di leggi emanato da Maometto
- B la narrazione ufficiale della vita e del pensiero di Maometto
- C la scrittura, ad opera di Maometto, di quanto dettatogli da un angelo intorno all'anno 610
- D la messa per iscritto, a opera dei primi discepoli, della predicazione di Maometto
- E una raccolta di meditazioni e di massime del profeta Maometto raccolte dai discepoli

639 «La massima felicità possibile per il maggior numero possibile di persone»: questa frase può essere considerata come il principio fondamentale:
- A della scolastica medievale
- B del razionalismo di Cartesio
- C dell'utilitarismo di Bentham
- D del materialismo storico
- E del neopositivismo novecentesco

640 Jean-Paul Sartre può essere considerato un esponente:
- A del convenzionalismo
- B dell'esistenzialismo
- C dello strutturalismo
- D del pragmatismo
- E del neoidealismo

641 Nel programma di videoscrittura Microsoft Word il dizionario dei sinonimi e contrari si trova:
- A in nessun comando, in quanto non è un ausilio previsto dal programma
- B nel correttore ortografico
- C nelle macro
- D nel Thesaurus
- E nel correttore grammaticale

642 In quale Regione italiana si trova la necropoli etrusca di Cerveteri?
- A Toscana
- B Umbria
- C Lazio
- D Molise
- E Marche

643 Quale degli abbinamenti di un vizio con la virtù opposta NON è corretto?
- A Superbia/umiltà
- B Avarizia/generosità
- C Ira/accidia
- D Violenza/mansuetudine
- E Malevolenza/benevolenza

644 Individuare nella seguente serie il termine NON omogeneo.
- A Canzone
- B Endecasillabo
- C Sonetto
- D Poema
- E Ballata

645 Eliminare l'intruso.
- A Pastrengo
- B Goito
- C Curtatone
- D Magenta
- E Montanara

646 Quale dei seguenti scultori ha realizzato il David?
- A Canova
- B Bernini
- C Prassitele
- D Lisippo
- E Donatello

647 Quale delle seguenti coppie di termini è anomala?
- A Cormorano-pellicano
- B Gallina-aquila
- C Allocco-barbagianni
- D Anatra-cigno
- E Passero-pettirosso

648 Secondo la Costituzione italiana, sui conflitti di attribuzione tra i poteri dello Stato giudica:
- A la Corte costituzionale
- B il Parlamento
- C il Consiglio d'Europa
- D il Tribunale Amministrativo Regionale del Lazio
- E il Consiglio di Stato

649 Presso i Romani, era dio delle porte:
- A Apollo
- B Giano
- C Aio Locuzio
- D Mercurio
- E Ade

650 Quale, tra le seguenti Regioni italiane, è a statuto speciale?
- A Molise
- B Friuli-Venezia Giulia
- C Calabria
- D Lazio
- E Piemonte

651 Quale delle seguenti NON è un'opera di Arthur Conan Doyle?
- A *L'ultimo saluto di Sherlock Holmes*
- B *Il segno dei quattro*
- C *Il mastino dei Baskerville*
- D *Due sulla strada*
- E *Uno studio in rosso*

652 Achille è un personaggio:
- A dell'*Iliade*
- B dell'*Eneide*
- C del *Tieste*
- D dell'*Adelchi*
- E dell'*Odissea*

653 La Repubblica di San Marino si trova tra:
- A Marche e Emilia-Romagna
- B Marche e Abbruzzi
- C Emilia-Romagna e Veneto
- D Toscana e Umbria
- E Abbruzzi e Molise

654 Quale delle seguenti è una poesia di Giuseppe Ungaretti?
- A *S. Martino del Carso*
- B *La ginestra*
- C *S. Guido*
- D *Non recidere, forbice, quel volto*
- E *A mia madre, dalla sua casa*

655 L'olandese Erasmo da Rotterdam fu:
- A uno dei più valorosi generali dell'imperatore Carlo V
- B uno dei primi seguaci di Martin Lutero
- C un navigatore al servizio di Enrico VIII d'Inghilterra
- D il più famoso umanista del Rinascimento
- E l'ispiratore della rivolta olandese contro il dominio spagnolo, all'epoca di Filippo II

656 La festa della donna dell'8 marzo ricorda:
- A la festa annuale delle mondine
- B una rivolta in una fabbrica di tabacco
- C la concessione del diritto di voto alle donne americane
- D la conclusione tragica di uno sciopero di operaie statunitensi
- E la partenza di un gruppo di volontarie per la guerra di Crimea

657 Quando l'Impero romano fu quadripartito, le sue capitali divennero:
- A Roma, Cartagine, Bisanzio e Atene
- B Roma, Milano, Bisanzio e Cesarea
- C Milano, Lione, Smirne e Seleucia
- D Nicomedia, Sirmio, Milano e Treviri
- E Roma, Alessandria, Bisanzio e Babilonia

658 Dante colloca Farinata degli Uberti tra:
- A gli eretici
- B gli iracondi
- C i lussuriosi
- D gli ipocriti
- E gli ignavi

659 L'indice ISTAT del costo della vita è l'indice nazionale:

A di variazione dei prezzi al consumo
B di variazione dei prezzi di acquisto delle case di abitazione
C del tasso di interesse annuo
D della svalutazione della moneta
E di variazioni dei prezzi di locazione delle case di abitazione

660 Cosa si intende con l'espressione *certezza della pena*?

A La predeterminazione legale della pena per ogni reato
B La possibilità di sostitutire la pena con misure alternative
C L'effettiva applicazione della pena al condannato
D La prescrizione della pena
E L'informazione resa al condannato circa la pena a cui sarà sottoposto

661 Tutti i seguenti, tranne uno, sono personaggi dell'opera "Fidelio" di Beethoven. Indica l'intruso:

A Rocco
B Leonora
C Marcellina
D Don Pizarro
E Figaro

662 L'inventore del cannocchiale si chiamava:

A Chester F. Carlson
B Michelangelo Buonarroti
C Galileo Galilei
D Leonardo da Vinci
E John Curtis

663 L'espressione *acqua e sapone* riferita a una persona, intende designarla come:

A sprovveduta
B sincera
C inetta
D meschina
E avara

664 La statizzazione delle ferrovie compiuta in Italia nel 1905 fu fortemente voluta da:

A Giolitti
B Sonnino
C Crispi
D Pelloux
E Cavour

665 Quale fu, secondo la tradizione, il re romano che succedette a Romolo?

A Anco Marzio
B Numa Pompilio
C Remo
D Tullo Ostilio
E Tarquinio Prisco

666 Trova tra questi termini quello che non ha relazione con gli altri quattro.

A Impressionismo
B Dadaismo
C Cubismo
D Politeismo
E Divisionismo

667 Quale dei seguenti personaggi greci è considerato il padre della medicina occidentale?

A Ippomene
B Erodoto
C Pisistrato
D Ippocrate
E Ipponatte

668 Quale delle seguenti opere non è di Carlo Emilio Gadda?

A *La meccanica*
B *La cognizione del dolore*
C *L'Adalgisa*
D *Quer pasticciaccio brutto de via Merulana*
E *Il sentiero dei nidi di ragno*

669 L'australopiteco soprannominato Lucy venne trovato in:

A Congo
B Tanzania
C Kenya
D Zaire
E Etiopia

670 L'inventore dell'antenna si chiamava:

A Benjamin Franklin
B Aleksandr Popov
C Luigi Galvani
D Lumiere, i fratelli Louis e Auguste
E Archimede

671 L'espressione *a doppio taglio* riferita a una cosa, la designa come:

A falsa
B apparentemente economica, ma dotata di grande valore
C che riserva una sorpresa
D avente effetti sia positivi che negativi
E chiara e scura

672 Quale tra queste città è stata storicamente sede di Papato?

A Bruxelles
B Salisburgo
C Avignone
D Canterbury
E Trento

673 A quale disciplina dedicò l'intera vita Konrad Lorenz?

A Biologia
B Etnologia
C Etologia
D Filosofia
E Fisica

674 La Manciuria è una regione:

A iraniana
B indiana
C mongola
D russa
E cinese

675 Le isole Faer Oer sono sotto sovranità:

A norvegese
B svedese
C finlandese
D islandese
E danese

676 Recenti studi dell'Università di Pavia sembrano convalidare l'affermazione di Erodoto per cui gli Etruschi sarebbero originari:

A dell'Asia Minore
B del Ponto
C della Cina
D dell'India
E del Libano

677 Quale dei seguenti Stati è estraneo alla serie costituita dagli altri?

A Qatar
B Oman
C Iraq
D Yemen
E Emirati Arabi Uniti

678 L'espressione "a ufo" significa letteralmente:

A facendo i debiti scongiuri, e viene da "ad unam facturam obliviendam"
B se piace al cielo, e viene da "unidentified flying object"
C senza pagare dazio, e viene da "ad usum fabricae"
D per l'ultima volta, e viene da "alors, une fois!"
E camminando carponi, e viene da "rufolare", espressione dialettale per "frugare"

679 Nell'Unione europea, la presidenza del Consiglio dei ministri è assunta a rotazione per:

A sei mesi
B un anno
C diciotto mesi
D due anni
E tre anni

680 Chi era Mark Twain?

A Uno scrittore inglese, autore di *Le avventure di Tom Sawyer*
B Un commediografo americano, autore di *Le avventure di un commesso viaggiatore*
C Un drammaturgo tedesco, autore di *Le avventure di Till Eulenspiegel*
D Uno scrittore tedesco, autore di *Le avventure di Madre Coraggio*
E Uno scrittore americano, autore di *Le avventure di Tom Sawyer*

681 La serie tv "Games of Thrones" è ispirata ai romanzi fantasy di:

A George R.R. Martin
B Dan Simmons
C J.R.R. Tolkien
D Stephen King
E Neil Gaiman

682 L'acrocoro è:

A un fiume
B un deserto
C un altopiano
D un lago
E una penisola

683 Quale dei seguenti gerarchi fascisti non morì durante la seconda guerra mondiale o in seguito al crollo del regime?

A Italo Balbo
B Dino Grandi
C Alessandro Pavolini
D Achille Starace
E Galeazzo Ciano

684 La frase proverbiale latina "ad usum delphini" si riferisce a:

- A una persona che si trova particolarmente a suo agio in un ambiente ostile
- B una persona capace di sgusciare via con particolare agilità
- C un motoscafo veloce adattato alla pesca d'altura
- D un programma o un libro di carattere osceno
- E un testo o una notizia reinterpretata o censurata a specifico beneficio di qualcuno

685 Quale dei seguenti gruppi di dimostranti antiglobalizzazione si rese colpevole a Genova, durante il vertice G8 (luglio 2001), di numerosi saccheggi, devastazioni ed episodi di brutale violenza?

- A Red bloc
- B Genoa ultras
- C Black bloc
- D Noglobal army
- E Brianza alcolica

686 Al tempo dell'ingresso dell'Italia nella CEE, il governo nazionale era a guida:

- A liberale
- B socialcomunista
- C repubblicana
- D liberale
- E democristiana

687 In quale anno entrò in vigore il codice penale Zanardelli, che abolì in Italia la pena di morte?

- A Nel 1915
- B Nel 1890
- C Nel 1875
- D Nel 1928
- E Nel 1901

688 Che cosa è l'estetica?

- A La teoria del bello e dell'arte
- B L'aspetto esteriore
- C L'eleganza
- D L'opposto dell'etica
- E L'arte del trucco

689 Benedetto Croce e Giovanni Gentile si possono definire:

- A pragmatisti
- B idealisti
- C positivisti
- D irrazionalisti
- E edonisti

690 Quale fu, agli inizi del XX secolo, la città centro di riferimento dell'arte europea?

- A Londra
- B Parigi
- C Roma
- D Amsterdam
- E Milano

691 Con l'espressione "la grande mela" viene generalmente indicata:

- A un tipo di frutta geneticamente modificata
- B la città di New York
- C la città di Los Angeles
- D una organizzazione criminale
- E la più grande discoteca d'Europa

692 Quale Capo dello Stato promulgò la Costituzione italiana?

- A Gronchi
- B Einaudi
- C De Nicola
- D Pertini
- E Saragat

693 Il filosofo medievale noto con il nome di Nicola Cusano era di origine:

- A greca
- B tedesca
- C francese
- D spagnola
- E portoghese

694 Per Karl Marx il plusvalore viene prodotto:

- A da operazioni finanziarie
- B dalla socializzazione delle imprese private
- C dal lavoro umano
- D da investimenti in nuove tecnologie
- E da buoni raccolti nell'agricoltura

695 Il Kalahari è:

- A un fiume
- B un deserto
- C un altopiano
- D un lago
- E una penisola

696 Il decreto-legge è:

- A una legge emanata dal Parlamento
- B una legge emanata dal Presidente della Repubblica
- C una legge emanata dal Governo, da approvarsi successivamente dal Parlamento
- D una legge emanata da una Regione
- E un decreto del Ministro degli Interni

697 Quale Presidente del Consiglio italiano fu accusato dallo storico Salvemini di essere "il ministro della malavita"?
- A Crispi
- B Depretis
- C Giolitti
- D Di Rudinì
- E Nitti

698 La disciplina scientifica che studia lo sviluppo, la crescita e le malattie dei capelli è la:
- A semiologia
- B paradontologia
- C senologia
- D dietologia
- E tricologia

699 In Italia il numero dei rappresentanti eletti alla Camera dei Deputati è:
- A compreso tra 600 e 650
- B compreso tra 800 e 850
- C compreso tra 400 e 450
- D pari a quello dei Senatori
- E fissato prima di ogni legislatura

700 .... (Bologna 1922 - Roma 1975) fu scrittore, saggista e regista cinematografico. Tra i suoi romanzi si ricordano *Ragazzi di vita* e *Una vita violenta*. Si tratta di:
- A Dino Buzzati
- B Pier Paolo Pasolini
- C Vasco Pratolini
- D Elio Vittorini
- E Italo Calvino

701 Per quanti anni viene eletta la Camera dei Deputati?
- A 1
- B 3
- C 5
- D 6
- E 7

702 Nacque in Germania, si diffuse in tutta Europa tra il 1905 e il 1930 e interessò la letteratura, l'arte, il teatro, il cinema e la musica. Di quale movimento culturale si tratta?
- A Preraffaellismo
- B Naturalismo
- C Decadentismo
- D Espressionismo
- E Neorealismo

703 Che cos'era l'ARMIR?
- A Il Ministero della Cultura Popolare fascista
- B Il primo nome dell'Aeronautica Militare Italiana
- C Un possente incrociatore, fatto costruire dal regime fascista
- D Il corpo di spedizione italiano in Russia, durante la seconda guerra mondiale
- E La sezione locale del Partito fascista, in ogni centro abitato

704 Nella storia d'Italia, il "biennio rosso" indica gli anni:
- A 1914-15
- B 1919-20
- C 1943-44
- D 1968-69
- E 1976-77

705 La teoria eliocentrica di Galileo Galilei fu condannata:
- A dall'Ordine dei Medici
- B dal Senato Romano
- C dal Sant'Uffizio
- D dall'Onu
- E dalla Geographic Society of London

706 Il termine "pallio" può avere tutti i seguenti significati tranne uno. Quale?
- A Indumento degli antichi romani
- B Mantello di stoffa pregiata
- C Corsa di cavalli montati senza sella
- D Fascia liturgica
- E Tessuto di rivestimento dei molluschi

707 Si riconosca la serie che dispone la comparsa dei seguenti ordini religiosi nella corretta successione storica.
- A Francescani; Benedettini; Gesuiti
- B Gesuiti; Francescani; Benedettini
- C Benedettini; Francescani; Gesuiti
- D Benedettini; Gesuiti; Francescani
- E Gesuiti; Benedettini; Francescani

708 Quale dei seguenti Stati non fa parte dell'Unione europea?
- A Belgio
- B Portogallo
- C Norvegia
- D Grecia
- E Finlandia

709 **La serie tv "The Young pope" è stata ideata e diretta da:**

A Paolo Sorrentino
B Gabriele Salvatores
C David Lynch
D Luc Besson
E Gabriele Muccino

710 **Quale, tra le seguenti opere, fu scritta per prima?**

A *L'Orlando furioso*
B *Il Principe*
C *La Locandiera*
D *Il giorno della civetta*
E *Decameron*

711 **Neil Armstrong è stato un famoso:**

A fisico
B trombettista
C cardiochirurgo
D astronauta
E attore

712 **Quale dei seguenti pittori fu un protagonista dell'impressionismo?**

A Cezanne
B Klimt
C Fragonard
D Botero
E Paolo Uccello

713 **Chi è l'autore del testo "Dal big bang ai buchi neri"?**

A Margherita Hack
B Albert Einstein
C Peter Ware Higgs
D Stephen Hawking
E Piero Angela

714 **Le origini della bandiera tricolore italiana, nel contesto del Congresso Cispadano di Reggio Emilia, risalgono alla fine del secolo:**

A XVII
B XI
C XVIII
D XV
E X

715 **Negli anni '20 del XX secolo la "Spagnola" fu in Europa la causa prima di un numero di morti addirittura superiori a quello registrato nella grande guerra. Si trattò di un'epidemia di:**

A colera
B influenza
C AIDS
D lue
E tifo

716 **Rabat è la capitale del:**

A Gabon
B Ciad
C Camerun
D Marocco
E Sudan

717 **Quale dei seguenti Stati attaccò l'Iran nel 1980?**

A Pakistan
B Afghanistan
C Iraq
D Kuwait
E URSS

718 **In quale anno è entrata in vigore la Costituzione italiana e di quanti articoli consisteva?**

A La Costituzione è entrata in vigore nel 1948 e consisteva di 736 articoli e 25 disposizioni transitorie
B La Costituzione è entrata in vigore nel 1953 e consisteva di 100 articoli
C La Costituzione è entrata in vigore nel 1945 e consisteva di 736 articoli e 25 disposizioni transitorie
D La Costituzione è entrata in vigore nel 1948 e consisteva di 139 articoli e 18 disposizioni transitorie
E La Costituzione è entrata in vigore nel 1945 e consisteva di 193 articoli e 18 disposizioni transitorie

719 **Qual è l'abbinamento scorretto?**

A Dante - *La vita nova*
B Pulci - *Morgante*
C Marino - *La cena delle ceneri*
D Tassoni - *La secchia rapita*
E Ruzante - *Vaccaria*

720 "Kulturkampf" è un termine tedesco con il quale si designa la battaglia politica condotta contro la chiesa cattolica e il partito cattolico del "Centro" da:

- A Adolf Hitler
- B Konrad Adenauer
- C Otto von Bismarck
- D Paul von Hindenburg
- E Karl Liebknecht

721 Che cosa si intende per "golfo mistico"?

- A Il luogo dove avvenne la conversione di San Paolo
- B Un'insenatura presso Santa Monica (Usa)
- C La buca orchestrale modificata da Richard Wagner
- D Un sinonimo di Golfo Persico
- E Il luogo d'ispirazione per i poeti romantici

722 Quale tra le seguenti alternative presenta in sequenza un'isola, una penisola e uno stretto?

- A Sicilia, Italia, Dardanelli
- B Caprera, Gibilterra, Danimarca
- C Peloponneso, Rodi, Manica
- D Elba, Bocche di Bonifacio, Ustica
- E Gibilterra, Italia, Sicilia

723 Il musicista ...... ha composto *Il castello del principe Barbablù, Il principe di legno* e *Il mandarino meraviglioso.*

- A Ottorino Respighi
- B Béla Bartók
- C Gian Francesco Malipiero
- D Igor Stavinskij
- E Erik Satie

724 Plutarco (46/50 - dopo il 120 d.C.) NON scrisse la biografia di:

- A Marco Aurelio
- B Alessandro Magno
- C Silla
- D Timoleonte
- E Sertorio

725 A quale delle seguenti scrittrici italiane del XX secolo si deve il romanzo "La storia"?

- A Maraini
- B Mazzucco
- C Morante
- D Mazzantini
- E Ginzburg

726 Nel corso del XX secolo la Germania è stata per alcuni decenni divisa in due Repubbliche?

- A No
- B Sì, durante la guerra fredda
- C Sì, alla fine del Secondo Reich
- D Sì, tra le due guerre mondiali
- E Sì, negli anni del Terzo Reich

727 In quale Paese c'è stato il sanguinario regime di Pol Pot (1975-79)?

- A Laos
- B Vietnam
- C Cambogia
- D Birmania
- E Thailandia

728 In quali città italiane, nel 1849, alcune rivolte antiaustriache furono represse nel sangue?

- A Brescia e Venezia
- B Milano e Verona
- C Trento e Trieste
- D Bergamo e Treviso
- E Mantova e Magenta

729 Quale dei seguenti registi italiani ha tratto un film dal monologo "Novecento" di Baricco?

- A Bernardo Bertolucci
- B Giuseppe Tornatore
- C Gabriele Muccino
- D Paolo Virzì
- E Nanni Moretti

730 Cosa si intende con l'espressione "premio di maggioranza"?

- A La coalizione che ha vinto le elezioni ottiene un numero di seggi parlamentari superiore a quello che le spetterebbe se si usassero semplici criteri proporzionali
- B Gli eletti della coalizione che ha vinto le elezioni ottengono un premio in denaro
- C La coalizone che ha vinto le elezioni ottiene un premio in denaro
- D La coalizione che ha vinto le elezioni governa
- E La coalizione che raggruppa il maggior numero di partiti ottiene almeno il 51% dei seggi parlamentari disponibili

QUESITI DI CULTURA GENERALE

731 Quale dei seguenti registi italiani ha tratto un film dal romanzo "Io non ho paura" di Niccolò Ammaniti?

- A Michele Placido
- B Paolo Sorrentino
- C Gabriele Salvatores
- D Roberto Faenza
- E Mario Monicelli

732 Individuare l'abbinamento errato.

- A San Carlo - Napoli
- B Petruzzelli - Bari
- C La Scala - Milano
- D La Fenice - Venezia
- E Massimo - Catania

733 Chi è l'autore di *Les liasions dangerusses*?

- A Roger Vadim
- B Pierre Choderlos de Laclos
- C Pierre de Ronsard
- D Victor Hugo
- E Alphonse de Lamartine

734 Cosa si intende per "imposta"?

- A Un corrispettivo che una persona fisica o giuridica paga allo Stato a fronte di un servizio ricevuto
- B Un prelievo di denaro a cui una persona fisica o giuridica è tenuta verso lo Stato, in assenza di una diretta controprestazione da parte di quest'ultimo
- C Ogni prelievo di denaro effettuato dallo Stato nei confronti delle persone fisiche o giuridiche
- D I pagamenti a cui le persone fisiche o giuridiche sono obbligate verso lo Stato a causa del vantaggio da loro ottenuto a seguito di una spesa o di un'attività effettuata dalla pubblica amministrazione
- E I pagamenti a cui le persone fisiche o giuridiche sono obbligate verso lo Stato a seguito della fabbricazione, da parte loro, di determinate materie

735 Indovinare lo scrittore estraneo alla serie.

- A Saramago
- B Coetzee
- C Naipaul
- D Rushdie
- E Jelinek

736 La S.I.A.E. si occupa di:

- A norme pubblicitarie
- B registrazioni radiofoniche
- C telecomunicazioni
- D diritti d'autore
- E nessuna delle precedenti alternative è corretta

737 Eliminare l'intruso.

- A Danubio
- B Reno
- C Eufrate
- D Senna
- E Volga

738 In quale Regione italiana si trova il sito archeologico di Metaponto?

- A Calabria
- B Campania
- C Puglia
- D Sicilia
- E Basilicata

739 L'arco a sesto acuto è tipico dell'architettura:

- A Paleocristiana
- B Barocca
- C Neoclassica
- D Gotica
- E Romanica

740 Quale dei seguenti elementi non rientra nella serie formata dagli altri?

- A Brahmaputra
- B Congo
- C Senegal
- D Reno
- E Michigan

741 Louis Braille, inventore dell'alfabeto per non vedenti, visse nel secolo:

- A XVI
- B XVII
- C XVIII
- D XIX
- E XX

742 Non fa parte delle Isole della Sonda:

- A Haiti
- B Sumatra
- C Giava
- D Bali
- E Borneo

743 **Quale dei seguenti non è un significato di *taglio*?**

A Dimensione
B Parte della lama
C Pena
D Lesione
E Porzione

744 **Non si trova nell'emisfero boreale:**

A Il Cairo
B Dakar
C Khartoum
D Kinshasa
E Casablanca

745 **Non era una città etrusca:**

A Populonia
B Salerno
C Capua
D Cuma
E Chiusi

746 **Sede ufficiale del Parlamento europeo è:**

A Bruxelles
B Parigi
C Roma
D Amburgo
E Strasburgo

747 **Giuseppe Verdi è l'autore dell'opera:**

A *L'elisir d'amore*
B *Lucia di Lammermoor*
C *La gazza ladra*
D *I Lombardi alla prima crociata*
E *Il barbiere di Siviglia*

748 **Il 4 luglio si festeggia la dichiarazione di indipendenza degli Stati Uniti d'America che avvenne nell'anno:**

A 1789
B 1776
C 1807
D 1815
E 1817

749 **Il patriarca Abramo era originario della città di:**

A Tirinto
B Ossirinco
C Babilonia
D Ur
E Tiro

750 **Chi è stato Ian Fleming?**

A Lo scopritore della penicillina
B Lo scrittore inventore del personaggio di James Bond
C Un pittore fiammingo
D Un musicista del XVIII secolo
E L'inventore del long-play

SOLUZIONI

Quesito	Risposta	Quesito	Risposta	Quesito	Risposta	Quesito	Risposta	Quesito	Risposta	Quesito	Risposta	Quesito	Risposta	Quesito	Risposta	Quesito	Risposta	Quesito	Risposta
1	A	2	C	3	E	4	D	5	C	6	E	7	D	8	C	9	E	10	B
11	D	12	D	13	D	14	E	15	C	16	D	17	D	18	A	19	C	20	A
21	D	22	C	23	C	24	A	25	D	26	E	27	C	28	C	29	A	30	C
31	C	32	A	33	A	34	D	35	A	36	E	37	A	38	D	39	E	40	C
41	B	42	C	43	A	44	B	45	C	46	A	47	D	48	B	49	D	50	C
51	A	52	B	53	C	54	E	55	A	56	B	57	C	58	D	59	D	60	C
61	C	62	E	63	B	64	A	65	E	66	E	67	D	68	E	69	A	70	D
71	A	72	C	73	B	74	C	75	C	76	C	77	E	78	A	79	D	80	A
81	A	82	A	83	D	84	D	85	E	86	B	87	B	88	C	89	B	90	B
91	D	92	D	93	C	94	E	95	C	96	E	97	A	98	D	99	C	100	A
101	E	102	B	103	D	104	B	105	B	106	C	107	E	108	E	109	E	110	A
111	D	112	C	113	A	114	B	115	E	116	D	117	A	118	C	119	C	120	E
121	D	122	C	123	C	124	E	125	D	126	A	127	B	128	A	129	D	130	C
131	A	132	E	133	B	134	E	135	E	136	C	137	C	138	C	139	D	140	E
141	C	142	D	143	B	144	B	145	E	146	D	147	B	148	D	149	B	150	D
151	B	152	A	153	B	154	C	155	A	156	A	157	C	158	A	159	D	160	B
161	C	162	E	163	D	164	B	165	B	166	D	167	E	168	A	169	E	170	C
171	C	172	D	173	B	174	E	175	D	176	C	177	A	178	E	179	A	180	E
181	D	182	C	183	E	184	C	185	D	186	B	187	C	188	B	189	B	190	E
191	E	192	C	193	D	194	B	195	A	196	B	197	A	198	C	199	A	200	B
201	B	202	D	203	C	204	A	205	B	206	D	207	C	208	B	209	D	210	B
211	A	212	C	213	E	214	C	215	E	216	B	217	A	218	D	219	E	220	D
221	D	222	C	223	B	224	A	225	B	226	D	227	D	228	B	229	C	230	D
231	B	232	B	233	B	234	C	235	B	236	D	237	A	238	D	239	A	240	A
241	B	242	C	243	C	244	E	245	C	246	B	247	B	248	C	249	D	250	D
251	A	252	D	253	C	254	A	255	C	256	E	257	C	258	C	259	A	260	C
261	C	262	C	263	D	264	A	265	C	266	C	267	C	268	A	269	D	270	D
271	A	272	E	273	D	274	B	275	A	276	C	277	A	278	C	279	E	280	A
281	D	282	B	283	C	284	D	285	C	286	B	287	C	288	E	289	E	290	D
291	C	292	A	293	D	294	E	295	E	296	A	297	C	298	D	299	E	300	E

SOLUZIONI

Quesito	Risposta	Quesito	Risposta	Quesito	Risposta	Quesito	Risposta	Quesito	Risposta	Quesito	Risposta	Quesito	Risposta	Quesito	Risposta	Quesito	Risposta	Quesito	Risposta
301	B	302	C	303	A	304	E	305	B	306	D	307	A	308	E	309	A	310	C
311	C	312	C	313	B	314	C	315	C	316	A	317	A	318	D	319	A	320	D
321	C	322	B	323	E	324	A	325	E	326	E	327	B	328	A	329	B	330	B
331	E	332	D	333	E	334	B	335	D	336	C	337	B	338	D	339	B	340	E
341	D	342	C	343	C	344	B	345	D	346	A	347	C	348	B	349	D	350	C
351	D	352	E	353	C	354	D	355	C	356	B	357	D	358	E	359	D	360	D
361	D	362	D	363	D	364	C	365	C	366	C	367	D	368	A	369	B	370	D
371	C	372	C	373	B	374	D	375	D	376	C	377	X	378	E	379	D	380	B
381	D	382	A	383	C	384	B	385	B	386	C	387	A	388	C	389	C	390	D
391	C	392	C	393	C	394	D	395	B	396	D	397	B	398	E	399	C	400	B
401	C	402	B	403	B	404	B	405	C	406	E	407	C	408	C	409	D	410	A
411	E	412	E	413	C	414	C	415	A	416	E	417	C	418	B	419	A	420	D
421	D	422	A	423	E	424	E	425	B	426	A	427	X	428	E	429	A	430	D
431	D	432	B	433	E	434	B	435	C	436	A	437	D	438	B	439	E	440	B
441	B	442	A	443	D	444	A	445	D	446	D	447	A	448	E	449	E	450	E
451	B	452	D	453	C	454	E	455	E	456	A	457	B	458	B	459	D	460	B
461	D	462	C	463	D	464	D	465	D	466	D	467	D	468	B	469	C	470	E
471	A	472	B	473	D	474	C	475	C	476	C	477	E	478	B	479	D	480	A
481	B	482	C	483	B	484	D	485	B	486	C	487	E	488	B	489	D	490	B
491	A	492	B	493	A	494	E	495	B	496	C	497	E	498	B	499	B	500	E
501	C	502	C	503	B	504	C	505	C	506	D	507	D	508	E	509	B	510	A
511	C	512	C	513	D	514	A	515	C	516	E	517	A	518	D	519	E	520	A
521	C	522	D	523	C	524	C	525	B	526	B	527	D	528	D	529	E	530	D
531	C	532	B	533	B	534	B	535	B	536	B	537	C	538	B	539	E	540	C
541	E	542	E	543	B	544	A	545	A	546	C	547	C	548	D	549	C	550	B
551	C	552	B	553	D	554	B	555	D	556	D	557	D	558	C	559	A	560	D
561	A	562	E	563	B	564	E	565	A	566	A	567	C	568	D	569	A	570	C
571	A	572	E	573	B	574	B	575	E	576	B	577	E	578	D	579	E	580	B
581	B	582	C	583	A	584	E	585	A	586	E	587	A	588	B	589	B	590	E
591	A	592	A	593	B	594	D	595	A	596	E	597	B	598	C	599	D	600	D
601	A	602	D	603	A	604	B	605	A	606	C	607	E	608	C	609	A	610	A
611	E	612	B	613	B	614	D	615	C	616	B	617	B	618	B	619	C	620	B
621	B	622	B	623	D	624	D	625	B	626	C	627	D	628	D	629	C	630	B
631	D	632	D	633	C	634	B	635	B	636	B	637	D	638	C	639	C	640	B
641	D	642	C	643	C	644	B	645	D	646	E	647	B	648	A	649	B	650	B
651	D	652	A	653	A	654	A	655	D	656	D	657	D	658	A	659	A	660	C
661	E	662	C	663	B	664	A	665	B	666	D	667	D	668	E	669	E	670	B
671	D	672	C	673	C	674	E	675	E	676	A	677	C	678	C	679	A	680	E
681	A	682	C	683	B	684	E	685	C	686	E	687	B	688	A	689	B	690	B
691	B	692	C	693	B	694	A	695	B	696	C	697	C	698	E	699	A	700	B

Quesito	Risposta	Quesito	Risposta	Quesito	Risposta	Quesito	Risposta	Quesito	Risposta	Quesito	Risposta	Quesito	Risposta	Quesito	Risposta	Quesito	Risposta	Quesito	Risposta
701	C	702	D	703	D	704	B	705	C	706	C	707	C	708	C	709	A	710	E
711	D	712	A	713	D	714	C	715	B	716	D	717	C	718	D	719	C	720	C
721	C	722	A	723	B	724	A	725	C	726	B	727	C	728	A	729	B	730	A
731	C	732	E	733	B	734	B	735	D	736	D	737	C	738	E	739	D	740	E
741	D	742	A	743	C	744	D	745	D	746	E	747	D	748	B	749	D	750	B

parte seconda

BIOLOGIA

Quesiti

751 L'emoglobina è una proteina presente:

A negli eritrociti
B nei linfociti
C nel fegato
D nei mioblasti
E nei cloroplasti

752 James D. Watson e Francis Crick hanno ricevuto il premio Nobel per la Medicina e la Fisiologia per la scoperta della struttura a doppia elica del DNA. In quale anno è avvenuta la scoperta?

A 1945
B 1953
C 1969
D 1984
E 2001

753 Nel doping sportivo si fa un largo uso di ormoni androgeni steroidei perché:

A stimolano la produzione di globuli rossi dal midollo osseo
B hanno un effetto anabolizzante sui muscoli
C migliorano l'utilizzo degli acidi grassi da parte del cuore
D migliorano la concentrazione psicologica dell'atleta
E abbassano l'ematocrito

754 La membrana cellulare:

A è una complessa struttura lipidica permeabile a ogni tipo di molecola
B è una complessa struttura semipermeabile, di natura lipoproteica, che controlla il passaggio di molecole e ioni
C è una struttura che consente il passaggio di sostanze attraverso un doppio strato fosfolipidico che racchiude uno strato proteico interno
D è costituita da un reticolo di natura glicoproteica che ha la doppia funzione di esercitare una protezione meccanica e di consentire la permeabilità
E è un rivestimento, costituito in larga misura da cellulosa, che ha la funzione di proteggere la cellula e di impedire la fuoriuscita dei liquidi

755 Nei virus l'informazione genetica è contenuta nelle seguenti macromolecole:

A esclusivamente DNA
B proteine
C DNA o RNA a seconda del tipo di virus
D esclusivamente RNA
E carboidrati

756 La base azotata che si trova nel DNA ma non nell'RNA è la seguente:

A guanina
B citosina
C uracile
D timina
E adenina

757 L'unità di misura della quantità di energia contenuta negli alimenti è:

A il tasso glicemico
B il kilogrammo
C il milligrammo
D l'erg
E il kilojoule

758 Gli anabolizzanti sono:

A farmaci che accentuano gli effetti dell'affaticamento muscolare
B ormoni utilizzati da molti sportivi, che favoriscono la secrezione dell'adrenalina
C farmaci che agiscono sul metabolismo e favoriscono un aumento della massa muscolare
D farmaci antidepressivi usati anche dagli sportivi per migliorare le prestazioni atletiche
E ormoni privi di effetti collaterali usati per incrementare la massa muscolare

759 Cos'è il soleo?

A Uno dei muscoli del polpaccio
B Uno dei muscoli responsabili della rotazione della spalla
C Un tendine che si inserisce nel calcagno
D Un muscolo pettorale
E Un osso del tarso

BIOLOGIA

760 **Quale tra i seguenti processi biochimici avviene nel mitocondrio?**

A Fissazione dell'anidride carbonica
B Fosforilazione ossidativa
C Fotosintesi
D Ciclo di Calvin
E Glicolisi

761 **Quale delle seguenti espressioni è la più appropriata per definire un virus?**

A È una cellula eucariotica molto semplice
B È un prione
C È un organismo evolutivamente molto primitivo
D È una particella priva delle principali caratteristiche tipiche delle cellule viventi
E È una cellula batterica molto semplice

762 **Qual è la sequenza più logica per elencare le seguenti strutture anatomiche?**

A Tibia, metatarso, tarso, falangi
B Tibia, tarso, metatarso, falangi
C Falangi, tarso, metatarso, tibia
D Falangi, tibia, tarso, metatarso
E Tibia, falangi, metatarso, tarso

763 **Dov'è situato l'omero?**

A Nella gamba
B Nell'avambraccio
C Nella coscia
D Nel braccio
E Nella spalla

764 **In una cellula vegetale i centri fotosintetici sono i:**

A vacuoli
B plastidi
C ribosomi
D lisosomi
E mitocondri

765 **Quale tra i seguenti è un procariota?**

A Il lievito
B L'HIV
C Il batteriofago
D Il mais
E Lo pneumococco

766 **Il daltonismo è:**

A un processo di divisione cellulare
B un'anomalia della sintesi proteica
C una teoria evoluzionistica
D una patologia causata da un virus che attacca l'organismo prevalentemente in età avanzata
E un difetto di natura prevalentemente genetica

767 **Nella cellula, cosa sono i microtubuli?**

A Strutture proteiche che servono all'ispessimento della parete delle cellule vegetali
B Le estroflessioni che costituiscono le creste mitocondriali
C Proteine filamentose che fanno parte del citoscheletro
D Le unità di base dei ribosomi
E Strutture cellulari che proteggono il nucleo

768 **Nel codice genetico sono definite le corrispondenze tra:**

A le triplette di nucleotidi nell'RNA e i monomeri presenti nei polisaccaridi
B i singoli nucleotidi presenti nel DNA e quelli presenti nell'RNA messaggero
C le triplette di nucleotidi nell'RNA e i singoli amminoacidi nelle proteine
D i singoli nucleotidi nell'RNA e gli amminoacidi nelle proteine
E le triplette di nucleotidi nel DNA e gli acidi grassi presenti nei lipidi di membrana

769 **Nelle cellule muscolari, il processo della fermentazione lattica è finalizzato a:**

A ridurre il coenzima NAD^+ a NADH in carenza di ossigeno
B portare avanti la glicolisi e continuare la sintesi di ATP in assenza di ossigeno
C produrre ossigeno altrimenti non disponibile in condizioni anaerobiche
D produrre sostanze direttamente utilizzabili dai mitocondri per la produzione di ATP
E rendere più efficiente la sintesi di ATP in condizioni aerobiche

770 **Per ricavare l'energia necessaria ai processi vitali, una cellula animale porta avanti il seguente processo:**

A ossidazione del NAD^+
B sintesi di zuccheri
C idrolisi dell'acqua
D ossidazione del glucosio
E fotosintesi

771 **Il corredo cromosomico caratteristico della specie umana è composto da:**

A 23 coppie di cromosomi più i cromosomi sessuali
B 22 coppie di cromosomi più la coppia di cromosomi sessuali
C 23 cromosomi
D 46 cromosomi più XY
E 46 cromosomi più XX

QUESITI

772 La divisione meiotica avviene esclusivamente:

A nelle cellule vegetali
B nelle cellule germinali
C nei batteri
D nelle cellule somatiche
E nei virus

773 Quale teoria fondamentale del pensiero biologico ha alla base il concetto di selezione naturale?

A La teoria dell'evoluzione biologica di Darwin
B La teoria che interpreta l'origine della vita sulla Terra sulla scia dei risultati ottenuti con gli esperimenti di Stanley Miller
C La teoria evolutiva proposta da Lamarck
D La teoria sviluppata dal monaco Gregorio Mendel
E Nessuna delle risposte proposte è corretta

774 Le piastrine concorrono alla seguente funzione:

A trasporto dell'anidride carbonica
B trasporto dell'ossigeno
C produzione di anticorpi
D rivestimento interno dei vasi sanguigni
E coagulazione

775 Analizzando la composizione di una cellula si trova che essa è composta per circa il 70% da:

A carboidrati
B acqua
C proteine
D lipidi
E macromolecole

776 Le proteine actina e miosina sono particolarmente abbondanti nel tessuto:

A nervoso
B connettivo
C epiteliale
D adiposo
E muscolare

777 Osservando una cellula al microscopio elettronico notate che è priva di un vero e proprio nucleo, non possiede organuli limitati da membrana ed è circondata da una parete esterna alla membrana cellulare. Potrete concludere che si tratta di:

A di un virus
B di una cellula di lievito
C una cellula procariotica
D di una cellula vegetale
E una cellula eucariotica animale particolarmente semplice

778 Sono costituiti da DNA e si trovano nei cromosomi, dove occupano una posizione ben determinata. Si chiamano:

A microtubuli
B geni
C mitocondri
D ribosomi
E filamenti intermedi

779 Quale delle seguenti affermazioni relative alla replicazione del DNA è corretta?

A Avviene esclusivamente nelle cellule provviste di nucleo, cioè quelle eucariotiche
B Entrambi i filamenti sono degradati e se ne ritrovano solo frammenti nelle nuove molecole di DNA
C Un solo filamento è utilizzato come stampo mentre l'altro è degradato
D Entrambi i filamenti che compongono la molecole di DNA fungono da stampo per la sintesi di nuovi filamenti
E La replicazione è un processo spontaneo che non richiede alcuna spesa energetica

780 Quale delle seguenti affermazioni relative al codice genetico è vera?

A Ogni amminoacido è codificato da una o più coppie di nucleotidi
B Ogni nucleotide è codificato da uno o più amminoacidi
C Ogni tripletta di nucleotidi codifica più di un amminoacido
D Una sola delle 64 triplette ha il significato di STOP
E Ogni amminoacido è codificato da una o più triplette di nucleotidi

781 I ribosomi sono adibiti alla seguente funzione:

A trasporto attraverso la membrana plasmatica
B sintesi di zuccheri
C sintesi delle proteine
D produzione di lipidi
E detossificazione ed eliminazione di sostanze nocive

782 Il glicogeno è:

A un polisaccaride utilizzato come riserva energetica nei tessuti animali
B una proteina regolatrice dell'espressione genica
C uno zucchero sintetizzato dalle piante
D un enzima che l'organismo utilizza per la sintesi del glucosio
E un enzima indispensabile per la digestione dei carboidrati

783 **Le cellule muscolari sono capaci di funzionare in assenza di ossigeno. A quale processo devono questa capacità?**

A Fosforilazione ossidativa
B Fermentazione lattica
C Chemiosintesi
D Sintesi anaerobia di glucosio
E Produzione di ossigeno per idrolisi dell'acqua

784 **I soggetti affetti dalla sindrome di Down sono caratterizzati dalla seguente anomalia cromosomica:**

A hanno 21 cromosomi in ogni cellula
B hanno un cromosoma 21 in meno
C hanno 21 copie del cromosoma 3
D hanno un cromosoma 21 in più
E sono privi di entrambi i cromosomi 21

785 **Quale delle seguenti affermazioni relative ai batteri è vera?**

A Le cellule batteriche sono sprovviste di ribosomi
B Tutte le specie batteriche sono responsabili di qualche patologia
C Le cellule batteriche possono dare vita a organismi pluricellulari
D I batteri si dividono con un processo di mitosi, tramite il quale i loro cromosomi sono equamente ripartiti tra le due cellule figlie
E Il citoplasma delle cellule batteriche non contiene organuli limitati da membrana

786 **Un organismo viene definito autotrofo quando:**

A vive parassitando un altro organismo
B si nutre prevalentemente di sostanze organiche prese da altri organismi
C riesce a nutrirsi usando solo sostanze inorganiche
D dipende per la sua nutrizione da altri organismi
E nessuna delle precedenti

787 **Un anticorpo è:**

A una proteina a forma di Y prodotta dall'organismo in risposta alla presenza di un antigene
B un corpo estraneo, come un virus o un batterio, in grado di scatenare la risposta immunitaria
C una cellula capace di fagocitare elementi patogeni
D una proteina prodotta dagli agenti patogeni per ingannare le difese immunitarie dell'organismo
E un gene regolatore che prende parte all'attuazione della risposta immunitaria

788 **In una regione del DNA la sequenza di basi è: AGC TGG ACT. Se questa regione venisse trascritta, quale sarebbe la sequenza corrispondente sull'mRNA?**

A UCG ACC UGA
B TCC TGU TCG
C AGG TGA ACG
D UGG ACU AGC
E TGG TGU UCG

789 **La più piccola entità capace di estrinsecare le attività tipiche della materia vivente è:**

A il tessuto
B la cellula
C l'atomo
D la molecola
E la macromolecola

790 **Quale ormone è prodotto a seguito di una forte emozione?**

A Il cortisone
B La tiroxina
C La melatonina
D L'adrenalina
E Il progesterone

791 **Il pancreas ha un'importantissima funzione endocrina; questo vuol dire che secerne:**

A enzimi digestivi
B neurotrasmettitori
C ormoni
D vitamine
E bile

792 **La molecola polisaccaridica che funge da riserva energetica negli organismi animali è:**

A il glicogeno
B il glucosio
C il saccarosio
D il fruttosio
E l'amido

QUESITI

793 **Quale dei seguenti amminoacidi è considerato NON essenziale nell'alimentazione umana?**

A Valina
B Metionina
C Isoleucina
D Alanina
E Triptofano

794 **Quale tra le seguenti affermazioni riguardanti l'impulso nervoso è FALSA?**

A Nel neurone a riposo, il citoplasma che si trova subito sotto la membrana ha carica negativa, il liquido extracellulare all'esterno della membrana ha carica positiva
B In condizione di riposo, la concentrazione di Na^+ è maggiore all'interno del neurone rispetto all'esterno
C Per mantenere il potenziale di riposo è fondamentale una proteina di membrana chiamata pompa del sodio-potassio
D Il potenziale d'azione raggiunge un valore massimo di circa +35 mV
E Il potenziale di riposo è di circa –70 mV

795 **La "chiocciola" è una struttura sensoriale che permette la percezione:**

A dell'olfatto
B del tatto
C della vista
D dell'udito
E del gusto

796 **Nei pesci, cos'è la vescica natatoria?**

A Un organo fondamentale per la circolazione del sangue
B Un organo in cui vengono accumulate e poi assorbite le sostanze nutrienti
C Un organo utilizzato per aumentare la velocità del nuoto
D Un organo in cui vengono accumulate e poi eliminate le scorie del metabolismo
E Un organo utilizzato per migliorare il galleggiamento

797 **Quale voce di questo ipotetico menu è consigliabile per aumentare nella dieta l'apporto di fibre alimentari?**

A Minestrone con piselli e lenticchie
B Carne alla griglia, uova al prosciutto, pane bianco
C Latte, gelato
D Tè, yogurt, budino
E Patate fritte e meringata

798 **Ad oggi, qual è la definizione più corretta per indicare come si è evoluta la teoria di Beadle e Tatum, un gene - una proteina?**

A Un gene - una catena polisaccaridica
B Un gene - un fosfolipide
C Un gene - un carattere ereditario
D Un gene - una base azotata
E Un gene - una catena polipeptidica

799 **Per mantenere le condizioni vitali la cellula trasporta molte sostanze attraverso la membrana plasmatica. In quali casi questo processo comporta una spesa energetica?**

A Quando le sostanze passano dal versante dove sono meno concentrate a quello dove la loro concentrazione è maggiore (cioè si muovono contro il gradiente di concentrazione)
B In ogni caso
C Quando il trasporto è bidirezionale
D Quando avviene secondo il gradiente di concentrazione
E Quando non comporta il coinvolgimento di proteine specializzate

800 **La malattia emolitica del neonato da anti-D può verificarsi più facilmente se:**

A la madre è Rh (D) positiva e il padre Rh (D) negativo
B la madre e il padre sono entrambi Rh (D) negativi
C la madre e il padre sono entrambi Rh (D) positivi
D la madre è Rh (D) negativa e il padre Rh (D) positivo
E la madre e il feto sono entrambi Rh (D) negativi

801 **I muscoli scheletrici sono costituiti da tessuto:**

A muscolare striato
B linfatico
C muscolare cardiaco
D nervoso
E muscolare liscio

802 **Quale tra questi tessuti svolge funzioni di rivestimento?**

A Il tessuto muscolare liscio
B Il tessuto muscolare striato
C Il tessuto epiteliale
D Il tessuto cartilagineo
E Il tessuto nervoso

BIOLOGIA

803 Quale tra i seguenti è un animale?

A Lo pneumococco
B Il lievito
C La spugna
D Il batteriofago
E L'HIV

804 La mitosi è una delle due modalità di divisione delle cellule eucariotiche. Le cellule figlie che si producono con la mitosi hanno:

A un corredo cromosomico pari a un quarto di quelli della cellula parentale
B un numero di cromosomi pari alla metà di quelli della cellula parentale
C un corredo cromosomico composto esclusivamente da cromosomi dicromatidici
D metà dei cromosomi della cellula parentale ciascuno composto da due cromatidi
E un numero di cromosomi identico a quello della cellula parentale, ciascuno composto da un solo cromatidio

805 A seguito della duplicazione e prima che inizi la meiosi, ogni cromosoma risulta formato da:

A due coppie di centrioli
B due centromeri uniti per mezzo del cromatidio
C due cromatidi identici uniti a livello del centromero
D una tetrade formata dai quattro cromosomi omologhi
E un solo cromatidio

806 Se NON vi sono anomalie nei gameti, quale delle seguenti combinazioni tra gameti produce sicuramente un essere umano di sesso maschile?

A Esclusivamente cellula uovo con cromosoma Y + spermatozoo con cromosoma Y
B Cellula uovo con cromosomi XX + spermatozoo con cromosomi XY
C Cellula uovo con cromosomi XY + spermatozoo con cromosomi XY
D Cellula uovo con cromosomi XX + spermatozoo con cromosoma Y oppure cellula uovo con cromosomi YY + spermatozoo con cromosoma X
E Esclusivamente cellula uovo con cromosoma X + spermatozoo con cromosoma Y

807 Il tessuto muscolare liscio:

A possiede cellule allungate contenenti numerosi nuclei
B costituisce i muscoli volontari
C si contrae sotto il controllo del sistema nervoso, di ormoni e di stimoli esterni
D è il tessuto del muscolo cardiaco
E permette i movimenti delle ossa scheletriche

808 I cereali contengono:

A in eguali quantità glucidi, lipidi e proteine
B prevalentemente proteine
C solo glucidi
D prevalentemente amido
E solo lipidi

809 Quale dei seguenti alimenti è più importante come fonte di glucosio per l'uomo?

A La carne
B La verdura
C Il pane
D Le uova
E La frutta

810 Dopo quante divisioni un unico batterio avrà dato origine a 512 batteri?

A 306
B 9
C 36
D 512
E 256

811 Il collagene è una proteina strutturale tipica del tessuto:

A connettivo
B adiposo
C nervoso
D epiteliale
E muscolare

812 Le cellule che compongono le isole del Langerhans (localizzate nel pancreas) sono adibite alla seguente funzione:

A secrezione di ormoni sessuali
B produzione di enzimi digestivi
C regolazione della peristalsi intestinale
D secrezione di epinefrina
E produzione di insulina

QUESITI

813 Le reazioni cataboliche del metabolismo cellulare:

A non esistono, in quanto tutte le reazioni del metabolismo cellulare sono anaboliche
B avvengono esclusivamente nei cloroplasti
C sono quelle per mezzo delle quali avviene la sintesi delle proteine
D sono esoergoniche
E consumano più ATP di quanto ne producano

814 Indicare quale delle seguenti sostanze non è un carboidrato:

A la glicina
B il glucosio
C la cellulosa
D l'amido
E il ribosio

815 L'apparato urinario umano nel suo complesso è costituito da:

A due reni - un uretere - una vescica - un'uretra
B due reni - una vescica
C due reni - una vescica - un'uretra
D due reni - un uretere - una vescica - due uretre
E due reni - due ureteri - una vescica - un'uretra

816 Quale delle seguenti affermazioni sul tessuto connettivo è falsa?

A Il collagene forma fibre insolubili con una elevata resistenza elastica
B È costituito principalmente da collagene, elastina e proteoglicani
C Le fibre elastiche sono formate da elastina
D I proteoglicani non costituiscono la sostanza basale del tessuto connettivo
E Il tropocollagene è l'unità strutturale del collagene

817 Una proteina contiene 30 amminoacidi. Quante basi di DNA saranno necessarie per codificarla?

A 10
B 30
C 60
D 90
E 120

818 Una cellula eucariote contenente 12 cromosomi entra in meiosi. Al termine della meiosi si avranno:

A 2 cellule con 6 cromosomi ciascuna
B 2 cellule con 12 cromosomi ciascuna
C 4 cellule con 3 cromosomi ciascuna
D 4 cellule con 6 cromosomi ciascuna
E 4 cellule con 12 cromosomi ciascuna

819 Nella colonna vertebrale umana, quante sono le vertebre toraciche?

A 7
B 5
C 24
D 32
E 12

820 Uno solo tra questi tipi di cellule può produrre anticorpi. Quale?

A Le piastrine
B I linfociti
C Gli osteociti
D Gli eritrociti
E Gli adipociti

821 Quali tra queste molecole sono direttamente coinvolte nella contrazione del muscolo scheletrico?

A Actina e timina
B Tubulina e citosina
C Miosina e guanina
D Miosina e actina
E Miosina e tubulina

822 Il rachitismo è una patologia ossea che colpisce i bambini durante l'accrescimento ed è causata dalla carenza della vitamina:

A E
B D
C A
D C
E B

823 Nel caso in cui, a causa di una ferita al torace, entri aria nel polmone:

A la pressione intratoracica diventerà inferiore a quella atmosferica e quindi non potrà aver luogo l'inspirazione
B la pressione intratoracica diventerà uguale a quella atmosferica e quindi non potrà aver luogo l'inspirazione
C la pressione intratoracica diventerà superiore a quella atmosferica e quindi non potrà aver luogo l'inspirazione
D la ferita provocherà un danno al polmone, ma non influirà sulla meccanica respiratoria
E l'ingresso di aria provocherà una iperventilazione

824 L'inizio della contrazione a livello della placca motrice di un muscolo scheletrico è permesso da:

A liberazione di ioni Fe^{2+} da parte della mioglobina
B riassorbimento di ioni calcio da parte dell'actina
C accorciamento della miosina
D liberazione di ossigeno da parte dei numerosi mitocondri
E liberazione di ioni calcio dal reticolo sarcoplasmatico

825 La regione del cromosoma a cui si legano le fibre del fuso mitotico durante la mitosi e la meiosi è chiamata:

A centromero
B centriolo
C nucleolo
D nucleosoma
E centrosoma

826 Individuare l'affermazione FALSA. Il crossing-over:

A uno scambio di segmenti fra cromatidi di cromosomi omologhi
B dà origine a nuovi geni
C avviene durante la meiosi
D dà origine a nuove combinazioni di geni
E aumenta la variabilità genetica

827 Dove agisce principalmente l'aldosterone a livello renale?

A Sul tubulo renale prossimale
B Sul glomerulo renale
C Sul tubulo renale distale
D Sulla branca discendente dell'ansa di Henle
E Sulla branca ascendente dell'ansa di Henle

828 Le più antiche forme di vita sono:

A organismi pluricellulari
B artropodi
C felci equisetali
D i dinosauri
E organismi batterici

829 Nella tiroide le cellule C elaborano:

A calcitonina
B tiroxina
C paratormone
D tirosina
E tetraiodotironina

830 Quale delle seguenti macromolecole è un polisaccaride di riserva nelle piante?

A Chitina
B Glicogeno
C Cellulosa
D Collagene
E Amido

831 La colorazione di Gram è specifica per:

A micobatteri
B virus
C batteri
D cellule del sangue
E protozoi

832 La tiamina è la vitamina:

A E
B D
C PP
D B_1
E A

833 Se si rimane a lungo a bagno nell'acqua di mare, la pelle dei polpastrelli si raggrinzisce, formando delle pieghe. Il fenomeno è dovuto al fatto che:

A le cellule dei tessuti, immerse in ambiente ipertonico, perdono acqua riducendo il proprio volume
B le cellule dei tessuti, immerse in ambiente ipotonico, perdono acqua riducendo il proprio volume
C tra le cellule dei tessuti, immerse in ambiente ipotonico, diminuisce il numero di capillari sanguigni
D le cellule dei tessuti, immerse in ambiente ipertonico, acquistano acqua riducendo il proprio volume
E nessuna delle altre alternative è corretta

834 Le corde vocali si localizzano a livello della:

A cavità orale
B faringe
C laringe
D trachea
E epiglottide

835 La definizione di tessuto è:

A un gruppo di cellule diverse deputate alla stessa funzione
B un gruppo di cellule identiche
C un insieme di organi deputati alla stessa funzione
D un insieme di cellule e di organi deputati alla stessa funzione
E un gruppo di cellule simili organizzate in un'unità strutturale e funzionale

836 L'energia disponibile nella cellula si trova sotto forma di:

A energia chimica
B energia termica
C energia meccanica
D energia cito-biologica
E energia cinetica

837 Se doveste far esaminare il vostro astragalo dal medico specialista, dovreste togliervi:

A la camicia
B i pantaloni
C gli occhiali
D le scarpe e le calze
E normalmente l'astragalo non è coperto da alcun indumento

838 La riproduzione asessuale o vegetativa porta alla formazione di individui:

A tutti geneticamente uguali
B 3/4 uguali; 1/4 diversi
C tutti geneticamente diversi
D 3/4 diversi; 1/4 uguali
E nessuna delle alternative è corretta

839 Il DNA isolato da uno specifico organismo viene analizzato. La quantità di adenina è 6μmoli e il rapporto A+T/C+G è 4. Quanta guanina c'è nel campione?

A 3 μmoli
B 1,5 μmoli
C 4 μmoli
D 12μmoli
E 6 μmoli

840 Come viene denominato il processo biologico per cui gli RNA sono sintetizzati a partire da uno stampo di DNA complementare?

A Trascrizione
B Trasduzione
C Sintesi proteica
D Traslitterazione
E Traduzione

841 Le cellule germinali divengono aploidi appena terminato il processo di:

A fecondazione
B mitosi
C anfimissi
D meiosi
E nessuna delle altre alternative è corretta

842 Quali sono i due siti all'interno della cellula in cui avviene la sintesi proteica?

A La superficie citosolica del RER e i ribosomi liberi
B La superficie citosolica del RER e la superficie cisternale del RER
C La superficie citosolica del RER e la superficie citosolica del REL
D La superficie cisternale del RER e i ribosomi liberi
E I ribosomi liberi e la superficie citosolica del REL

843 L'informazione genetica presente in un organismo, che è sostanzialmente equivalente a tutte le informazioni genetiche presenti in unico insieme di cromosomi, è noto come:

A nucleosoma
B genoma
C file genico
D contenutosoma
E genosoma

844 Quali dei seguenti organuli NON appartengono alla cellula animale?

A Centrioli
B Lisosomi
C Plastidi
D Mitocondri
E Flagelli

845 Il processo di diffusione nel quale la sostanza da trasportare si lega selettivamente a una proteina di membrana che facilita il processo è chiamato:

A diffusione semplice
B osmosi facilitata
C osmosi
D trasporto attivo
E diffusione facilitata

846 Tutte le DNA polimerasi aggiungono i nucleotidi in direzione ___ e si muovono lungo lo stampo in direzione ___.

A 5′ - 3′; 3′ - 5′
B N - C; C - N
C N - C; 5′ - 3′
D C - N; N - C
E 3′ - 5′; 5′ - 3′

847 La coppia di cromosomi che derivano uno dal padre e l'altro dalla madre, si chiama:

A cromosomi omologhi
B cromosomi sessuali
C deficienza cromosomica
D eterocromatina
E nessuna delle altre alternative è corretta

BIOLOGIA

848 Sapendo che in una determinata specie il numero di cromosomi per genoma aploide (N) è 5 e che la quantità di DNA per genoma aploide (c) è 2×10^5 coppie di basi, quanti cromosomi e quanto DNA avrò in fase G_2 del ciclo cellulare?

A 10 cromosomi; 4×10^5 coppie di basi
B 10 cromosomi; 8×10^5 coppie di basi
C 20 cromosomi; 4×10^5 coppie di basi
D 20 cromosomi; 8×10^5 coppie di basi
E 5cromosomi; 8×10^5 coppie di basi

849 Le cellule eucariotiche animali sono:

A dotate di una parete di peptidoglicano
B dotate di capsula
C dotate di una parete di cellulosa
D dotate di una parete di chitina
E prive di parete cellulare

850 L'insieme dei caratteri visibili determinati dai geni di un individuo viene definito:

A cariotipo
B genotipo
C dominanza
D fenotipo
E eterozigote

851 Gli eucarioti che si riproducono sessualmente hanno:

A solo generazioni aploidi
B solo divisioni cellulari mitotiche
C una alternanza di generazioni aploidi e diploidi
D solo divisioni cellulari meiotiche
E solo generazioni diploidi

852 Le mandorle sono amare o dolci in base alla presenza e alla quantità di amigdalina, un composto che porta alla liberazione di acido cianidrico (cianuro), tossico anche in piccole quantità. Il sapore amaro probabilmente rappresenta un vantaggio poiché ne scoraggia il consumo. Le mandorle dolci, originatesi in seguito ad una mutazione che inibisce la produzione di amigdalina, furono raccolte dall'uomo, consumate e anche coltivate, dapprima casualmente, poi consapevolmente. Questo è un processo di:

A selezione naturale
B speciazione
C produzione di organismi geneticamente modificati (OGM)
D selezione artificiale
E adattamento

853 Le particelle virali si differenziano dalle cellule per il seguente criterio:

A meccanismo di replicazione del loro acido nucleico
B metabolismo più semplice
C complessità delle loro proteine
D incapacità di replicazione autonoma
E complessità del genoma

854 Nell'attività digestiva dell'uomo un pH acido:

A favorisce l'attivazione degli enzimi pancreatici
B favorisce l'attività della flora batterica
C favorisce l'attivazione del pepsinogeno
D blocca l'attività gastrica
E permette l'emulsionamento dei grassi

855 Quanti tipi di mRNA esistono in una cellula eucariote?

A 20
B 64
C Tanti quanti sono i ribosomi
D Tanti quanti sono i tRNA
E Tanti quante sono le proteine da produrre

856 Quale delle figure rappresenta correttamente il flusso del sangue nel cuore e nelle arterie e vene ad esso connesse?

Figura 1

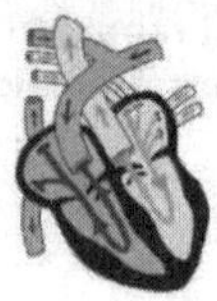
Figura 2

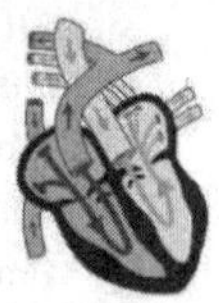
Figura 3

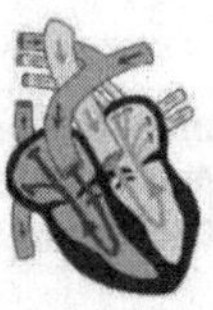
Figura 4

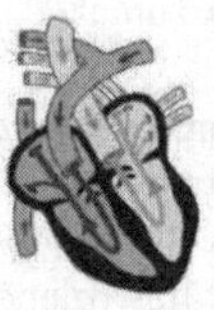
Figura 5

A Figura 3
B Figura 4
C Figura 2
D Figura 1
E Figura 5

857 Il ferro è presente:

A nell'emoglobina
B nella cromatina
C nella clorofilla
D nella cheratina
E nel carotene

858 Un unico tipo di acido nucleico, DNA o RNA, è contenuto:

- A nei batteri e nelle alghe verdi-azzurre
- B solo nei batteri
- C nei virus
- D in tutte le cellule eucariotiche
- E nelle cellule dei funghi

859 La gabbia toracica dell'uomo è formata:

- A da 12 costole, dallo sterno, dalla scapola
- B da 24 costole, dallo sterno, da 12 vertebre
- C dallo sterno, 24 vertebre, 12 costole di cui due fluttuanti
- D dalla clavicola e dalla colonna vertebrale
- E da 12 costole, di cui 2 fluttuanti, 3 false, 7 vere

860 Da quale ormone è stimolata l'ovulazione?

- A Ossitocina
- B TSH
- C ACTH
- D Cortisolo
- E FSH

861 La diafisi è:

- A la frattura di una epifisi
- B una parte di un osso lungo
- C una piccola esostosi
- D l'interruzione di un processo fisiologico
- E una ghiandola esocrina

862 Il succo enterico:

- A è prodotto dallo stomaco
- B è prodotto dall'intestino e versato nello stomaco
- C è prodotto dal pancreas e versato nell'intestino
- D è prodotto dal pancreas e versato nella cistifellea
- E è prodotto dalla mucosa intestinale e versato nel duodeno

863 Il ciclo di Calvin:

- A si completa nei tilacoidi
- B è costituito dalle reazioni luce-dipendenti della fotosintesi
- C avviene nel citoplasma sia degli eucarioti sia dei procarioti
- D è un processo biochimico indipendente dalla fissazione di CO_2
- E avviene nello stroma dei cloroplasti

864 Quale tra le seguenti affermazioni riguardanti la fermentazione è FALSA?

- A Dalla fermentazione alcolica si ottiene alcol etilico e anidride carbonica
- B Durante la fermentazione alcolica, il lievito trasforma gli zuccheri in alcol etilico
- C Dalla fermentazione alcolica delle sostanze zuccherine ottenute dallo schiacciamento del grappolo d'uva si ottiene il vino
- D La fermentazione avviene indifferentemente in presenza o in assenza di ossigeno
- E La fermentazione lattica viene attuata da alcuni batteri e dalle cellule del corpo umano in condizioni di anaerobiosi

865 La legge della segregazione di Mendel afferma che:

- A ogni individuo possiede due copie di ogni fattore e che esse si separano durante la formazione dei gameti
- B ogni individuo possiede numerose copie di ciascun fattore e che esse si separano (segregano) durante la formazione dello zigote
- C durante la fecondazione si ha la segregazione dei caratteri ereditari
- D incrociando due linee pure differenti per un carattere ereditario, tutti i figli sono uguali tra loro e mostrano il carattere di uno dei due genitori
- E i caratteri ereditari non segregano mai

866 Una cellula con un'alta richiesta di energia contiene molti/e:

- A mitocondri
- B membrane plasmatiche
- C centrioli
- D nuclei
- E lisosomi

867 Le basi azotate presenti negli acidi ribonucleici sono:

- A alanina-guanina-uracile-citosina
- B adenina-timina-uracile-citosina
- C adenina-guanina-pirimidina-citosina
- D adenina-guanina-uracile-citosina
- E adenina-guanina-timina-citosina

868 La struttura dell'occhio utile a variare la quantità di luce che entra è:

- A la retina
- B il cristallino
- C l'iride
- D la cornea
- E la sclerotica

BIOLOGIA

869 Una proprietà delle cellule muscolari è:

A l'eccitabilità
B la colorabilità
C la spontaneità dell'eccitamento
D la capacità di secernere ormoni
E tutte le alternative proposte sono proprietà delle cellule muscolari

870 Gli amminoacidi "non essenziali" sono quegli amminoacidi:

A di cui è meglio evitare la somministrazione con la dieta
B che l'organismo è capace di sintetizzare
C che danno origine ai corpi chetonici
D di cui l'organismo può fare a meno
E che fanno parte di proteine non essenziali

871 I legamenti servono a:

A legare i muscoli scheletrici tra di loro
B connettere i muscoli scheletrici alle ossa
C connettere le ossa tra loro, mantenendole in posizione appropriata
D garantire l'azione contrattile del muscolo sulla superficie articolare dell'osso
E assicurare la giusta tensione della muscolatura liscia

872 Cosa si intende con il termine "eterotermia"?

A L'indipendenza della temperatura di un corpo dalla temperatura dell'ambiente esterno
B La dipendenza della temperatura di un corpo dalla temperatura dell'ambiente esterno
C La capacità di un corpo di mantenere elevata la propria temperatura
D La capacità di un corpo di mantenere bassa la propria temperatura
E La capacità di un corpo di mantenere costante la propria temperatura

873 Il catabolismo è:

A l'insieme delle reazioni biochimiche che permettono la formazione di molecole complesse
B la fase oscura della fotosintesi
C sinonimo di metabolismo
D l'insieme delle reazioni biochimiche che permettono degradazione di molecole complesse
E la respirazione cellulare

874 La mielina è:

A una fibra nervosa
B una sostanza vegetale derivante dal miele
C una sostanza bianca che ricopre la fibra nervosa
D una vitamina
E la "sostanza grigia" del sistema nervoso

875 I muscoli involontari:

A sono quelli striati cardiaci
B sono quelli scheletrici
C sono quelli lisci
D non esistono
E sono solo quelli che rivestono il tubo digerente

876 Quale/i delle seguenti ossa NON fa/fanno parte dello scheletro assile?

A Coccige
B Cranio
C Sterno
D Vertebre
E Femore

877 I vasi con il diametro più piccolo sono detti:

A vene
B arterie
C capillari
D arteriole
E vasi linfatici

878 L'uretra:

A è un segmento delle vie genitali interne femminili
B porta l'urina dalla vescica all'esterno
C porta l'urina dai reni alla vescica
D è una sostanza di rifiuto azotata
E congiunge utero e ovaie

879 Nelle cellule eucariotiche, i geni che specificano la struttura delle proteine sono contenuti nel:

A reticolo endoplasmatico
B centriolo
C citoplasma
D nucleo
E ribosoma

880 Il composto biochimico più abbondante in assoluto nella biosfera è:

A la chitina
B l'emoglobina
C il DNA
D la cellulosa
E l'acqua

QUESITI

881 **Subito dopo la fecondazione nello zigote si verifica:**

- A la gastrulazione
- B la degenerazione
- C la blastulazione
- D la scissione binaria
- E la segmentazione

882 **Tutte le proteine:**

- A sono amminoacidi
- B possiedono gruppi prostetici contenenti Fe
- C sono enzimi
- D sono costituite da molti amminoacidi organizzati in uno o più polipeptidi
- E sono polimeri del glucosio

883 **L'organo del Corti è una complessa struttura che costituisce l'apparato sensoriale specifico del/la:**

- A tatto
- B olfatto
- C udito
- D vista
- E gusto

884 **Il neurone è:**

- A una cellula del sangue
- B un prolungamento della cellula nervosa
- C la fibra muscolare innervata da una fibra nervosa
- D l'unità funzionale del rene
- E una cellula nervosa

885 **Quale, tra le seguenti affermazioni riferite a un tessuto e all'organo che lo contiene, è corretta?**

- A Entrambi provengono sicuramente dallo stesso foglietto embrionale
- B Le cellule che costituiscono tessuto e organo hanno soppresso gli stessi geni
- C Le cellule che costituiscono entrambi svolgono esattamente le stesse funzioni
- D Entrambi sono costituiti da cellule
- E Entrambi sono costituiti da cellule ugualmente differenziate

886 **Oltre all'anidride carbonica e all'energia solare qual è il terzo fattore fondamentale perché si realizzi la fotosintesi?**

- A L'aria
- B La temperatura elevata
- C L'ossigeno
- D L'azoto
- E L'acqua

887 **Il corredo cromosomico normale della specie umana è rappresentato da:**

- A 44 autosomi + 2 eterocromosomi (totale 46 cromosomi)
- B 42 autosomi + 4 eterocromosomi (totale 46 cromosomi)
- C 48 autosomi + 2 eterocromosomi (totale 50 cromosomi)
- D 44 autosomi + 1 eterocromosoma (totale 45 cromosomi)
- E 46 autosomi + 2 eterocromosomi (totale 48 cromosomi)

888 **Un medico prescrive a un paziente una cura a base di antibiotici. Si può dedurre che il paziente:**

- A ha contratto un'infezione virale
- B ha contratto un'infezione batterica
- C ha una disfunzione gastrica
- D ha una ritenzione idrica
- E è in sovrappeso

889 **Tutti gli esseri viventi condividono una delle seguenti caratteristiche:**

- A possono organicare il carbonio
- B possiedono acidi nucleici
- C sono autotrofi
- D si riproducono sessualmente
- E sono eterotrofi

890 **I cromosomi si dispongono all'equatore della cellula durante:**

- A l'interfase
- B l'anafase
- C la telofase
- D la metafase
- E la profase

891 **Il femore fa parte delle ossa:**

- A del bacino
- B del cranio
- C del cinto scapolare
- D del piede
- E della coscia

892 **Il dotto coledoco ha la funzione di collegare:**

- A la vescica biliare con la cistifellea
- B il fegato e la cistifellea con i reni
- C la cistifellea con lo stomaco
- D il fegato e la cistifellea con l'intestino tenue
- E il pancreas con lo stomaco

893 **Dall'ectoderma prende origine:**
- A il sistema circolatorio
- B l'apparato respiratorio
- C il sistema nervoso
- D la colonna vertebrale
- E la muscolatura

894 **Vive 72 ore:**
- A una cellula uovo
- B una cellula dell'epidermide
- C un eritrocita
- D uno spermatozoo
- E un neurone

895 **Il sesso è determinato al momento della:**
- A fecondazione
- B 3ª settimana di gravidanza
- C 8ª settimana di gravidanza
- D nascita
- E ovulazione

896 **Quale di questi organi NON è una ghiandola a secrezione interna?**
- A Pancreas insulare
- B Surreni
- C Tiroide
- D Ipofisi
- E Prostata

897 **La pressione media del sangue in un individuo normale è dell'ordine di 100. In quale unità?**
- A atm
- B N/m^2
- C mbar
- D pascal
- E mmHg

898 **Che cos'è la fotosintesi?**
- A Il processo attraverso il quale le piante respirano
- B Il processo attraverso il quale gli animali ricavano energia
- C Un processo esclusivo dei virus
- D Un processo esclusivo dei batteri
- E Il processo attraverso il quale alcuni organismi sintetizzano glucosio

899 **Quale delle seguenti sostanze è un neurotrasmettitore?**
- A Glicogeno
- B Bile
- C Progesterone
- D Acetilcolina
- E Pepsina

900 **Una simbiosi in cui entrambe le specie traggono beneficio è detta:**
- A commensalistica
- B competitiva
- C parassitaria
- D mutualistica
- E saprofitica

901 **Nei batteri, quale delle seguenti strutture rappresenta un organo per la conservazione della specie?**
- A La membrana citoplasmatica
- B I pili
- C I flagelli
- D La parete cellulare
- E La spora batterica

902 **Nei mammiferi l'assorbimento dei principali nutrienti avviene:**
- A nel retto
- B nel colon
- C nello stomaco
- D nel cieco
- E nel tenue

903 **Gli animali hanno bisogno delle piante per vivere, perché esse forniscono loro:**
- A azoto
- B luce e calore
- C sostanze organiche
- D acqua e vitamine
- E ossigeno e azoto

904 **Lo zigote è una cellula totipotente:**
- A in quanto può essere fecondata da più di uno spermatozoo
- B in quanto contiene le informazioni geniche per lo sviluppo dell'intero organismo
- C in quanto può impiantarsi nell'utero
- D tutte le risposte indicate sono corrette
- E in quanto deriva dalla fusione di una cellula uovo con uno spermatozoo

905 **Quali cellule possiedono sia mitocondri che cloroplasti?**
- A Procarioti
- B Cellule di mammiferi
- C Cellule di insetti
- D Cellule batteriche
- E Cellule vegetali

906 Il modello di Watson e Crick del DNA prevede:

A accoppiamento complementare fra uracile (U) e guanina (G)

B accoppiamento complementare fra timina (T) e guanina (G)

C accoppiamento complementare fra citosina (C) e timina (T)

D una struttura a doppia elica

E una struttura a singolo filamento

907 La mancanza di ferro nell'organismo può provocare:

A aporia

B anoressia

C anossia

D aritmia

E idiozia

908 Quale dei seguenti NON è un ormone steroideo?

A Cortisolo

B Progesterone

C Adrenalina

D Aldosterone

E Testosterone

909 L'infezione fungina di organi o tessuti viene denominata:

A narcosi

B virosi

C sepsi

D parassitosi

E micosi

910 Una rapida successione di divisioni cellulari che si verifica nell'uovo subito dopo la sua fecondazione, si definisce:

A gastrulazione

B neurulazione

C ontogenesi

D blastocele

E segmentazione

911 Quale affermazione riguardante la duplicazione del DNA è CORRETTA?

A La sintesi del DNA avviene in modo continuo per un filamento e in modo discontinuo per l'altro, a causa dell'unica direzione di assemblaggio di un nuovo filamento da parte della DNA polimerasi

B Si tratta di un processo conservativo

C Durante tale processo vengono uniti tra loro ribonucleosidi monofosfato per mezzo della DNA polimerasi

D La direzione della nuova sintesi è 3' → 5', antiparallela a quella del filamento stampo

E Avviene solo nei gameti prima di meiosi o mitosi

912 Le cellule somatiche di un cane contengono 39 coppie di cromosomi. Quanti sono quindi gli autosomi?

A 78

B 39

C 37

D 76

E 2

913 Quale dei seguenti composti è un costituente del DNA?

A Glucosio

B Acetone

C Fruttosio

D Desossiribosio

E Urea

914 Che differenza c'è tra un nucleo aploide e un nucleo diploide?

A Il nucleo aploide presenta corredo cromosomico 2n, quello diploide presenta corredo cromosomico n

B Il nucleo aploide presenta corredo cromosomico n, quello diploide presenta corredo cromosomico 2n

C Il nucleo aploide ha n cromosomi e quello diploide 2n + 1 cromosomi

D Il nucleo aploide ha n cromosomi e quello diploide non ha cromosomi

E Nessuna delle altre risposte è corretta

915 Nel DNA si formano due legami idrogeno tra le coppie di basi complementari:

A citosina e timina

B timina e guanina

C uracile e timina

D adenina e timina

E guanina e citosina

916 **Indicare la successione anatomica corretta:**

- A digiuno, ileo, cieco
- B rene, uretere, calice
- C rene, uretra, vescica
- D ovaio, utero, tuba di Falloppio
- E alveoli, bronchi, bronchioli

917 **Indicare la frase corretta.**

- A Le piante sono eterotrofe
- B Gli animali ed i funghi sono autotrofi
- C Gli animali ed i funghi sono eterotrofi
- D Tutti i batteri sono eterotrofi
- E Le piante sono eterotrofe di notte

918 **Quale dei seguenti organi è di natura muscolare?**

- A Polmoni
- B Fegato
- C Milza
- D Utero
- E Pene

919 **I dendriti trasmettono l'impulso nervoso:**

- A in senso centripeto, verso il corpo cellulare
- B in senso centrifugo, verso i centri nervosi
- C alternativamente nei due sensi
- D in modo variabile secondo lo stimolo
- E dai centri nervosi verso i recettori

920 **In seguito alla meiosi si formano:**

- A 4 cellule con DNA diverso
- B 4 cellule con DNA identico
- C 4 cellule diploidi
- D 2 cellule aploidi
- E 2 cellule con patrimonio genetico dimezzato

921 **Le principali reazioni chimiche in cui viene utilizzato l'ossigeno assunto nella respirazione avvengono:**

- A nei polmoni
- B negli alveoli
- C nei capillari
- D nel plasma
- E nei mitocondri

922 **La fusione di due gameti si chiama:**

- A segmentazione
- B partenogenesi
- C copula
- D riproduzione
- E fecondazione

923 **Quale fra le seguenti alternative non è considerata un fattore di rischio per l'insorgenza di tumori?**

- A Essere fumatore
- B Esporsi a radiazioni ionizzanti
- C Seguire una dieta molto ricca di grassi
- D Vivere a stretto contatto con un ammalato di tumore
- E Condurre vita sedentaria

924 **Gli enzimi possono accelerare una reazione:**

- A abbassando l'energia di attivazione
- B modificando la variazione di energia libera della reazione
- C rendendo spontanea una reazione endoergonica
- D rendendo più stabili le molecole del substrato
- E fornendo energia

925 **I geni mitocondriali nella nostra specie:**

- A si trasmettono per via paterna
- B si trasmettono per via materna
- C non vengono trasmessi
- D si trasmettono con il cromosoma Y
- E si trasmettono con il cromosoma X

926 **Cos'è l'atlante?**

- A Una vertebra sacrale
- B Una vertebra lombare
- C Una vertebra toracica
- D Una vertebra cervicale
- E Nessuna delle altre risposte è corretta in quanto l'atlante non è una vertebra

927 **I globuli bianchi sono cellule:**

- A contenenti emoglobina
- B contenenti cristalli di calcio
- C contenenti amido
- D prive di nucleo
- E nucleate

928 **L'endocitosi è:**

- A l'introduzione di materiali esterni nella cellula
- B l'eliminazione all'esterno di materiali prodotti dalle cellule
- C sinonimo di trasporto attivo
- D il processo operato dalla pompa sodio/potassio
- E sinonimo di trasporto passivo

929 Le ossa del cranio sono collegate tra loro mediante:
- A sistole
- B sutura
- C sinapsi
- D legamenti
- E coclea

930 L'ormone adrenalina è secreto:
- A dalle paratiroidi
- B dalla corteccia surrenale
- C dall'ipofisi
- D dalla tiroide
- E dalla midolla surrenale

931 Una malattia trasmessa tramite rapporti sessuali è:
- A il colera
- B l'epatite A
- C la sifilide
- D l'influenza
- E il tetano

932 Il liquido sinoviale è:
- A presente nell'orecchio interno
- B prodotto dal fegato
- C presente all'interno delle cavità articolari
- D presente all'interno del peritoneo
- E un componente del sangue

933 Il gastrocnemio è un:
- A componente della parete dello stomaco
- B muscolo della gamba
- C organo presente nelle lumache
- D farmaco antiulcera
- E osso del piede

934 Lo smalto è prodotto da un organo detto:
- A abbozzo linguale
- B abbozzo salivario
- C abbozzo dentario
- D solco gengivo-linguale
- E colletto del dente

935 Le vene sono i vasi che:
- A portano il sangue alla periferia del corpo
- B portano il sangue al cervello
- C portano Il sangue verso il cuore
- D effettuano la filtrazione della linfa
- E trasportano ossigeno

936 La sistole è:
- A la fase di rilasciamento del cuore
- B la fase di riempimento dei ventricoli
- C la fase di contrazione del cuore
- D non ha a che fare con il cuore
- E una fase della contrazione muscolare

937 Se in una piastra metafasica di una cellula diploide sono presenti in totale 72 cromatidi, quante sono le coppie di cromosomi omologhi presenti?
- A 18
- B 36
- C 38
- D 16
- E 72

938 Nell'occhio umano la retina contiene fotorecettori che sono concentrati:
- A nella cornea
- B nel cristallino
- C nella fovea
- D nel nervo ottico
- E nell'iride

939 Quale delle seguenti sostanze non viene prodotta dall'uomo?
- A Insulina
- B Emoglobina
- C Saccarosio
- D Acidi nucleici
- E Urea

940 Il crossing-over è un fenomeno tipico della:
- A modificazione post-traduzionale delle proteine
- B trascrizione del DNA
- C meiosi
- D traduzione dell'RNA
- E formazione del fuso mitotico

941 Che cosa sono gli osteoclasti?
- A Cellule tipiche del tessuto osseo secernenti la matrice dell'osso
- B Cellule capaci di erodere la matrice dell'osso
- C Cellule tipiche dei tessuti embrionali
- D Cellule del connettivo che producono le fibre proteiche di questo tessuto
- E Cellule del midollo che stimolano la produzione dell'osso

942 Il plasma è:
- A la parte figurata del sangue
- B sinonimo di linfa
- C la parte liquida del sangue
- D sinonimo di sangue
- E sinonimo di siero

BIOLOGIA

943 La fotosintesi clorofilliana è un processo caratteristico:

- A solo dei funghi
- B solo delle alghe
- C di tutte le piante verdi
- D solo di batteri
- E dei funghi e delle piante

944 L'anemia è:

- A una condizione fisiologica del sangue
- B una condizione patologica del sangue
- C una vitamina
- D una carenza di CO_2 ai tessuti
- E una malattia ereditaria

945 Che cos'è la melatonina?

- A Un amminoacido
- B Una proteina dell'epidermide responsabile del colore della pelle
- C Un ormone
- D Un enzima digestivo
- E Un neurotrasmettitore secreto dall'ipotalamo

946 Quale tra i valori (max/min) seguenti si avvicina maggiormente alla pressione del sangue in un giovane adulto sano?

- A 120/80
- B 90/85
- C 120/120
- D 140/95
- E 80/120

947 Nelle vie respiratorie si hanno in successione:

- A faringe-laringe-trachea-bronchi
- B faringe-trachea-laringe-bronchi
- C laringe-faringe-trachea-bronchi
- D faringe-esofago-laringe-trachea
- E faringe-laringe-bronchi-trachea

948 Nel cuore dell'adulto:

- A l'atrio destro è in comunicazione con il ventricolo destro e l'atrio sinistro con il ventricolo sinistro
- B l'atrio destro è in comunicazione con il ventricolo sinistro e l'atrio sinistro con il ventricolo destro
- C l'atrio destro è in comunicazione con l'atrio sinistro e il ventricolo destro con il ventricolo sinistro
- D la comunicazione tra gli atri è controllata dalla valvola tricuspide
- E la comunicazione tra i ventricoli è controllata dalla valvola mitrale

949 Nel corpo umano, l'ipotalamo è:

- A un'area della corteccia cerebrale
- B un organo linfoide
- C un nervo
- D il principale centro di controllo del sistema endocrino
- E una regione dell'encefalo responsabile di funzioni "evolute" come il ragionamento e la costruzione del linguaggio

950 Quando la temperatura dell'ambiente esterno scende di molto al di sotto di 0°C, nella pelle scatta un meccanismo di termoregolazione che consiste in:

- A vasodilatazione delle arteriole superficiali della pelle
- B aumento della sudorazione
- C vasocostrizione delle arteriole superficiali della pelle
- D vasocostrizione delle arterie profonde del derma
- E termodispersione

951 Un organismo nel quale un carattere è rappresentato da una coppia di geni diversi si definisce:

- A eterotrofo
- B diploide
- C eterozigote
- D eterotermo
- E emizigote

952 In quali distretti cellulari si compiono le degradazioni e demolizioni del materiale biologico?

- A Mitocondri
- B Nucleoli
- C Lisosomi
- D Micronuclei
- E Reticolo endoplasmatico

953 La rotula:

- A si articola con la tibia
- B si articola col perone
- C è un muscolo del ginocchio
- D è sinonimo di menisco
- E è sinonimo di patella

954 A quale funzione sono preposti i villi intestinali?

- A Digestione
- B Escrezione
- C Minzione
- D Respirazione
- E Assorbimento

955 **La mitosi è un processo di divisione cellulare che avviene:**

A nelle cellule somatiche di un organismo
B nei batteri
C nei cromosomi
D nelle cellule somatiche e nei gameti di un organismo
E nei gameti

956 **Gli antigeni hanno la funzione di:**

A fare coagulare il sangue
B indurre una risposta immunitaria
C riconoscere prodotti estranei e distruggerli
D riconoscimento tra cellule
E distruggere le cellule cancerose

957 **Le ghiandole sono costituite da:**

A tessuto connettivo
B fibre muscolari
C plasmacellule
D adipociti
E cellule epiteliali

958 **La diffusione facilitata:**

A è indipendente dal gradiente di concentrazione dei soluti
B avviene solo verso l'interno della membrana
C avviene solo verso l'esterno della membrana
D viene effettuata da proteine di membrana
E richiede ATP

959 **Il cuore:**

A è avvolto dal pericondrio
B ha un ritmo fisiologico di circa 70 battiti/min
C ha un ritmo non controllabile dal sistema nervoso
D ha un ritmo fisiologico di 30 battiti/min
E è avvolto dal peritoneo

960 **Le cellule del cuore sono alimentate:**

A dalla carotide
B dalle coronarie
C dalla vena giugulare
D dalla vena porta
E dall'arteria polmonare

961 **Quale delle seguenti affermazioni relative ai fosfolipidi di membrana è vera?**

A Contengono solo acidi grassi saturi
B Contengono solo acidi grassi insaturi
C Possiedono code polari
D Contengono colesterolo
E Possiedono teste polari

962 **Indicare quale dei seguenti organuli non è delimitato da una o più membrane:**

A vacuolo
B cloroplasto
C lisosoma
D ribosoma
E apparato di Golgi

963 **Il cinto pelvico:**

A permette il collegamento tra scapola e clavicola
B serve all'articolazione degli arti inferiori
C contiene i polmoni e il fegato
D è formato da femore, tibia e perone
E permette l'articolazione del cranio alla colonna vertebrale

964 **Le mutazioni avvengono:**

A esclusivamente nei blastomeri dell'uovo fecondato
B nelle sole cellule somatiche
C nelle sole cellule germinali
D sia nelle cellule germinali che in quelle somatiche
E nelle cellule adulte

965 **Tra le seguenti proprietà una sola non è comune a tutti gli esseri viventi. Quale?**

A Sintesi di macromolecole
B Organicazione del carbonio
C Evoluzione
D Conversione di energia
E Riproduzione

966 **Quale delle seguenti molecole è uno dei principali costituenti dei fosfolipidi delle membrane biologiche?**

A Etanolo
B Glicerolo
C Acido ascorbico
D Glicogeno
E Glucosio

967 **Una coppia di cromosomi omologhi è formata da:**

A un cromosoma di origine materna e uno di origine paterna
B due cromosomi con alleli genotipicamente tutti uguali
C due cromosomi di origine materna
D due cromosomi con alleli genotipicamente tutti diversi
E un cromosoma con alleli dominanti e uno con alleli recessivi

BIOLOGIA

968 **La pellagra è causata da una carenza di:**
- A acido nicotinico
- B vitamina K
- C acido folico
- D vitamina A
- E vitamina C

969 **Quale affermazione sugli eritrociti umani maturi è corretta?**
- A Sono dotati di mitocondri
- B Vengono generati nei gangli nervosi intestinali
- C Non sono delimitati dalla membrana plasmatica
- D Sono dotati di nucleo
- E Vanno incontro a emolisi in soluzione ipotonica

970 **Per quale delle cinque proteine elencate è indicata la funzione esatta?**
- A Melanina → ormone
- B Miosina → trasportatore
- C Citocromo c → recettore
- D DNA ligasi → tossina
- E Tripsina → enzima

971 **Le ghiandole sebacee e sudoripare sono tipicamente ghiandole:**
- A surrenali
- B vestibolari
- C esocrine
- D vescicolari
- E endocrine

972 **Quando un muscolo è dolorante per un intenso sforzo fisico, è abitudine massaggiarlo a lungo. Ciò perché:**
- A aumenta la temperatura e l'acido lattico si scioglie
- B arriva più sangue ricco di ossigeno che trasforma l'acido lattico in H_2O e CO_2
- C si forma una maggior quantità di anidride carbonica
- D il muscolo si rilassa e l'acido lattico può essere allontanato con il sangue che circola
- E si favorisce la fermentazione anaerobica

973 **Quale dei seguenti organelli è deputato all'aggiunta di residui di zuccheri alle proteine?**
- A Apparato di Golgi
- B Lisosoma
- C Mitocondrio
- D Perossisoma
- E Cloroplasto

974 **La degradazione finale dei materiali importati dentro la cellula tramite fagocitosi avviene:**
- A nel nucleo
- B nel reticolo endoplasmatico liscio
- C nel reticolo endoplasmatico rugoso
- D nella membrana plasmatica
- E nei lisosomi

975 **I composti organici quantitativamente prevalenti nella composizione cellulare sono:**
- A proteine
- B sali minerali
- C acqua
- D carboidrati
- E acidi nucleici

976 **Una struttura si dice "vestigiale" quando:**
- A ha un incerto significato biologico
- B riveste una grande importanza
- C ha perso la funzionalità che aveva in un antenato o nell'embrione
- D non esiste più ma se ne hanno testimonianze fossili
- E serve da rivestimento per una struttura più piccola

977 **La struttura primaria di una proteina è sostenuta da uno dei seguenti legami chimici:**
- A legami peptidici tra residui laterali di amminoacidi contigui
- B legami disolfuro tra cisteine non contigue
- C interazioni idrofobiche tra amminoacidi apolari
- D interazioni deboli tra catene polipeptidiche adiacenti
- E legami peptidici tra gruppi carbossilici e gruppi amminici di amminoacidi contigui

978 **Le cellule staminali sono cellule:**
- A del tessuto nervoso
- B specializzate per la riproduzione sessuata
- C indifferenziate all'origine, che possono poi generare, in determinate condizioni, una linea cellulare o un'altra
- D totipotenti
- E presenti solamente negli embrioni

979 **I muscoli vengono stimolati alla contrazione da:**
- A metaboliti
- B ioni H^+
- C enzimi
- D impulsi nervosi
- E ioni OH^-

980 **L'ultrafiltrato glomerulare è composto da:**
- A acqua e urea
- B acqua, sali, composti organici a basso peso molecolare e proteine
- C acqua, sali, proteine e cellule del sangue
- D acqua, sali e molecole alimentari non digerite
- E acqua, sali e composti organici a basso peso molecolare

981 **Dove viene prodotta la bile?**
- A Nella cistifellea
- B Nel fegato
- C Nel dotto biliare
- D Nel pancreas
- E Nell'intestino tenue

982 **I pazienti affetti da una malattia genetica chiamata glicogenosi di tipo I A sono privi di un enzima che normalmente permetterebbe, in risposta all'azione del glucagone sul fegato, di mobilizzare le scorte di glucosio immagazzinate sotto forma di glicogeno nel fegato quando la glicemia scende. Di conseguenza questi pazienti, per evitare l'ipoglicemia, devono:**
- A iniettarsi insulina prima dei pasti
- B iniettarsi glucagone prima dei pasti
- C mangiare proteine a intervalli regolari
- D mangiare carboidrati a intervalli regolari
- E evitare di mangiare carboidrati

983 **I neuroni sono:**
- A le cellule caratteristiche del solo encefalo
- B le cellule che rappresentano l'unità anatomica e funzionale del sistema nervoso
- C ormoni prodotti da cellule nervose, come l'adrenalina
- D sostanze che permettono la trasmissione dell'impulso nervoso tra le cellule
- E le cellule che rappresentano l'unità anatomica e funzionale del rene

984 **Come cambiano i globuli rossi quando vengono posti in una soluzione salina ipotonica?**
- A Aumentano in volume perché assumono sali dalla soluzione
- B Diminuiscono in volume perché rilasciano acqua nella soluzione
- C Diminuiscono in volume perché rilasciano sali nella soluzione
- D Rimangono invariati perché la soluzione salina è compatibile con il citoplasma
- E Aumentano in volume perché assumono acqua dalla soluzione

985 **L'amido è un costituente essenziale di:**
- A uova
- B zucchero
- C pane
- D fegato
- E carote

986 **Indica quale tra le seguenti è la più tipica funzione biologica degli acidi nucleici:**
- A la funzione di riserva energetica
- B la funzione strutturale
- C la funzione catalitica
- D la funzione di controllo della produzione di calore
- E la funzione informativa

987 **Nel corpo umano, dove è situato il diaframma?**
- A Nella testa
- B Nella gamba destra
- C Nel tronco
- D Nella spalla sinistra
- E Nel collo

988 **La differenza fondamentale che intercorre tra il processo meiotico e quello mitotico riguarda:**
- A la duplicazione del contenuto in DNA
- B la riduzione a metà del numero cromosomico
- C il raddoppiamento del numero dei cromosomi
- D il numero di cellule prodotte nei due casi
- E la divisione cellulare asimmetrica

989 **I filamenti che costituiscono la doppia elica del DNA sono appaiati tramite legami:**
- A fosfodiesterici tra le basi A-T e C-G
- B peptidici tra le basi A-T e C-G
- C disolfuro tra le basi A-T e C-G
- D idrofobici tra le basi A-T e C-G
- E a ponte di idrogeno tra le basi A-T e C-G

990 **I neurotrasmettitori sono:**
- A mediatori chimici che trasportano l'impulso nervoso
- B ormoni secreti da neuroni
- C farmaci che inibiscono la propagazione dell'impulso nervoso
- D mediatori chimici prodotti dalla neuroipofisi
- E ioni Ca^{2+} che permettono la propagazione dell'impulso nervoso

991 La tuba di Falloppio collega:

- A fegato e duodeno
- B orecchio medio e faringe
- C utero e ovaia
- D i seni paranasali
- E le due ovaie

992 I processi del metabolismo energetico della cellula eucariotica si svolgono per la maggior parte:

- A nel nucleo
- B nel lisosoma
- C nell'apparato di Golgi
- D nel mitocondrio
- E nel reticolo endoplasmatico

993 Quale delle seguenti affermazioni riferite ai geni è FALSA?

- A I geni associati sono localizzati nello stesso cromosoma
- B I geni associati al sesso vengono ereditati in maniera diversa da maschi e femmine
- C Un gene omeotico controlla la formazione di specifiche strutture durante lo sviluppo
- D Tutti i geni contenuti nel cromosoma X sono coinvolti nella determinazione dei caratteri sessuali
- E Un gene costitutivo è costantemente trascritto

994 Perché la contrazione della fibra muscolare possa avvenire è indispensabile la disponibilità di:

- A ATP
- B glucosio
- C acido lattico
- D GTP
- E nessuna delle molecole elencate

995 Il numero di codoni che costituiscono il codice genetico di una cellula procariotica è:

- A tante quante sono le sue proteine
- B 4
- C 3
- D infinito
- E 64

996 Un individuo con gruppo sanguigno A:

- A ha anticorpi A nel sangue
- B può agglutinare i globuli rossi del sangue di un individuo con gruppo sanguigno B
- C può agglutinare i globuli rossi del sangue di un individuo con gruppo sanguigno 0
- D non ha anticorpi A e B nel proprio sangue
- E può ricevere sangue da un individuo con gruppo sanguigno B

997 Quale dei seguenti composti è formato esclusivamente da glucosio?

- A Glicogeno
- B Saccarosio
- C Lattosio
- D Fruttosio
- E Ribosio

998 L'insieme delle ossa del polso è detto:

- A carpo
- B tarso
- C metacarpo
- D metatarso
- E ulna

999 Il processo che conduce al differenziamento dei foglietti embrionali (o foglietti germinativi) è detto:

- A organogenesi
- B blastulazione
- C segmentazione
- D gastrulazione
- E morfogenesi

1000 L'emoglobina è formata da:

- A 3 subunità polipeptidiche uguali
- B 2 subunità polipeptidiche diverse
- C 4 subunità polipeptidiche uguali a due a due
- D 4 subunità polipeptidiche diverse
- E una catena polipeptidica con struttura terziaria

QUESITI

SOLUZIONI

Quesito	Risposta	Quesito	Risposta	Quesito	Risposta	Quesito	Risposta	Quesito	Risposta	Quesito	Risposta	Quesito	Risposta	Quesito	Risposta	Quesito	Risposta	Quesito	Risposta
751	A	752	B	753	B	754	B	755	C	756	D	757	E	758	C	759	A	760	B
761	D	762	B	763	D	764	B	765	E	766	E	767	C	768	C	769	B	770	D
771	B	772	B	773	A	774	E	775	B	776	E	777	C	778	B	779	D	780	E
781	C	782	A	783	B	784	D	785	E	786	C	787	A	788	A	789	B	790	D
791	C	792	A	793	D	794	B	795	D	796	E	797	A	798	E	799	A	800	D
801	A	802	C	803	C	804	E	805	C	806	E	807	C	808	D	809	C	810	B
811	A	812	E	813	D	814	A	815	E	816	D	817	D	818	D	819	E	820	B
821	D	822	B	823	B	824	E	825	A	826	B	827	C	828	E	829	A	830	E
831	C	832	D	833	A	834	C	835	E	836	A	837	D	838	A	839	B	840	A
841	D	842	A	843	B	844	C	845	E	846	A	847	A	848	B	849	E	850	D
851	C	852	D	853	D	854	C	855	E	856	D	857	A	858	C	859	B	860	E
861	B	862	E	863	E	864	D	865	A	866	A	867	D	868	C	869	A	870	B
871	C	872	B	873	D	874	C	875	C	876	E	877	C	878	B	879	D	880	D
881	E	882	D	883	C	884	E	885	D	886	E	887	A	888	B	889	B	890	D
891	E	892	D	893	C	894	D	895	A	896	E	897	E	898	E	899	D	900	D
901	E	902	E	903	C	904	B	905	E	906	D	907	C	908	C	909	E	910	E
911	A	912	D	913	D	914	B	915	D	916	A	917	C	918	D	919	A	920	A
921	E	922	E	923	D	924	A	925	B	926	D	927	E	928	A	929	B	930	E
931	C	932	C	933	B	934	C	935	C	936	C	937	A	938	C	939	C	940	C
941	B	942	C	943	C	944	D	945	C	946	A	947	A	948	A	949	D	950	C
951	C	952	C	953	E	954	E	955	A	956	B	957	E	958	D	959	B	960	B
961	E	962	D	963	B	964	D	965	B	966	B	967	A	968	A	969	E	970	E
971	C	972	D	973	A	974	E	975	A	976	C	977	E	978	C	979	D	980	E
981	B	982	D	983	B	984	E	985	C	986	E	987	C	988	B	989	E	990	A
991	C	992	D	993	D	994	A	995	E	996	B	997	A	998	A	999	D	1000	C

parte terza

CHIMICA

Quesiti

1001 **Allo scopo di prevedere la polarità di una molecola occorre conoscere:**

A soltanto l'affinità elettronica dei suoi atomi
B la dimensione e la disposizione spaziale degli atomi nella molecola
C soltanto dimensione dei suoi atomi
D soltanto l'elettronegatività dei suoi atomi
E l'elettronegatività e la disposizione spaziale degli atomi nella molecola

1002 **Da cosa è indicato il numero di moli dei reagenti e prodotti in una reazione chimica?**

A Dai coefficienti stechiometrici
B Dal numero di atomi dei reagenti e prodotti
C Non è indicato nell'equazione di reazione
D Dal numero di atomi
E Dal numero di ossidazione dei reagenti e dei prodotti

1003 **Come si preparano 100 ml di una soluzione acquosa di NaCl (PM = 58) all'1,5% peso/volume?**

A Si pesa l'1,5% di 58 g di NaCl e si aggiungono 100 ml di acqua
B Si pesano 1,5 g di NaCl e si aggiungono 100 ml di acqua
C Si pesano 1,5 g di NaCl e si aggiunge acqua fino al volume totale della soluzione di 100 ml
D Si pesano 58 · 1,5 g di NaCl e si aggiunge 1 litro di acqua
E Si pesano 1,5 g di NaCl e si aggiunge 1 litro di acqua

1004 **Calcolare la temperatura di ebollizione di una soluzione acquosa 2,5 molale di NaCl (assumendo $K_{eb} = 0,5$).**

A 100 °C
B 102,5 °C
C 105 °C
D –102,5 °C
E 125 °C

1005 **Come viene definito un legame in cui gli elettroni vengono condivisi tra due atomi uguali?**

A Legame covalente apolare
B Legame a idrogeno
C Legame covalente polare
D Legame ionico
E Legame non covalente

1006 **Quale dei seguenti è un elemento chimico?**

A La candeggina
B Il mercurio
C L'acciaio
D La trielina
E Il bronzo

1007 **La cellulosa è un:**

A disaccaride
B polimero di glucosio
C monosaccaride
D trisaccaride
E polimero di amminoacidi

1008 **A parità di peso molecolare, qual è la classe di composti che presenta un punto di ebollizione più elevato?**

A Aldeidi
B Alogenuri alchilici
C Alcoli
D Alcani
E Alcheni

1009 **Durante le reazioni chimiche, gli atomi:**

A possono subire variazioni del numero di elettroni che circondano il nucleo
B subiscono processi che coinvolgono le particelle del nucleo
C subiscono variazioni del numero atomico
D conservano invariata la configurazione elettronica
E conservano invariata la configurazione elettronica esterna

1010 Diminuendo il valore del pH di una soluzione da 5 a 2 la concentrazione degli OH^- in soluzione:

- **A** aumenta di 1000 volte
- **B** diminuisce di 3 volte
- **C** aumenta di 3 volte
- **D** diminuisce di 100 volte
- **E** diminuisce di 1000 volte

1011 Sono metalli di transizione:

- **A** Kr, Xe, Rn
- **B** Sn, Sb, Pb
- **C** Si, Ge, Sn
- **D** Fe, Cu, Zn
- **E** Fe, Ca, Ba

1012 Il numero quantico secondario indica:

- **A** la dimensione dell'orbitale
- **B** l'orientamento dell'orbitale nello spazio
- **C** il senso di rotazione dell'elettrone intorno al proprio asse
- **D** l'energia dell'elettrone
- **E** la forma dell'orbitale

1013 Secondo il principio di esclusione di Pauli:

- **A** solo quattro elettroni possono occupare lo stesso orbitale
- **B** gli elettroni si distribuiscono in modo da occupare il maggior numero di orbitali
- **C** gli elettroni occupano gli orbitali disponibili a più elevato livello di energia
- **D** solo due elettroni possono occupare lo stesso orbitale
- **E** gli elettroni occupano gli orbitali disponibili a più basso livello di energia

1014 Indicare, nell'ordine, i corretti coefficienti della seguente reazione:

$$C_6H_{12}O_6 + O_2 \rightarrow CO_2 + H_2O.$$

- **A** 1, 6, 6, 6
- **B** 1, 3, 6, 6
- **C** 1, 1, 1, 1
- **D** 1, 2, 6, 6
- **E** 1, 2, 1, 1

1015 Uno ione Mg^{2+} differisce da un atomo di Mg in quanto lo ione Mg^{2+} ha:

- **A** un protone in più
- **B** un elettrone in meno
- **C** due protoni in più
- **D** due elettroni in più
- **E** due elettroni in meno

1016 Quale dei seguenti composti è un elettrolita?

- **A** Esano
- **B** Glucosio
- **C** Nitrato di potassio
- **D** Fenolo
- **E** Butano

1017 Le formule di risonanza di un composto:

- **A** sono strutture che presentano la stessa disposizione degli atomi nello spazio ma differiscono per la disposizione dei legami
- **B** sono un esempio di isomeria conformazionale
- **C** sono strutture con la stessa disposizione dei legami nello spazio, che legano indifferentemente atomi diversi
- **D** sono un esempio di isomeria ottica
- **E** sono strutture che differiscono per la disposizione degli atomi nello spazio

1018 Uno ione Ca^{2+} differisce da un atomo di Ca in quanto lo ione Ca^{2+} ha:

- **A** più protoni
- **B** meno protoni
- **C** un elettrone in più
- **D** più elettroni
- **E** due elettroni in meno

1019 Il cesio è il metallo alcalino più elettropositivo, il fluoro l'alogeno più elettronegativo. Tra loro quindi:

- **A** formano legami ionici
- **B** formano legami covalenti
- **C** non posso formare legami
- **D** formano legami di coordinazione
- **E** formano legami sia ionici sia covalenti

1020 Quale alternativa identifica correttamente i composti organici riportati in figura?

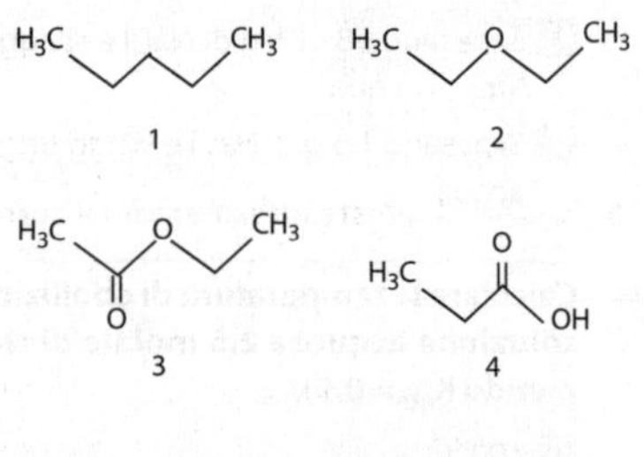

- **A** 1. Alcano; 2. Estere; 3. Etere; 4. Acido
- **B** 1. Alcano; 2. Anidride; 3. Estere; 4. Acido
- **C** 1. Alcano; 2. Estere; 3. Acido; 4. Etere
- **D** 1. Alcano; 2. Etere; 3. Ammide; 4. Acido
- **E** 1. Alcano; 2. Etere; 3. Estere; 4. Acido

1021 **In una reazione di ossidoriduzione:**

A avviene uno scambio di protoni
B avviene uno scambio di neutroni
C avviene uno scambio di elettroni
D nessuna delle altre alternative è corretta
E vengono prodotti composti radioattivi

1022 **Tra i seguenti composti solo uno, sciolto nell'acqua, darà una soluzione neutra. Quale?**

A HCl
B $Al(OH)_3$
C H_2CO_3
D NH_4Cl
E KCl

1023 **Quale affermazione riguardante la teoria acido-base secondo Bronsted-Lowry è FALSA?**

A La base coniugata di HNO_3 è NO_3^-
B La base coniugata di H_2SO_4 è SO_4^-
C L'acido coniugato di $H_2PO_4^-$ è H_3PO_4
D La base coniugata di HCl è Cl^-
E L'acido coniugato dell'ammoniaca è NH_4^+

1024 **Dati $PA_{Na} = 22{,}99$, $PA_{Cl} = 35{,}45$, stabilire a quanti grammi di composto equivalgono 1,5 moli di cloruro di sodio (NaCl).**

A 34,48
B 53,17
C 876,6
D 58,44
E 87,66

1025 **Quale tra le seguenti reazioni NON è tipica degli alcani?**

A Addizione elettrofila
B Sostituzione
C Deidrogenazione
D Alogenazione
E Combustione

1026 **Quale di queste affermazioni è corretta?**

A A pH 5 si ha la stessa concentrazione di H^+ e di OH^-
B A pH 5 la concentrazione di OH^- è maggiore di quella di H^+
C A pH 5 la concentrazione di OH^- è minore di quella di H^+
D A pH 5 non ci sono H^+
E A pH 5 non ci sono OH^-

1027 **Quale dei seguenti elementi è un alogeno?**

A At
B Co
C B
D Ti
E Ag

1028 **Quanti grammi di soluto al 20% (peso/peso) sono presenti in 200 g di soluzione?**

A 20
B 40
C 60
D 80
E 200

1029 **Data la reazione:**

$$H_2 + PbO \rightarrow Pb + H_2O$$

Quale delle seguenti affermazioni è corretta?

A Il piombo è l'agente riducente
B Il piombo si riduce, l'ossigeno si ossida
C L'ossigeno è l'agente ossidante
D Il piombo si riduce, l'idrogeno si ossida
E Il piombo si ossida, l'idrogeno si riduce

1030 **25°C corrispondono a ... gradi Kelvin.**

A 298,15
B 0
C 25
D 273,15
E 298

1031 **Quale tra le soluzioni indicate ha la più alta pressione osmotica:**

A glicerolo 400 mM
B fruttosio 450 mM
C NaCl 300 mM
D $CaCl_2$ 150 mM
E KOH 200 mM

1032 **Un atomo con 9 protoni, 10 neutroni e 10 elettroni:**

A è un atomo neutro di peso atomico 19 appartenente al VII gruppo
B è un anione di peso atomico 10 appartenente al VII gruppo
C è un anione di peso atomico 10 appartenente al I periodo
D è un anione di peso atomico 19 e appartenente al VII gruppo
E è un atomo neutro di peso atomico 19 appartenente ai gas nobili

CHIMICA

1033 Per ottenere un sale si devono far reagire:

A un acido e un idrossido
B nessuna delle altre alternative è corretta
C un idrossido e l'acqua
D un acido e l'acqua
E un acido e un'anidride

1034 Due isotopi dello stesso elemento hanno lo stesso:

A numero di neutroni ed elettroni
B numero di neutroni
C numero di protoni ed elettroni
D numero di protoni e neutroni
E numero di massa

1035 Calcolare il peso molecolare di $HClO_4$ (assumendo che i numeri di massa di H, Cl e O siano rispettivamente 1, 35 e 16).

A Non si può determinare
B 52
C 55
D 100
E 99

1036 Quanti atomi sono contenuti in una mole di ferro (numero di massa 56, numero atomico 26)?

A $56 \cdot 6{,}022 \cdot 10^{23}$
B 6,022
C $6{,}022 \cdot 10^{23}$
D 26
E 56

1037 Indicare la formula dello iodato di potassio:

A KIO_3
B KIO_2
C KIO_4
D KI
E $KHIO_3$

1038 In che cosa consiste la massa atomica relativa di un atomo?

A Nella massa di un atomo espressa in grammi
B Nel rapporto tra la massa dell'atomo in esame e la sedicesima parte della massa dell'isotopo 16 dell'ossigeno
C Nella massa di una mole di atomi dell'elemento in esame
D Nessuna delle altre alternative è corretta
E Nel rapporto tra la massa dell'atomo in esame e la dodicesima parte della massa dell'isotopo 12 del carbonio

1039 Quale di queste attribuzioni di simbolo è corretta?

A Fluoro = F
B Potassio = P
C Manganese = Mg
D Sodio = S
E Azoto = Az

1040 Indicare tra le seguenti sostanze, quella che si scioglie in un solvente polare.

A Un sapone
B Acetato di potassio
C Un idrocarburo
D Un lipide semplice
E Olio

1041 In un legame dativo:

A vi è un trasferimento completo di elettroni da un atomo all'altro
B il doppietto elettronico che unisce due atomi è fornito da un solo elemento, detto donatore, mentre l'altro elemento è detto accettore
C gli elettroni vengono condivisi tra due atomi uguali
D vi è un trasferimento completo di elettroni da un atomo all'altro solo se gli atomi sono diversi
E il doppietto elettronico che unisce due atomi è fornito da entrambi gli elementi

1042 Ordinare in ordine crescente di elettronegatività i seguenti elementi: Ca, Cl, K.

A Cl < K < Ca
B Cl < Ca < K
C Ca < Cl < K
D K < Ca < Cl
E K < Cl <Ca

1043 Gli elementi chimici conosciuti attualmente sono:

A 46
B più di 100
C 6347
D 27.842
E 134.971

QUESITI

1044 Nell'immagine sono schematizzati due andamenti di reazione.

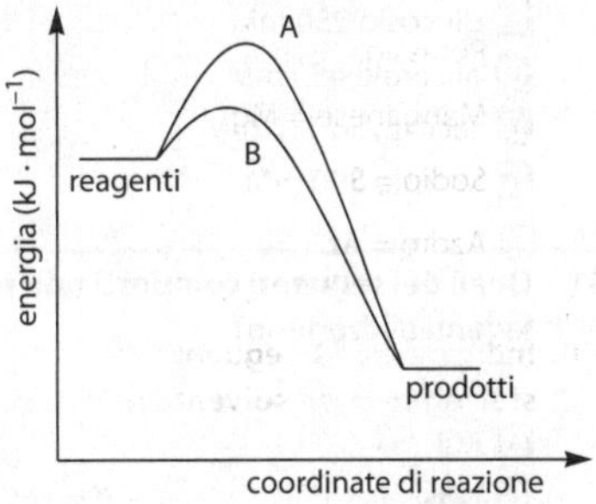

Prendendo il percorso A come riferimento, il percorso B è dovuto:

- A alla presenza di un difetto di reagente
- B a una temperatura meno elevata
- C alla presenza di un eccesso di reagente
- D all'aggiunta di un catalizzatore
- E a una temperatura più elevata

1045 Le proprietà chimiche degli elementi sono determinate:

- A dal numero atomico
- B dalla tavola periodica degli elementi
- C dal numero di massa
- D dal loro pH
- E dal numero di neutroni presenti nel nucleo

1046 Il peso molecolare del glucosio ($C_6H_{12}O_6$) è 180. Quanti grammi di glucosio è necessario pesare per ottenere 200 ml di una soluzione 0,1 molare di glucosio?

- A 18 g
- B 3,6 g
- C 36 g
- D 90 g
- E 180 g

1047 Le particelle costituenti un solido:

- A sono sempre ioni
- B hanno una discreta libertà di movimento
- C hanno solo possibilità di oscillare attorno a posizioni fisse
- D sono libere di muoversi
- E sono immobili

1048 Nel sistema periodico degli elementi, gli atomi Be, Mg, e Ca appartengono al secondo gruppo (2A) e quindi tutti:

- A possono dare uno ione con carica negativa
- B hanno due elettroni nell'orbitale *p* più esterno
- C sono fortemente elettronegativi
- D possono dare un catione con 3 cariche positive
- E hanno due elettroni nell'orbitale *s* più esterno

1049 $NaHCO_3$ è la formula:

- A del carbonato di sodio
- B dell'acetato di sodio
- C del carbonato basico di sodio
- D del bicarbonato di sodio
- E dell'acido carbonico

1050 Il sale da cucina è il cloruro di sodio, NaCl, solubile in acqua liquida fino a una concentrazione massima di 348 g per kg di acqua a temperatura ambiente. Se si prova a sciogliérne in quantità maggiore senza variare la temperatura:

- A il sale in eccesso si raccoglie sul fondo del recipiente
- B il sale in eccesso galleggia sulla superficie della soluzione
- C l'acqua comincia a bollire
- D l'acqua solidifica
- E il sale evapora

1051 Quale tra questi elementi non esiste?

- A Lutezio
- B Einstenio
- C Euterpio
- D Indio
- E Mendelevio

1052 Le trasformazioni chimiche si differenziano dalle trasformazioni fisiche perché:

- A non variano con la temperatura
- B comportano variazioni di volume
- C comportano formazione e scissione di legami
- D comportano cambiamenti di stato
- E procedono a pressione costante

1053 Quale dei seguenti composti è un acido carbossilico?

- A HCOOH
- B $CH_3–CH_2–CHO$
- C $CH_3–CH_2–SH$
- D $CH_3–CO–CH_3$
- E $CH_3–CH_2–CH_2OH$

1054 Per le aldeidi la nomenclatura ufficiale prevede la desinenza:

A -ano
B -ale
C -ino
D -ene
E -olo

1055 Indicare l'idrocarburo.

A C_6H_{14}
B CH_3CH_2OH
C $HCOOCH_2$
D CH_3OH
E CH_3COOH

1056 Un litro di soluzione acida ha un pH uguale a 3. Viene diluita fino a quando il pH diventa uguale a 4. Quale sarà il suo volume finale?

A 3 litri
B 4 litri
C 10 litri
D 0,1 litri
E 2 litri

1057 Un composto ha formula minima CH_2O e peso molecolare 180. Qual è la sua formula molecolare?

A $C_6H_6O_6$
B $C_2H_{14}O_2$
C $C_5H_{10}O_5$
D $C_6H_{12}O_6$
E $C_7H_{14}O_7$

1058 La precipitazione è il processo che avviene quando:

A la reazione chimica avviene a una velocità fuori controllo
B viene impiegato l'enzima precipitasi
C la reazione dà luogo a prodotti più pesanti dei reagenti
D la reazione dà luogo a prodotti più leggeri dei reagenti
E i prodotti di reazione non sono solubili nel mezzo

1059 L'elemento radioattivo tecnezio si utilizza in campo medico. Indicare il numero di elettroni, protoni e neutroni in un atomo di $^{99}_{43}Tc$.

A 43, 43, 56
B 43, 43, 43
C 43, 43, 57
D 43, 43, 58
E Nessuna delle altre risposte è corretta

1060 Indicare quale tra le soluzioni indicate ha la più alta pressione osmotica:

A urea 400 mM
B glucosio 250 mM
C glicerolo 450 mM
D saccarosio 150 mM
E lattosio 200 mM

1061 Quali dei seguenti composti non può formare legami a idrogeno?

A H_2O
B KCl
C NH_3
D CH_3OH
E CH_3COOH

1062 Data la reazione: $2\ Al + Fe_2O_3 \rightarrow Al_2O_3 + 2\ Fe$

A l'alluminio è l'agente ossidante
B il ferro si ossida l'ossigeno si riduce
C l'alluminio si ossida, il ferro si riduce
D il ferro si ossida, l'alluminio si riduce
E l'ossigeno è l'agente ossidante

1063 La simbologia 5 N_2, rappresenta:

A 5 molecole di azoto
B $5 \times 6 \times 10^{23}$ atomi di azoto
C 5 atomi di azoto
D 6×10^{23} molecole di azoto
E 10 atomi di azoto

1064 Per elettronegatività s'intende:

A una misura dell'attrazione che un atomo esercita sul doppietto elettronico di un legame covalente a cui partecipa
B la forza con cui due ioni dello stesso segno si respingono
C l'energia necessaria per strappare un elettrone da un atomo neutro
D l'energia che si libera nella formazione di un legame chimico
E la forza con cui due ioni si attraggono

1065 L'energia di un orbitale dipende:

A dal numero di elettroni che contiene
B dai tre numeri quantici n, l, m_L
C dai quattro numeri quantici
D esclusivamente dal numero quantico principale
E dal numero quantico principale ed in minor misura da quello secondario

1066 Indicare quale tra le seguenti costanti di equilibrio identifica la reazione maggiormente spostata verso sinistra:

A $K_{eq} = 2 \times 10^5$

B $K_{eq} = 2 \times 10^{-5}$

C $K_{eq} = 5 \times 10^2$

D $K_{eq} = 5 \times 10^{-2}$

E $K_{eq} = 2 \times 10^{-2}$

1067 Per ossidazione del metanolo si può ottenere:

A propanolo

B metano

C etanolo

D formaldeide

E acido acetico

1068 Dati $PA_{Zn} = 65$, $PA_S = 32$ e $PA_O = 16$, calcolare il peso molecolare di $ZnSO_4$.

A 46

B 161

C 168

D 145

E 113

1069 A quanti grammi di composto equivalgono 0,2 moli di ossido di calcio? $PA_{Ca} = 40$, $PA_O = 16$.

A 5,6

B 11,2

C 28

D 2,8

E 112

1070 Quale di queste formule è corretta?

A $NaCl_2$

B H_3CO_3

C H_5PO_3

D NaH_2PO_4

E CaH_2PO_3

1071 Un acido carbossilico si può ottenere per idrolisi di:

A un nitrile

B un chetone

C un'ammina alifatica

D un etere

E un alcano

1072 Quale dei seguenti sistemi NON è eterogeneo?

A Soluzione

B Schiuma

C Sospensione

D Fumo

E Emulsione

1073 L'atomo di un elemento con carattere metallico presenta normalmente nei suoi composti un numero di ossidazione:

A positivo

B tanto più positivo quanto più nobile è il metallo

C di valore sempre uguale a zero

D di valore uguale al suo potenziale di ossidazione

E negativo o nullo

1074 Quale dei seguenti acidi presenta la base coniugata più forte?

A H_2SO_4

B H_2O

C HNO_3

D CH_3COOH

E HCl

1075 La formula generale di un etere (R = radicale alchilico) è:

A R-O-R'

B R-COOH

C R-CHO

D R-OH

E R-COOR'

1076 Quale dei seguenti è un elemento chimico?

A Ottone

B Paraffina

C Alluminio

D Bronzo

E Salgemma

1077 Per preparare 250 ml di NaOH 1M (PM = 40) occorrono:

A 40 g di NaOH

B 1 g di NaOH

C 150 g di NaOH

D 10 g di NaOH

E 250 g di NaOH

1078 **Una reazione di ossidoriduzione è un processo chimico in cui:**
- A la specie chimica riducente acquista elettroni
- B è sempre coinvolto l'ossigeno
- C aumenta il numero di ossidazione dei reagenti e diminuisce quello dei prodotti
- D diminuisce il numero di ossidazione dell'ossidante e aumenta il numero di ossidazione del riducente
- E vengono scambiati elettroni e protoni tra le specie chimiche coinvolte

1079 **L'acqua è:**
- A una sostanza elementare
- B una miscela omogenea
- C una soluzione
- D un composto chimico
- E tutte le altre alternative sono corrette

1080 **Il gruppo —COOH è caratteristico:**
- A degli acidi carbossilici
- B degli eteri
- C dei chetoni
- D delle aldeidi
- E degli alcooli

1081 **L'acido cloridrico è un acido forte perché:**
- A la sua costante di dissociazione ha un valore maggiore di 1
- B è un acido poco ionizzato
- C reagisce con poche sostanze
- D la sua costante di dissociazione ha un valore compreso tra 10^{-4} e 10^{-1}
- E è sempre concentrato

1082 **Indicare il fenomeno naturale che NON comporta reazioni chimiche.**
- A Digestione del cibo ingerito
- B Maturazione di una mela
- C Comparsa dell'arcobaleno
- D Ingiallimento delle foglie in autunno
- E Degradazione di una busta di plastica per esposizione alla luce solare

1083 **Quale dei seguenti è un elemento chimico?**
- A Il topazio
- B Il tannino
- C Il legno
- D L'acido solforico
- E Lo iodio

1084 **Il pH di una soluzione acquosa di HCl 0,015 M rispetto al pH di una soluzione acquosa di HNO3 0,015 M è:**
- A dipendente dai volumi delle soluzioni
- B uguale
- C circa il triplo
- D la metà
- E il doppio

1085 **Le basi azotate presenti negli acidi nucleici sono:**
- A basi puriniche: alanina e guanina; basi pirimidiniche: citosina, tirosina e uracile
- B basi puriniche: adenina e citosina; basi pirimidiniche: guanina, timina e uracile
- C basi puriniche: adenina, citosina, guanina; basi pirimidiniche: timina e uracile
- D basi pirimidiniche: adenina e guanina; basi puriniche: citosina, timina e uracile
- E basi puriniche: adenina e guanina; basi pirimidiniche: citosina, timina e uracile

1086 **Un chetone è un composto:**
- A inorganico che possiede un gruppo funzionale CO
- B organico che possiede un gruppo funzionale CO
- C fortemente acido
- D inorganico che contiene ossigeno
- E organico che possiede un gruppo funzionale OH

1087 **Qual è il numero di ossidazione di Cl in $HClO_3$?**
- A 3
- B –5
- C –3
- D 4
- E 5

1088 **Quale dei seguenti elementi segue l'idrogeno nel primo gruppo della tavola periodica degli elementi?**
- A Litio
- B Calcio
- C Berillio
- D Boro
- E Elio

1089 **In quale composto il numero di ossidazione del C è +4?**
- A CO
- B CO_2
- C CH_3OH
- D HCOOH
- E CH_4

QUESITI

1090 L'ammoniaca (PM = 17) ha una temperatura di ebollizione di –33 °C, mentre il metano (PM = 16) di –162 °C. Questa differenza può essere spiegata dal fatto che:

- **A** sono più numerose le forze di Van der Waals presenti tra le molecole di ammoniaca rispetto a quelle tra le molecole di metano
- **B** nel legame N–H non c'è ibridazione dell'azoto
- **C** il legame N–H è più forte del legame C–H
- **D** tra le molecole di ammoniaca si formano legami a idrogeno
- **E** tra le molecole di metano si formano legami a idrogeno

1091 Secondo il principio di Aufbau, quale dei seguenti orbitali verrà occupato prima da un elettrone?

- **A** 4*f*
- **B** 6*s*
- **C** 5*p*
- **D** 4*d*
- **E** 5*s*

1092 La struttura elettronica $1s^2\ 2s^2\ 2p^6\ 3s^1$ corrisponde a un:

- **A** elemento del terzo gruppo
- **B** metallo di transizione
- **C** gas nobile
- **D** metallo alcalino
- **E** non metallo

1093 Nella tavola periodica le righe prendono il nome di:

- **A** periodi
- **B** gruppi
- **C** sottogruppi
- **D** livelli
- **E** configurazioni

1094 Quale tra i seguenti atomi tende a formare molecole biatomiche?

- **A** Ca
- **B** K
- **C** O
- **D** Na
- **E** Cu

1095 In un litro di soluzione 2 M di NH_4Br (PA di Br = 80) sono contenuti:

- **A** 196 g di NH_4Br
- **B** 1 mole di NH_4Br
- **C** 98 g di NH_4Br
- **D** 1 eq di NH_4Br
- **E** 0,5 moli di NH_4Br

1096 Qual è il tipo di legame che si instaura tra sodio e cloro nel cloruro di sodio?

- **A** Legame ionico
- **B** Legame covalente puro
- **C** Legame covalente polare
- **D** Legame a idrogeno
- **E** Forza di Van der Waals

1097 Qual è il nome corretto di $Cu(NO_2)_2$?

- **A** Nitrito di rame (I)
- **B** Nitrito rameoso
- **C** Nitrato rameoso
- **D** Nitrato rameico
- **E** Nitrito rameico

1098 Se una soluzione acquosa ha pH = 7,3, la $[H^+]$ è:

- **A** 1/(7,3)
- **B** $10^{-7,3}$
- **C** 10^{-14}
- **D** 10
- **E** 7,3

1099 Indicare la formula molecolare corrispondente al fosfato acido di calcio.

- **A** $Ca_3(PO_3)_2$
- **B** $Ca_3(PO_4)_2$
- **C** $Ca_2(PO_4)_3$
- **D** $CaHPO_3$
- **E** $CaHPO_4$

1100 Indicare quale delle seguenti sequenze di acidità è esatta:

- **A** $H_2CO_3 > HCl > HI > HBr$
- **B** $H_3PO_4 > HCOOH > HCl > HI$
- **C** $HClO_4 > HCl > H_3PO_4 > H_2CO_3$
- **D** $HCl > HBr > H_2CO_3 > H_2SO_4$
- **E** $HClO_4 > H_2CO_3 > H_3PO_4 > HCl$

1101 Se il peso molecolare del metano è 16 u.m.a., quante molecole di metano sono presenti in 160 g di metano?

- **A** $6{,}02 \cdot 10^{24}$
- **B** $6{,}02 \cdot 10^{23}$
- **C** 10
- **D** 16
- **E** 160

1102 Il nome del composto $C_{20}H_{42}$ è:

- **A** eicosano
- **B** ventano
- **C** tetradecano
- **D** didecano
- **E** dodecano

CHIMICA

1103 Si consideri la reazione necessaria per neutralizzare 1 litro di soluzione 0,5 M di HCl, ottenendo come prodotto NaCl. Quale affermazione in merito è FALSA?

A La neutralizzazione può essere ottenuta aggiungendo 1 litro di soluzione 0,5 M di NaOH
B La neutralizzazione di HCl con NaOH dà come risultato NaCl che è un sale
C Una volta avvenuta la neutralizzazione di HCl, la soluzione di NaCl avrà pH = 7
D La soluzione che si forma, contenente NaCl, è acida a causa della forte acidità di HCl
E Aggiungendo 1 litro di una soluzione 0,5 M di NaOH, a seguito della neutralizzazione di HCl, si ottiene una soluzione 0,25 M di NaCl

1104 Un litro di CO e un litro di CO_2, nelle stesse condizioni di temperatura e pressione:

A contengono $6{,}02 \times 10^{23}$ atomi di C
B hanno la stessa massa
C hanno la stessa densità
D contengono lo stesso numero di molecole
E hanno masse che stanno in rapporto 1:2

1105 Il solfito acido di sodio corrisponde a:

A $NaHSO_3$
B $NaSO_3$
C $NaHSO_4$
D Na_2SO_3
E NaHS

1106 Quale delle seguenti affermazioni riguardanti la reazione tra CO_2 e NaOH è ERRATA?

A Si tratta di una reazione di neutralizzazione
B Uno dei prodotti è Na_2CO_3
C Uno dei prodotti è H_2O
D Uno dei prodotti è un sale
E Il coefficiente stechiometrico di NaOH nella reazione bilanciata è 2

1107 Una soluzione di acido formico 0,1 M ($K_a = 4{,}8 \times 10^{-5}$) è:

A più acida di una soluzione 0,1 M di acido cloridrico
B meno acida di una soluzione 0,1 M di acido cloridrico
C acida come una soluzione 0,1 M di acido cloridrico
D neutra
E basica

1108 Osservare l'immagine in figura e scegliere l'affermazione corretta.

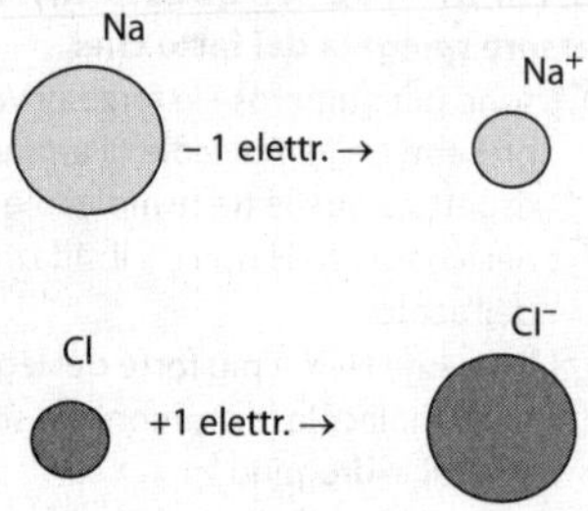

A L'immagine è sbagliata perché il passaggio da Cl a Cl^- implica una diminuzione delle dimensioni, come accade anche passando da un elemento al successivo lungo il periodo
B L'immagine è sicuramente sbagliata perché la variazione delle cariche elettriche non implica una variazione delle dimensioni
C Na^+ deve avere una dimensione maggiore di Na a causa dell'acquisizione di una carica positiva, mentre la variazione di dimensioni del cloro è corretta
D L'immagine è sicuramente corretta e rappresenta gli effetti della trasformazione di un atomo in un catione o in un anione
E Come cresce la dimensione nel passaggio da Cl a Cl^-, così dovrebbe crescere la dimensione nel passaggio da Na a Na^+

1109 Quali sono gli esatti coefficienti da utilizzare per bilanciare la seguente reazione redox?

$$K_2Cr_2O_7 + SO_2 + H_2SO_4 \rightarrow Cr_2(SO_4)_3 + K_2SO_4 + H_2O$$

A 1, 2, 1, 1, 2, 1
B 2, 1, 1, 2, 1, 1
C 1, 3, 1, 1, 1, 1
D 1, 3, 1, 1, 1, 2
E 1, 3, 1, 1, 3, 1

1110 L'alcol metilico è solubile in acqua perché:

A forma legami a idrogeno
B provoca il fenomeno dell'idrolisi
C forma complessi
D va incontro a dissociazione
E è una molecola apolare

1111 Tra i seguenti legami, qual è il più lungo?

A Legame semplice tra due atomi di C
B Legame doppio tra due atomi di C
C Legame triplo tra due atomi di C
D Legame doppio tra un atomo di C e uno di O
E Legame triplo tra due atomi di C

1112 L'energia di attivazione di una reazione rappresenta:

- **A** la differenza fra l'energia dei prodotti e quella dei reagenti
- **B** la barriera energetica che i reagenti devono superare per trasformarsi nei prodotti
- **C** l'energia che si deve fornire solo nella fase iniziale di qualsiasi reazione
- **D** l'energia liberata durante il procedere di una reazione
- **E** l'energia che si libera una volta che la reazione è innescata

1113 L'ebullioscopia:

- **A** indica la temperatura di ebollizione di un soluto
- **B** studia la variazione della temperatura di ebollizione dell'acqua in funzione della pressione
- **C** studia le sostanze che impediscono l'ebollizione dell'acqua
- **D** studia la variazione del punto di ebollizione di un solvente per aggiunta di un soluto
- **E** studia le sostanze che favoriscono l'ebollizione dell'acqua

1114 La benzina è composta principalmente da:

- **A** idrocarburi alifatici da 6 a 12 atomi di carbonio
- **B** idrocarburi aromatici, tipo il benzene
- **C** derivati del benzopirene
- **D** derivati della paraffina
- **E** solventi polari

1115 Quale delle seguenti risposte, riguardanti il prodotto ionico dell'acqua, è corretta?

- **A** $K_w = [H^+] \cdot [OH^-] = 10^7$ a 25 °C
- **B** $K_w = [H^+] \cdot [OH^-] = 10^{14}$ a 25 °C
- **C** $K_w = [H^+] \cdot [OH^-] = 10^{-7}$ a 25 °C
- **D** $K_w = [H^+] \cdot [OH^-] \cdot [H_2O] = 10^{-18}$ a 25 °C
- **E** $K_w = [H^+] \cdot [OH^-] = 10^{-14}$ a 25 °C

1116 Nel gruppo funzionale amminico primario è presente:

- **A** un atomo di ossigeno
- **B** un atomo di azoto e due atomi di ossigeno
- **C** un atomo di azoto e due atomi di idrogeno
- **D** un alogeno
- **E** un atomo di azoto e un atomo di ossigeno

1117 Considerando le proprietà del legame ionico, quale fra le seguenti affermazioni è ERRATA?

- **A** Il cloruro di sodio è un composto ionico
- **B** La differenza di elettronegatività fra gli elementi che costituiscono un composto ionico è elevata
- **C** Il punto di fusione di un composto ionico è generalmente molto inferiore rispetto al punto di fusione di un composto molecolare
- **D** La conducibilità elettrica di un composto ionico allo stato fuso è elevata
- **E** L'unità molecolare di un composto ionico non è definibile

1118 Per quale motivo gli alcheni sono più reattivi degli alcani?

- **A** Per la presenza nella molecola del legame tra carbonio e gruppo ossidrilico
- **B** Per la presenza nella molecola del legame doppio tra carbonio e ossigeno
- **C** Per la presenza nella molecola del legame doppio tra carbonio e idrogeno
- **D** Per la presenza nella molecola del legame doppio tra atomi di carbonio
- **E** Per la presenza nella molecola del legame semplice tra atomi di carbonio

1119 Il nome corretto di $MgCl_2$ è:

- **A** clorato di magnesio
- **B** cloruro di magnesio
- **C** cloruro di manganese
- **D** clorurato di manganese
- **E** ipoclorito di magnesio

1120 Un'ammina si definisce terziaria quando:

- **A** l'atomo di azoto è legato a tre atomi di C
- **B** l'atomo di azoto è legato a un atomo di C e due di H
- **C** l'atomo di azoto è legato a due atomi di C e un atomo di H
- **D** l'atomo di azoto è legato a tre atomi di idrogeno
- **E** in nessuno dei casi indicati nelle altre alternative

1121 Quale dei seguenti composti NON è un'ammina aromatica?

- **A** Pirrolo
- **B** Piridina
- **C** Anilina
- **D** Butilammina
- **E** Pirrolidina

1122 Quante moli di soluto per litro contiene una soluzione 2 M?

A 1
B 0,2
C 0,002
D $2 \cdot 6{,}02 \cdot 10^{23}$
E 2

1123 Quando due molecole di glucosio si uniscono per formare il maltosio:

A viene ceduta una molecola di H_2O
B viene assorbita una molecola di H_2O
C viene ceduta una molecola di O_2
D viene ceduta una molecola di H_2
E viene assorbita una molecola di H_2

1124 In quali condizioni volumi uguali di gas perfetti diversi contengono lo stesso numero di molecole?

A Sempre alla pressione di 1 bar
B A uguale temperatura e pressione diversa
C A uguale pressione e temperatura diversa
D In condizioni di uguale pressione e uguale temperatura
E Sempre alla temperatura di 0 °C

1125 Indicare quale fra i seguenti composti è un acido:

A NaCl
B NaOH
C LiCl
D KOH
E HCl

1126 Gli isomeri "cis" e "trans" sono:

A isomeri ottici
B isomeri conformazionali
C tautomeri
D enantiomeri
E isomeri geometrici

1127 Gli idrocarburi sono composti:

A solubili in acqua
B polari
C apolari
D fortemente dissociati
E volatili

1128 Qual è la forma geometrica di una ibridazione *sp*²?

A Tetraedrica
B Nessuna di quelle proposte
C Quadrata
D Cubica
E Cilindrica

1129 Quando l'idrogeno reagisce con l'ossigeno per formare l'acqua, passa dallo stato di ossidazione 0 a +1; si dice allora che l'idrogeno:

A si è ridotto
B ha acquistato elettroni
C si è ossidato
D si è ossidato e contemporaneamente ridotto
E è diventato uno ione

1130 Un composto chimico ha una temperatura di ebollizione di 68 C° a pressione atmosferica. Si può affermare con assoluta certezza che il composto in condizioni standard:

A non è un gas
B è un gas
C è un solido
D non è un liquido
E non è un solido

1131 Indicare quante moli di HCl sono presenti per litro in una soluzione di HCl a pH = 3:

A 0,001
B 0,1
C 3
D 10^3
E 0,003

1132 Per "doppio legame" si intende un legame:

A derivante dalla compartecipazione di due coppie di elettroni
B fra due atomi
C fra due ioni
D fra uno ione bivalente positivo e uno ione bivalente negativo
E fra due molecole

1133 Il numero di molecole contenuto in 200 g di $CaCO_3$ (PM = 100) è:

A 100
B 200
C 200×10^{23}
D $12{,}046 \times 10^{23}$
E impossibile da determinare

1134 Disporre i seguenti acidi secondo la forza acida crescente (acido meno forte a sinistra; acido più forte a destra):
X) H_2S
Y) HNO_3
Z) HNO_2.

A X < Y < Z
B Z < Y < X
C X < Z < Y
D Y < X < Z
E Z < X < Y

QUESITI

1135 **I catalizzatori sono:**

A acceleratori di reazione

B collanti potentissimi per attaccare il ferro

C specie di catodi

D altro nome per gli elementi del I gruppo del sistema periodico

E sostanze che fanno variare la K di equilibrio di una reazione

1136 **Individuare quale tra le seguenti affermazioni sui legami covalenti è vera.**

A Possono formarsi solo tra atomi uguali

B Possono essere singoli, doppi o tripli

C Possono formarsi solo tra atomi diversi

D Coinvolgono i neutroni di atomi uguali o diversi tra loro

E Possono formarsi solo tra isotopi uguali

1137 **L'elettronegatività è:**

A la capacità di un elemento di attrarre elettroni di un legame nel quale è coinvolto

B la capacità di formare ioni negativi

C l'energia necessaria per strappare un elettrone a uno ione negativo

D la capacità di condurre la corrente

E l'energia ceduta quando su un atomo giunge un elettrone dall'esterno

1138 **Il simbolo del rame è:**

A Ra

B k

C Re

D Hg

E Cu

1139 **Quale delle seguenti formule rappresenta un amminoacido?**

A $H_2N—CH_2—CH_2OH$

B $H_2N—CH_2—COOH$

C $H_2N—CH_2—CHO$

D $HOHN—CH_2—CH_2OH$

E $H_2N—CI I_2—CH_3O$

1140 **Tra le seguenti proprietà degli elementi presenta un andamento periodico:**

A la massa nucleare

B l'affinità elettronica

C il numero atomico

D il numero di massa

E la massa atomica

1141 **Il pH dell'acqua pura a 25°C è:**

A 0

B 10

C 7

D 10^{-7}

E 10^{-1}

1142 **L'alcol etilico, che è formato da atomi di carbonio, idrogeno e ossigeno, è un composto:**

A organico

B inorganico

C presente in giacimenti minerari

D basico

E polimerico

1143 **Il propano è:**

A un cicloalcano

B un alchene

C un alchino

D un alcano

E un idrocarburo aromatico

1144 **Secondo il principio di esclusione di Pauli un orbitale atomico può contenere al massimo:**

A due elettroni con spin antiparalleli

B due elettroni con spin paralleli

C tre elettroni con spin antiparalleli

D due elettroni purché differenti per il valore del numero quantico principale

E due elettroni e un neutrone

1145 **Gli orbitali ibridi *sp*^{2} si formano tra:**

A un orbitale *s* e un orbitale *p*

B un orbitale *s* e due orbitali *p*

C orbitali *sp* e orbitali *sp*

D un orbitale *p* e due orbitali *s*

E un orbitale *s* e tre orbitali *p*

1146 **Qual è il nome del C_2H_6?**

A Butano

B Propano

C Etene

D Esano

E Etano

1147 **L'anione derivante dall'atomo di idrogeno viene detto:**

A idrogenione

B ione idrogeno

C ossidrilione

D ione idrogenuro

E ione idruro

CHIMICA

1148 Quale di queste formule è corretta?

A Na_2SO_4
B $NaSO_4$
C $NaSO_3$
D Ca_2SO_4
E Ca_2SO_3

1149 Un ossidante è una sostanza contenente almeno un atomo che nella reazione considerata:

A perde elettroni
B dà luogo a un ossido
C acquista elettroni
D sviluppa ossigeno
E acquista carica negativa

1150 L'entropia dell'universo:

A diminuisce continuamente
B rimane costante
C è sempre in aumento essendo l'universo un sistema isolato
D tende a un valore unitario
E è nulla

1151 Nella reazione:

$$2\,HNO_3 + 3\,H_2S \rightarrow 2\,NO + 3\,S + 4\,H_2O$$

A l'azoto si riduce mentre lo zolfo si ossida
B l'azoto si ossida mentre lo zolfo si riduce
C l'azoto si riduce mentre lo zolfo non cambia numero di ossidazione
D l'azoto non cambia numero di ossidazione mentre lo zolfo si ossida
E l'azoto e lo zolfo non si ossidano né si riducono

1152 La formula generale R–O–R' è caratteristica:

A delle aldeidi
B degli eteri
C dei chetoni
D degli esteri
E degli alcoli

1153 Una soluzione 0,5 M di un composto X contiene 50 g di composto per litro di soluzione. Qual è il peso molecolare del composto X?

A 100
B 500
C 10
D 25
E 50

1154 La molalità di una soluzione indica:

A il numero di moli di soluto sciolte in 1 L di solvente
B il numero di moli di soluto sciolte in 1 kg di solvente
C il numero di moli di soluto sciolte in 1 kg di soluzione
D il numero di moli di soluto sciolte in 1 L di soluzione
E nessuna delle altre alternative è corretta

1155 Una soluzione basica è caratterizzata:

A dalla concentrazione degli ioni ossidrile superiore a quella degli ioni idrogeno
B dalla concentrazione degli ioni ossidrile inferiore a quella degli ioni idrogeno
C dall'ossigeno disciolto a una pressione uguale a quella atmosferica
D dall'ossigeno disciolto a una pressione inferiore a quella atmosferica
E dalla concentrazione degli ioni ossidrile uguale a quella degli ioni idrogeno

1156 C_6H_6 è la formula corrispondente al composto:

A esadiene
B esano
C cicloesano
D cicloesene
E benzene

1157 Quale delle seguenti è la formula dell'acido solforico?

A H_2SO_3
B H_2SO_4
C H_2S
D $H_2S_2O_5$
E H_2SO_2

1158 In una soluzione che ha pH = 7, la concentrazione di ioni OH^- è:

A 10^{-7}
B 10^{-14}
C 7
D 14
E 10^7

1159 Qual è il nome del C_3H_8?

A Butano
B Etano
C Metano
D Triano
E Propano

QUESITI

1160 Il composto MgH_2 è:

A acido magnesidrico
B idrossido di magnesio
C un idracido
D idrato di magnesio
E idruro di magnesio

1161 Le reazioni caratteristiche del benzene sono di:

A sostituzione nucleofila
B sostituzione radicalica
C addizione elettrofila
D addizione nucleofila
E sostituzione elettrofila

1162 Nella reazione $CO_2 + H_2O \rightarrow H_2CO_3$, il carbonio:

A si riduce
B si ossida
C non cambia numero di ossidazione
D cambia numero di ossidazione
E nessuna delle precedenti risposte è corretta

1163 Mediante la reazione di saponificazione di un trigliceride si ottiene:

A glicerina e saponi
B sapone e zucchero
C glicerina e glucosio
D glucosio e saponi
E glicerolo e altri alcoli

1164 Il numero quantico secondario, essendo *n* il numero quantico principale, può assumere tutti i valori compresi tra:

A 0 ed $n-1$, zero escluso ed $n-1$ incluso
B 0 ed $n-1$, zero incluso ed $n-1$ escluso
C $n-1$ ed $n+1$
D 0 ed $n-1$, zero incluso ed $n-1$ incluso
E $n+1$ ed $n+3$

1165 Cosa si intende per "idrocarburo saturo"?

A Un idrocarburo con soli legami semplici
B Un idrocarburo con legami doppi
C Un carboidrato che non può formare ulteriori legami
D Un idrocarburo con almeno un legame doppio o triplo
E Un idrocarburo con legami tripli

1166 Quale di queste sostanze è un monosaccaride?

A Maltosio
B Amilosio
C Saccarosio
D Galattosio
E Lattosio

1167 La desinenza "one", secondo le regole internazionali di nomenclatura, spetta:

A ai sali di acidi a lunga catena
B agli esteri
C ai chetoni
D alle ammidi
E agli alcoli

1168 Quando due atomi si legano, per energia di legame si intende:

A l'energia acquistata dagli atomi per la formazione del legame
B l'energia perduta dagli atomi per la formazione del legame
C l'energia donata da un atomo all'altro nella formazione del legame
D la somma del contenuto energetico di ciascun elettrone coinvolto nel legame
E nessuna delle alternative proposte è corretta

1169 Le molecole di acqua:

A sono apolari
B sono completamente dissociate
C sono polari
D sono prive di legami idrogeno
E contengono legami polarizzati ma i dipoli si annullano a causa della forma della molecola

1170 Il monosaccaride più comune nelle cellule viventi è:

A il fruttosio
B il maltosio
C l'amido
D il glucosio
E il saccarosio

1171 Due atomi di zolfo che possiedono uguale numero atomico ma numero di massa diverso – rispettivamente 34 e 36 – rappresentano:

A due isomeri del medesimo elemento
B due isotopi del medesimo elemento
C due isotipi del medesimo elemento
D due elementi diversi
E un atomo e uno ione

1172 Indicare in quale classe di sostanze, tra quelle che seguono, l'azoto è un importante elemento costituente:

A zuccheri
B acidi carbossilici
C esteri
D trigliceridi
E proteine

1173 Indicare la soluzione con pressione osmotica maggiore:

A urea 0,1 M
B glucosio 0,1 M
C cloruro di sodio 0,05 M
D solfato di rame 0,05 M
E cloruro di calcio 0,05 M

1174 Il peso atomico del ferro è 55,8. Pertanto:

A 55,8 atomi di ferro pesano 55,8 g
B un atomo di ferro pesa 55,8 g
C un grammoatomo di ferro pesa 55,8 g
D una mole di ferro pesa 55,8 mg
E una molecola di ferro pesa 55,8 g

1175 Il composto KOH è:

A idrossido di sodio
B superossido di potassio
C perossido di potassio
D ossido acido di potassio
E idrossido di potassio

1176 In una reazione di neutralizzazione si ha sempre che:

A il pH finale è uguale a quello iniziale
B il pH finale è minore di quello iniziale
C il pH finale è diverso da quello iniziale
D il pH finale è maggiore di quello iniziale
E la concentrazione finale degli ioni idrogeno è nulla

1177 Una soluzione acquosa di glucosio (peso molecolare 180) alla concentrazione 0,2 molare è formata da:

A 180 g di glucosio per litro di soluzione
B 200 g di glucosio per litro di acqua
C 36 g di glucosio per litro di soluzione
D 0,4 g di glucosio per litro di solvente
E 360 mg di glucosio per 100 ml di soluzione

1178 L'acido H_2CO_3 (acido carbonico) è:

A diprotico
B nessuna delle altre risposte è corretta
C triprotico
D pentaprotico
E monoprotico

1179 Qual è il numero di ossidazione di ciascun atomo di arsenico nel composto As_2O_3?

A +6
B +3
C −6
D −3
E 0

1180 Quale, tra le seguenti attribuzioni di simboli, non è corretta?

A Ca = calcio
B Ce = cesio
C Mn = manganese
D B = boro
E Hg = mercurio

1181 Una soluzione è ipertonica rispetto al sangue quando:

A la pressione osmotica è uguale a quella del sangue
B la pressione osmotica è superiore a quella del sangue
C la concentrazione dello ione idrogeno è superiore a quella del sangue
D la concentrazione dello ione idrogeno è uguale a quella del sangue
E la pressione osmotica è inferiore a quella del sangue

1182 Un metallo, reagendo con l'ossigeno, dà origine a:

A un ossido acido
B un sale
C un ossido basico
D un idrossido
E un acido

1183 Come sono ordinati gli elementi nella tavola periodica?

A Secondo il numero atomico crescente
B Secondo il peso atomico
C Secondo le proprietà chimiche
D Secondo le proprietà fisiche
E In funzione degli elettroni di conduzione

1184 Quanti grammi pesano 5 moli di acqua?

A 5
B 18
C 50
D 90
E $5 \cdot 10^{23}$

1185 L'anidride carbonica è costituita da:

A carbonio e idrogeno
B carbonio e azoto
C carbonio e ossigeno
D carbonio, idrogeno e ossigeno
E idrogeno, ossigeno, carbonio, azoto

1186 L'acido glutammico è:

A un amminoacido
B un dolcificante prodotto dagli amidi
C un derivato dal glucosio
D un acido corrosivo e velenoso
E una molecola achirale

1187 **Qual è la formula dell'ossido di calcio?**
A CaO_2
B CaO
C $Ca(O_2)_2$
D Ca_2O
E KO_2

1188 **Il carbonio:**
A è un metallo
B può avere numero di valenza 1, 2 e 4
C nei confronti dell'idrogeno non presenta alcuna reattività
D forma unicamente composti organici
E possiede 4 elettroni nel guscio di valenza

1189 **La formula del nitrato di calcio è:**
A $CaNO_3$
B Ca_2NO_3
C $Ca(NO_3)_2$
D $Ca_2(NO_3)_3$
E $Ca(NO_2)_2$

1190 **Quale delle seguenti soluzioni esercita la pressione osmotica maggiore, a parità di temperatura?**
A Cloruro di sodio 0,1 M
B Acido acetico 0,1 M
C Glucosio 0,1 M
D Cloruro di bario 0,1 M
E Acido formico 0,2 M

1191 **La reazione $RCOOH + R_1OH \rightarrow RCOOR_1 + H_2O$ è:**
A una redox
B una alchilazione
C una esterificazione
D un coupling
E una condensazione aldolica

1192 **Quale fra questi è il metano?**
A CH_4
B C_2H_4
C C_6H_6
D C_2H_6
E C_6H_4

1193 **La formula C_2H_4 rappresenta:**
A propano
B etilene
C benzene
D acetilene
E alcol etilico

1194 **Se un atomo possiede un'elevata affinità elettronica e un'elevata energia di ionizzazione, forma facilmente:**
A uno ione positivo
B un composto aromatico
C un catione
D un gas nobile
E un anione

1195 **Quale dei seguenti acidi è debole?**
A Acido perclorico
B Acido solforico
C Acido bromidrico
D Acido acetico
E Acido cloridrico

1196 **Sapendo che i pesi atomici degli elementi H,O,N sono rispettivamente 1, 16 e 14, qual è il PM dell'acido nitrico?**
A 63
B 79
C 50
D 47
E 64

1197 **In 500 ml di soluzione acquosa sono disciolti 36 g di glucosio (MM = 180 u). La molarità della soluzione è:**
A 0,1 M
B 0,2 M
C 0,4 M
D 1 M
E 2 M

1198 **In una soluzione acida:**
A $[H^+]>[OH^-]$
B $[H^+]<[OH^-]$
C $[H^+]=[OH^-]$
D $[H^+]= 10^{-7}$
E $[OH^-]= 10^{-7}$

1199 **Sapendo che il peso molecolare di H_2O è 18, in 100 ml di acqua sono presenti circa:**
A 8,5 moli
B 16,5 moli
C 2,5 moli
D 1800 moli
E 5,5 moli

1200 **In chimica, il simbolo Hg:**
A indica l'acidità di una soluzione espressa in grammi
B è un'unità di misura della pressione
C è il simbolo del mercurio
D indica un derivato dell'elio
E è il simbolo dell'afnio

SOLUZIONI

Quesito	Risposta	Quesito	Risposta	Quesito	Risposta	Quesito	Risposta	Quesito	Risposta	Quesito	Risposta	Quesito	Risposta	Quesito	Risposta	Quesito	Risposta	Quesito	Risposta
1001	E	1002	A	1003	C	1004	B	1005	A	1006	B	1007	B	1008	C	1009	A	1010	E
1011	D	1012	E	1013	D	1014	A	1015	E	1016	C	1017	A	1018	E	1019	A	1020	E
1021	C	1022	E	1023	B	1024	E	1025	A	1026	C	1027	A	1028	B	1029	D	1030	A
1031	C	1032	D	1033	A	1034	C	1035	D	1036	C	1037	A	1038	E	1039	A	1040	B
1041	B	1042	D	1043	B	1044	D	1045	A	1046	B	1047	C	1048	E	1049	D	1050	A
1051	C	1052	C	1053	A	1054	B	1055	A	1056	C	1057	D	1058	E	1059	A	1060	C
1061	B	1062	C	1063	A	1064	A	1065	E	1066	B	1067	D	1068	B	1069	B	1070	D
1071	A	1072	A	1073	A	1074	B	1075	A	1076	C	1077	D	1078	D	1079	D	1080	A
1081	A	1082	C	1083	E	1084	B	1085	E	1086	B	1087	E	1088	A	1089	B	1090	D
1091	E	1092	D	1093	A	1094	C	1095	A	1096	A	1097	E	1098	B	1099	E	1100	C
1101	A	1102	A	1103	D	1104	D	1105	A	1106	A	1107	B	1108	D	1109	C	1110	A
1111	A	1112	B	1113	D	1114	A	1115	E	1116	C	1117	C	1118	D	1119	B	1120	A
1121	D	1122	E	1123	A	1124	D	1125	E	1126	E	1127	C	1128	B	1129	C	1130	A
1131	A	1132	A	1133	D	1134	C	1135	A	1136	B	1137	A	1138	E	1139	B	1140	B
1141	C	1142	A	1143	D	1144	A	1145	B	1146	E	1147	E	1148	A	1149	C	1150	C
1151	A	1152	B	1153	A	1154	B	1155	A	1156	E	1157	B	1158	A	1159	E	1160	E
1161	E	1162	C	1163	A	1164	D	1165	A	1166	D	1167	C	1168	B	1169	C	1170	D
1171	B	1172	E	1173	E	1174	C	1175	E	1176	C	1177	C	1178	A	1179	B	1180	B
1181	B	1182	C	1183	A	1184	D	1185	C	1186	A	1187	B	1188	E	1189	C	1190	D
1191	C	1192	A	1193	B	1194	E	1195	D	1196	A	1197	C	1198	A	1199	E	1200	C

parte quarta

FISICA

Quesiti

1201 Una persona sale su una comune bilancia da abitazione e sulla scala graduata legge la misura di 70 kg. La grandezza di cui la persona ha effettuato la misura è:

- A la sua massa e non il suo peso; infatti l'unità di misura indicata dalla bilancia è il chilogrammo (unità di misura della massa) e non il newton (unità di misura delle forze)
- B la massa o il peso indifferentemente
- C il suo peso
- D per rispondere bisogna conoscere il luogo dove è stata effettuata la misura
- E la massa gravitazionale e non quella inerziale

1202 In base al primo principio della dinamica, se vengono meno le forze che determinano il moto circolare uniforme di un corpo, questo:

- A permane nel suo stato di moto circolare uniforme
- B rallenta il suo moto sino a fermarsi
- C cambia il tipo di moto da circolare uniforme a rettilineo uniforme
- D assume un moto rettilineo uniformemente accelerato
- E assume un moto uniformemente accelerato

1203 Una pietra viene lanciata verso l'alto; nel punto più alto della sua traiettoria:

- A la velocità è minima
- B la velocità è massima
- C l'accelerazione è massima
- D l'accelerazione è nulla
- E l'accelerazione di gravità è nulla

1204 Una massa *m* in presenza di un'altra massa *M*:

- A subisce una forza proporzionale al quadrato della distanza tra le masse
- B subisce una forza attrattiva inversamente proporzionale al quadrato della loro distanza
- C subisce una forza repulsiva inversamente proporzionale alla loro distanza
- D subisce una forza repulsiva inversamente proporzionale al quadrato della loro distanza
- E non subisce alcuna forza a distanza

1205 Due coppie di forze si dicono opposte quando i loro momenti hanno:

- A modulo uguale
- B direzioni coincidenti e versi contrari
- C modulo uguale, direzioni coincidenti e versi contrari
- D modulo, direzione e verso uguali
- E versi contrari

1206 Una ballerina che voglia aumentare la propria velocità angolare di rotazione tende a raccogliersi il più possibile avvicinando le braccia al corpo; ciò perché:

- A aumenta il momento angolare di rotazione
- B diminuisce il momento di inerzia
- C aumenta la quantità di moto
- D aumenta la resistenza fisica
- E diminuisce la fatica

FISICA

1207 In un moto circolare uniforme:

A la velocità è un vettore costante
B l'accelerazione è un vettore costante
C il raggio vettore spazza settori uguali in tempi uguali
D l'angolo spazzato dal raggio vettore dipende dal tempo secondo una legge sinusoidale
E lo spostamento è un vettore costante

1208 La misura della massa di un corpo è (20,0 ± 0,5) mg. Quanto vale l'errore percentuale?

A 0,5%
B 2,5%
C 5,0%
D 25%
E 50%

1209 Lo schiaccianoci è:

A una leva di primo tipo
B una leva di secondo tipo
C una leva di terzo tipo
D una leva di primo, secondo o terzo tipo a seconda dell'intensità della forza resistente
E non è una leva

1210 In generale un elettrone in moto in un campo magnetico:

A prosegue il suo moto indisturbato
B viene deviato
C torna indietro
D si distrugge
E cattura un secondo elettrone

1211 Un pendolo semplice, composto da una massa sostenuta da un filo, sta oscillando. Quando arriva nel punto più basso si rompe il filo e la massa:

A cade descrivendo un arco di circonferenza
B cade lungo la verticale
C cade descrivendo un arco di parabola
D procede in direzione orizzontale
E si arresta nel punto in cui si è rotto il filo

1212 Il momento di una forza rispetto a un punto:

A è perpendicolare alla forza
B ha le dimensioni di un tempo
C è una funzione del tempo
D si misura in N
E è una funzione di stato

1213 L'energia cinetica:

A si misura in joule
B diminuisce sempre con lo spazio percorso
C è caratteristica del moto rettilineo uniforme
D è nulla durante la caduta di un grave
E è direttamente proporzionale alla velocità

1214 Il lavoro meccanico è:

A il prodotto della forza per l'accelerazione
B il vettore ottenuto dal prodotto della forza per lo spostamento
C il prodotto della forza per lo spostamento quando la forza è costante e lo spostamento è rettilineo e parallelo alla forza
D l'energia posseduta dal corpo
E la potenza diviso il tempo

1215 Se si trasporta una valigia con velocità costante mantenendola a una distanza costante da Terra, il lavoro compiuto è:

A nullo
B proporzionale alla distanza percorsa
C proporzionale al peso della valigia
D proporzionale alla massa della persona che trasporta la valigia
E non è possibile determinarlo sulla base delle informazioni fornite

1216 Un corpo di massa 1000 g si trova a 100 cm dal suolo. La sua energia potenziale rispetto al suolo è di:

A 490 J
B 980 W
C 9,8 J
D 9800 J
E $9{,}8 \cdot 10^5$ J

1217 **Quale delle seguenti espressioni è dimensionalmente corretta? (*F* = forza, *E* = energia, *W* = potenza, *v* = velocità, *L* = lunghezza, *t* = tempo, *m* = massa)**

A $W = F \cdot L \cdot t$
B $v = F/m$
C $F = v \cdot t$
D $F = E/L$
E $E = W$

1218 **Un corpo, che inizialmente si trova fermo a quota *h* dal suolo e possiede energia potenziale pari a 100 J, viene lasciato cadere liberamente. Trascurando l'attrito dell'aria, l'energia meccanica totale del corpo a quota *h*/2 risulta:**

A uguale a 100 joule
B non si può rispondere perché non si conosce la velocità del corpo a quota *h*/2
C minore di 100 joule
D maggiore di 100 joule
E non si può rispondere perché non è data la massa del corpo

1219 **L'energia cinetica di un corpo in caduta libera in assenza di attrito:**

A aumenta al ridursi della quota
B è costante
C diminuisce al ridursi della quota
D aumenta in modo discreto ogni 10 metri di caduta
E dipende dalla forma del corpo

1220 **Nell'urto anelastico di due corpi liberi si conserva la quantità di moto del sistema composto dai due corpi?**

A Sì, in quanto sul sistema non agiscono forze esterne
B No, in quanto l'urto è anelastico
C No, se i due corpi non hanno la stessa massa
D No, in quanto non si conserva l'energia
E Nessuna delle precedenti

1221 **Il corpo umano, normalmente, ha una temperatura di circa 37 °C. In kelvin tale temperatura vale circa:**

A – 273 K
B 90 K
C 300 K
D 273 K
E 310 K

1222 **L'aria è formata per l'80% (circa) da azoto e per il 20% (circa) da ossigeno: la sua pressione al livello del mare è pari a una atmosfera. In questa miscela gassosa:**

A le pressioni parziali dei due gas sono uguali e ciascuna è pari a una atmosfera
B la pressione parziale dell'azoto è minore di quella dell'ossigeno
C non si può parlare di pressione dell'ossigeno e dell'azoto, ma di pressione della miscela
D la pressione parziale dell'azoto è circa quattro volte quella dell'ossigeno
E le pressioni parziali dei due gas sono uguali e ciascuna è pari a 0,5 atmosfere

1223 **La massa di ossigeno (peso molecolare = 32) contenuta in un volume di 10 dm^3 alla temperatura di 27 °C e alla pressione di 30 atm è pari a circa (si assuma come costante dei gas R = 0,082 (litri · atm)/(K · mole)):**

A 12,2 g
B 320 g
C 4336 g
D 390 g
E 32 kg

FISICA

1224 La tensione di vapore di un liquido può essere misurata in:

A volt
B atmosfere
C metri cubi
D watt
E newton

1225 Un recipiente cubico con lato di 20 cm contiene acqua fino a 2 mm dal bordo; in essa è completamente immerso un cubo di ghiaccio di 10 cm di lato. Se il ghiaccio si scioglie, il livello dell'acqua:

A scende
B resta immutato
C sale senza raggiungere il bordo
D raggiunge il bordo
E l'acqua trabocca

1226 Un recipiente cubico con lato di 20 cm contiene acqua fino a 2 mm dal bordo; in essa galleggia un cubo di ghiaccio di 10 cm di lato. Se il ghiaccio si scioglie, il livello dell'acqua:

A scende
B resta immutato
C sale senza raggiungere il bordo
D raggiunge il bordo
E l'acqua trabocca

1227 Quando un pezzo di ghiaccio fonde alla pressione di 1 atm, la sua temperatura:

A è sempre maggiore di 0 °C e aumenta durante la fusione
B è sempre minore di 0 °C e diminuisce durante la fusione
C è costante ed è pari a 0 °C
D è uguale a quella dell'ambiente esterno
E aumenta durante il passaggio di stato

1228 Se un corpo A cede una certa quantità di calore al corpo B che ha la stessa massa di A:

A la temperatura di A varia di tanto quanto quella di B
B entrambi i corpi si portano a una stessa temperatura che è inferiore a quella di B
C le variazioni di temperatura dei due corpi sono direttamente proporzionali alle rispettive capacità termiche
D il rapporto delle variazioni di temperatura dei due corpi è uguale al reciproco del rapporto dei rispettivi calori specifici, cambiato di segno
E le temperature di A e di B non variano

1229 La caloria è:

A la quantità di calore necessaria a innalzare di un grado centigrado la temperatura di un grammo d'acqua distillata
B un'unità di misura dell'energia
C il calore necessario a innalzare da 14,5 a 15,5 gradi centigradi un chilogrammo d'acqua distillata
D un'unità di misura di temperatura
E un'unità di misura della potenza

1230 Sapendo che il calore specifico dell'acqua è pari a 1 kcal/(kg · °C), qual è l'aumento di temperatura di 20 litri d'acqua che si trovano a 20 °C e ai quali vengono fornite 100 kcal di calore?

A 1 °C
B 1 K
C 5 °C
D 10 °C
E 20 °C

1231 La misura della pressione del sangue non si può esprimere in:

A mmHg
B atmosfere
C battiti al minuto
D pascal
E millibar

QUESITI

1232 **Il caffè contenuto in una tazza situata in un ambiente a temperatura costante di 20 °C si è raffreddato dalla temperatura di 90 °C a quella di 70 °C in tre minuti. Se si desidera bere il caffè alla temperatura di 50 °C è necessario attendere ancora:**

- A 1 minuto
- B 2 minuti
- C 3 minuti
- D più di 3 minuti
- E non si può rispondere senza conoscere il calore specifico dell'acqua

1233 **Se si forniscono lentamente 100 J di calore a un blocco di 1 kg di ghiaccio che si trova alla temperatura di –10 °C, si verifica che:**

- A il ghiaccio si scioglie
- B la temperatura del ghiaccio aumenta, ma il ghiaccio non si scioglie
- C la temperatura del ghiaccio aumenta e il ghiaccio si scioglie
- D per rispondere occorre conoscere la pressione esterna
- E nessuna delle precedenti

1234 **Si mettono a contatto due corpi con temperature T_1 e T_2 ($T_1 < T_2$). Per la temperatura finale di equilibrio T_f vale:**

- A $T_f < T_1 < T_2$
- B $T_f = T_1$
- C $T_f = T_2$
- D $T_f = (T_1 + T_2)/2$
- E $T_1 < T_f < T_2$

1235 **Se un gas perfetto viene compresso in un cilindro termicamente isolato, la sua energia interna:**

- A aumenta
- B diminuisce
- C diventa trascurabile
- D si può definire solo se la trasformazione è reversibile
- E nessuna delle precedenti

1236 **Se si lancia una pietra verticalmente verso l'alto, com'è diretta la forza che agisce su di essa nel momento in cui, fermandosi, tocca il punto di massima elevazione?**

- A verso il basso
- B verso l'alto
- C verso destra
- D verso sinistra
- E è assente

1237 **Le onde elastiche che possono instaurarsi nei gas sono unicamente longitudinali. Ciò è dovuto al fatto che:**

- A la velocità del suono in aria è 340 m/s
- B nei gas le forze di richiamo elastiche esistenti non consentono l'oscillazione delle molecole in direzione trasversale rispetto a quelle di propagazione dell'onda
- C nei gas non esistono forze di richiamo elastiche
- D i gas non possiedono un volume proprio
- E i gas reali non rispettano l'equazione di stato dei gas perfetti

1238 **Un frigorifero ha lo scopo di mantenere a bassa temperatura una cella frigorifera. Nel contempo esso ha l'effetto di:**

- A riscaldare l'ambiente in cui si trova
- B raffreddare l'ambiente
- C lasciare immutata la temperatura dell'ambiente
- D aumentare l'umidità dell'ambiente
- E ridurre l'inquinamento dell'ambiente

1239 **È possibile realizzare una trasformazione, il cui unico risultato sia quello di trasformare in lavoro tutto il calore sottratto a un'unica sorgente termica?**

- A Sì, è senz'altro possibile
- B È possibile solo se la trasformazione è adiabatica
- C È possibile solo se la trasformazione è isoterma
- D È possibile solo se la trasformazione è ciclica
- E No

FISICA

1240 Qual è la differenza tra le onde utilizzate nelle trasmissioni radiofoniche e in quelle televisive?

- **A** Nelle trasmissioni radiofoniche si utilizzano onde sonore (o elastiche); nelle trasmissioni televisive si utilizzano onde luminose
- **B** In entrambe le trasmissioni si utilizzano onde elettromagnetiche ma con lunghezze d'onda diverse
- **C** In entrambe le trasmissioni si utilizzano onde sonore (o elastiche) ma con lunghezze d'onda diverse
- **D** Nelle trasmissioni radiofoniche si utilizzano onde elettromagnetiche; nelle trasmissioni televisive si trasmettono fasci di elettroni
- **E** Nelle trasmissioni radiofoniche si utilizzano onde longitudinali; nelle trasmissioni televisive si utilizzano onde trasversali

1241 I raggi X:

- **A** hanno carica positiva
- **B** hanno carica negativa
- **C** hanno spin = 1/2
- **D** trasportano più energia dei raggi gamma
- **E** le precedenti risposte sono false

1242 I raggi γ:

- **A** hanno la stessa lunghezza d'onda dei raggi X
- **B** hanno la stessa frequenza dei raggi X
- **C** si propagano nel vuoto alla stessa velocità della luce
- **D** hanno massa pari a quella dell'elettrone
- **E** hanno massa pari a quella del protone

1243 Un'onda elettromagnetica di frequenza ν si propaga nel vuoto con velocità *c*. La sua lunghezza d'onda λ è data da:

- **A** $\lambda = 1/\nu$
- **B** $\lambda = c \cdot \nu$
- **C** $\lambda = \nu/c$
- **D** $\lambda = 1/c$
- **E** $\lambda = c/\nu$

1244 La luce monocromatica è un'onda elettromagnetica:

- **A** caratterizzata da un'unica lunghezza d'onda
- **B** le cui vibrazioni avvengono su un solo piano
- **C** polarizzata
- **D** le cui vibrazioni avvengono su due piani perpendicolari
- **E** nessuna delle precedenti

1245 Un buon vetro da usare come materia prima per costruire un prisma per uno spettroscopio deve avere un indice di rifrazione:

- **A** altamente variabile con la lunghezza d'onda delle radiazioni
- **B** approssimativamente uguale a 1
- **C** molto maggiore di 1
- **D** approssimativamente uguale al valore dell'angolo limite
- **E** non si può usare il vetro

1246 Nella diffrazione della luce:

- **A** l'angolo di incidenza è uguale all'angolo di diffrazione
- **B** il rapporto fra angolo di incidenza e angolo di diffrazione è l'indice di diffrazione
- **C** si evidenzia la natura corpuscolare della luce
- **D** si manifesta la capacità della luce di aggirare gli ostacoli
- **E** l'angolo di incidenza è uguale all'angolo di rifrazione

1247 Il fenomeno per cui la frequenza del suono emesso da una sorgente dipende dalla velocità di questa rispetto al rivelatore prende il nome di:

- **A** effetto Joule
- **B** effetto Hertz
- **C** effetto Volta
- **D** effetto Doppler
- **E** effetto relativistico

1248 Riscaldando di 30 °C un gas in un recipiente chiuso da un pistone libero di muoversi:

- A il volume rimane inalterato
- B aumenta il volume
- C raddoppia la pressione
- D raddoppia il volume
- E aumenta la temperatura del 30%

1249 L'eco è dovuta al fenomeno di:

- A rifrazione di onde sonore
- B diffrazione di onde sonore
- C interferenza di onde sonore
- D riflessione di onde sonore
- E assorbimento di onde sonore

1250 Il suono arriva al cervello sotto forma di:

- A vibrazione meccanica
- B radiazione ionizzante
- C impulso elettrico
- D scarica di adrenalina
- E onda elettromagnetica

1251 Tre cariche elettriche uguali e dello stesso segno sono poste ognuna al vertice di un triangolo equilatero. Si può affermare che il campo elettrico nel centro C del triangolo è:

- A nullo
- B uguale in modulo al triplo del campo generato da una delle cariche
- C inversamente proporzionale al quadrato del lato del triangolo
- D inversamente proporzionale al quadrato della distanza di C dalle cariche
- E per rispondere occorre conoscere le dimensioni del triangolo

1252 Un corpo che si muove di moto uniforme può avere una accelerazione?

- A No
- B No, se la traiettoria è parabolica
- C Sì, se la traiettoria è curva
- D Sì, solo se la traiettoria è circolare
- E Sì, se la velocità varia in modo uniforme

1253 Quale delle seguenti affermazioni relative al potenziale elettrostatico in un punto P di un campo elettrico è ERRATA?

- A È numericamente uguale all'energia potenziale della carica unitaria positiva in P
- B Dipende dalla carica esploratrice posta in P
- C Dipende unicamente dalle cariche che creano il campo e dalla loro distanza da P
- D È uguale al rapporto tra l'energia potenziale della carica esploratrice posta in P e il valore della carica stessa; si misura in joule/coulomb
- E Si misura in volt

1254 La corrente in un conduttore metallico è dovuta:

- A al moto degli elettroni
- B al moto di cariche positive e negative
- C al moto di un'onda elettromagnetica
- D al moto di un fluido
- E al moto di un solido

1255 L'ohm è uguale a:

- A ampere/volt
- B volt/ampere
- C coulomb · volt
- D volt · ampere
- E coulomb/secondo

1256 Quale quantità di energia viene dissipata in un'ora da una comune lampada a incandescenza di 60 W?

- A Circa 50 calorie
- B Circa 500 calorie
- C Circa 5.000 calorie
- D Circa 50.000 calorie
- E Circa 500.000 calorie

1257 Un muscolo con una resistenza di 40 Ω deve essere attraversato da una corrente di 100 mA; possedendo un generatore di 20 V è necessario:

A mettere in serie al muscolo una resistenza di 160 Ω

B mettere in parallelo al muscolo una resistenza di 10 Ω

C mettere in serie al muscolo una resistenza di 40 Ω

D mettere in parallelo al muscolo una resistenza di 40 Ω

E collegare un'estremità del muscolo con una presa di terra

1258 La forza elettromotrice è:

A la forza agente sugli elettroni di un filo conduttore

B la quantità di carica trasportata dalla corrente

C la differenza di potenziale ai capi di una pila a circuito aperto

D la forza esercitata dagli elettroni di un filo conduttore

E la forza generata da un locomotore dotato di motore elettrico

1259 Le dimensioni del vettore B sono:

A $[M]\,[i]^{-1}\,[T]^{-2}$

B $[M]\,[L]\,[i]^{-2}$

C weber

D henry

E tesla

1260 Un campo magnetico è prodotto:

A da cariche elettriche in movimento

B da un campo elettrico stazionario

C da una massa in moto in un campo elettrico esterno

D da cause non in relazione a fenomeni elettrici

E da un sistema di cariche in quiete

1261 Una carica elettrica puntiforme si muove inizialmente con velocità costante fino a quando non entra in una zona nella quale il suo moto diventa circolare; allora la zona in cui la carica si muove è sede di un campo:

A elettrico costante

B neutro

C magnetico

D gravitazionale

E di forze elettrostatiche

1262 Una spira ruota tra i poli Nord e Sud di un magnete. Il valore assoluto della forza elettromotrice della corrente indotta è massimo quando:

A la faccia della spira è perpendicolare alle linee di forza del campo magnetico

B la faccia della spira forma un angolo di 45° con le linee di forza

C la faccia della spira è parallela alle linee di forza del campo magnetico

D la faccia della spira forma un angolo di 100° con le linee di forza

E la faccia della spira forma un angolo di 60° con le linee di forza

1263 Quale dei seguenti apparecchi funziona solo in corrente alternata?

A Lampada a incandescenza

B Ferro da stiro

C Stufa elettrica

D Trasformatore

E Scaldabagno

1264 La massa totale degli abitanti dell'Italia è all'incirca:

A 3 milioni di tonnellate

B 30 milioni di chilogrammi

C 300 mila quintali

D 3 miliardi di grammi

E 30 milioni di tonnellate

QUESITI

1265 **Un microgrammo corrisponde alla milionesima parte di:**

A 1 cg
B 1 mg
C 1 g
D 1 dg
E 1 ng

1266 **In quale dei seguenti elenchi i prefissi per le unità di misura sono in ordine crescente?**

A n, k, h, M, T
B p, da, c, M, G
C μ, m, d, T, M
D d, p, da, k, G
E In nessuno dei precedenti elenchi

1267 **La velocità nel moto circolare uniforme:**

A è costante
B ha modulo costante
C ha direzione costante
D ha modulo e direzione costanti
E ha modulo e direzione variabili

1268 **Tre sfere di ugual diametro vengono lasciate cadere dalla medesima quota nello stesso istante. La sfera A è di acciaio, la sfera B è di rame, la sfera C è di legno. Qual è il loro ordine di arrivo sulla Terra, trascurando la resistenza dell'aria?**

A Arrivano insieme
B Arrivano nell'ordine A, C, B
C Arrivano nell'ordine B, A, C
D Arrivano prima e contemporaneamente A e C, e successivamente B
E Manca qualche elemento necessario per risolvere il problema

1269 **Una forza costante è applicata a corpi di massa diversa. L'accelerazione impressa a ognuno di essi è:**

A proporzionale alla massa
B proporzionale al quadrato della massa
C non dipende dalla massa
D inversamente proporzionale alla massa
E non dipende mai dalla forza applicata

1270 **Quando cessa istantaneamente l'azione di qualunque forza su un corpo, questo:**

A si arresta
B decelera fino a tornare alla velocità iniziale
C prosegue con moto rettilineo uniforme
D ricade compiendo una traiettoria parabolica
E esegue un moto armonico

1271 **In un sistema di particelle la quantità di moto totale si conserva:**

A sì, sempre
B no, mai
C solo se il sistema è chiuso
D solo se il sistema è isolato
E solo se il sistema è aperto

1272 **Una palla di massa pari a 0,1 kg urta un muro alla velocità di 20 m/s; se la palla rimbalza all'indietro con la stessa velocità, la sua quantità di moto:**

A rimane invariata
B varia di 2 N · s
C varia di 4 N · s
D varia di 20 N · s
E si conserva

1273 **Due corpi aventi lo stesso volume e la stessa densità hanno:**

A la stessa massa
B la stessa superficie
C la stessa capacità termica
D la stessa carica elettrica
E lo stesso numero di atomi

1274 **10 cm^3 di acqua hanno una massa circa uguale a:**

A 1 g
B 10 g
C 1 kg
D 10 kg
E 100 g

1275 Sottraendo tra loro due grandezze espresse in metri si ottiene...

A una lunghezza espressa in metri

B una lunghezza espressa in metri quadrati

C una superficie espressa in metri quadrati

D un numero puro

E una lunghezza espressa in metri se le due lunghezze di partenza hanno valori diversi, altrimenti 0

1276 Si appende a una molla una massa di 3 kg e si osserva che questa si allunga di 9 cm; allora, se alla stessa molla si appende una massa di 2 kg, l'allungamento risultante è:

A 4 cm

B 6 cm

C 8 cm

D 1 cm

E 2 cm

1277 Quanto vale il prodotto scalare di due vettori antiparalleli e aventi lo stesso modulo, pari a 5?

A 25

B –25

C 5

D – 5

E Il prodotto scalare di due vettori antiparalleli vale sempre zero

1278 Un'automobile parte da ferma e accelera costantemente lungo un rettilineo. Qual è la sua accelerazione, costante, perché percorra 1 chilometro in 25 secondi?

A 80 m/s^2

B $3{,}2 \text{ m/s}^2$

C $1{,}6 \text{ m/s}^2$

D 1,6 m/s

E 40 m/s^2

1279 Una superficie macroscopica opaca può essere schematizzata come una serie di microsuperfici idealmente lisce. Le normali alle microsuperfici sono disposte nello spazio secondo una certa distribuzione statistica. Quando un fascio parallelo di luce incide sulla superficie, il fascio riflesso viene conseguentemente:

A trasmesso

B rifratto

C diffratto

D diffuso

E polarizzato

1280 Un'automobile percorre un tratto di strada in salita alla velocità *v* e lo stesso tratto in discesa alla velocità 2*v*. La velocità media è:

A minore di 3/2 *v*

B 3/2 *v*

C maggiore di 3/2 *v*

D 5/4 *v*

E 2 *v*

1281 A volume costante la relazione esistente tra la pressione e la temperatura in un gas è:

A p/T = costante

B p = 1/T

C p = nR/T

D p x T = costante

E p x V = costante

1282 Una resistenza di 5 ¾ è collegata a una batteria da 12 V con resistenza interna di 1 ¾. Quanto vale la corrente che eroga la batteria?

A 2 A

B 12 A

C 2,4 A

D 0,5 A

E 2,4 W

QUESITI

1283 **La stella V irraggia con una potenza quattro volte superiore a quella della stella Z e con il medesimo spettro luminoso. Perché le due stelle abbiano la stessa luminosità apparente, la distanza dell'osservatore dalla stella V deve essere:**

A quattro volte quella della stella Z
B doppia di quella della stella Z
C otto volte quella della stella Z
D sedici volte quella della stella Z
E trentadue volte quella della stella Z

1284 **Quanto vale l'energia potenziale gravitazionale di un corpo di massa 10 kg che si trova a 2 metri di altezza rispetto al suolo?**

A Circa 20 joule
B Circa 200 joule
C Circa 20 watt
D Circa 2000 cal
E Circa 2 joule

1285 **Quale delle seguenti unità di misura non si riferisce a un lavoro?**

A Joule
B Caloria
C Kilowattora
D Newton x metro
E Pascal

1286 **Specificare in quale dei moti seguenti la risultante delle forze agenti sul corpo è nulla:**

A nel moto rettilineo uniforme
B nel moto rettilineo uniformemente accelerato
C nel moto circolare uniforme
D nel moto di caduta verticale nel campo gravitazionale
E nel moto di caduta nel vuoto

1287 **Qual è la temperatura dell'acqua che si ottiene mescolandone 1 litro a 0 °C con 0,5 litri a 60 °C?**

A 10 °C
B 20 °C
C 30 °C
D 40 °C
E 50 °C

1288 **Le oscillazioni di un pendolo semplice, che oscilla con un periodo di 2,5 s, hanno frequenza:**

A 0,25 Hz
B $\pi/2{,}5$ Hz
C 5 Hz
D 2,5 Hz
E 0,4 Hz

1289 **La pressione idrostatica a 30 metri di profondità nel mare è circa:**

A 3 atmosfere
B $30 \cdot 10^5$ newton/m^2
C 30 pascal
D 30 mmHg
E 300 cmHg

1290 **1 atmosfera è la pressione:**

A a livello del mare in qualsiasi giorno dell'anno
B esercitata da una colonna d'acqua di 76 m d'altezza
C atmosferica a livello del mare a 4 °C
D esercitata da una colonna di mercurio di 76 cm di altezza a 0 °C
E a 7,6 m di profondità sotto il livello del mare

1291 **Un fluido si dice viscoso se in esso:**

A la velocità di scorrimento tra i suoi strati è minima
B è presente il solo attrito con le pareti del recipiente
C è presente un attrito interno
D non esiste accelerazione di gravità
E nessuna delle precedenti

1292 **Un gas reale si può considerare simile a un gas perfetto:**

A a bassa pressione e bassa temperatura
B a pressione alta e temperatura bassa
C quando è rarefatto
D ad alta pressione e ad alta temperatura
E ad alta temperatura e bassa pressione

FISICA

1293 Quali dei seguenti termini corrisponde a una grandezza fisica?

- A Poise
- B Ampere
- C Metro
- D Temperatura
- E Chilogrammo

1294 Una forza d'attrito è:

- A non conservativa
- B conservativa
- C attiva
- D centripeta
- E non dissipativa

1295 L'energia potenziale di una palla lanciata verso l'alto è massima:

- A nel punto più alto raggiunto
- B al momento del lancio
- C durante la salita
- D nell'istante dell'impatto con il suolo
- E a metà altezza

1296 Il peso di un oggetto è una grandezza:

- A scalare e si esprime in newton
- B vettoriale e si esprime in kg
- C vettoriale e si esprime in newton
- D scalare e si esprime in kg
- E scalare e si esprime in kg-peso

1297 Durante la liquefazione di un corpo, la sua temperatura:

- A diminuisce regolarmente nel tempo
- B diminuisce a mano a mano che il corpo liquefa
- C aumenta a mano a mano che il corpo liquefa
- D cresce regolarmente nel tempo
- E resta costante

1298 In quale dei seguenti moti l'accelerazione tangenziale è nulla?

- A Moto armonico
- B Moto circolare uniforme
- C Moto rettilineo uniformemente accelerato
- D Moto circolare accelerato
- E Moto di caduta dei gravi

1299 Durante l'oscillazione di un pendolo, il modulo dell'accelerazione è massimo quando il pendolo:

- A ha velocità massima
- B ha velocità nulla
- C ha velocità uguale alla media delle velocità
- D ha velocità intermedia
- E transita nella posizione di equilibrio

1300 L'energia necessaria per imprimere la velocità di 10 m/s a un corpo inizialmente fermo di massa pari a 10 kg è pari a:

- A 500 watt
- B 50 joule
- C 250 watt
- D 500 joule
- E 100 N · m/s

QUESITI

SOLUZIONI

Quesito	Risposta	Quesito	Risposta	Quesito	Risposta	Quesito	Risposta	Quesito	Risposta	Quesito	Risposta	Quesito	Risposta	Quesito	Risposta	Quesito	Risposta	Quesito	Risposta
1201	C	1202	C	1203	A	1204	B	1205	C	1206	B	1207	C	1208	B	1209	B	1210	B
1211	C	1212	A	1213	A	1214	C	1215	A	1216	C	1217	D	1218	A	1219	A	1220	A
1221	E	1222	D	1223	D	1224	B	1225	A	1226	B	1227	C	1228	D	1229	B	1230	C
1231	C	1232	D	1233	B	1234	E	1235	A	1236	A	1237	B	1238	A	1239	E	1240	B
1241	E	1242	C	1243	E	1244	A	1245	A	1246	D	1247	D	1248	B	1249	D	1250	C
1251	A	1252	C	1253	B	1254	A	1255	B	1256	D	1257	A	1258	C	1259	A	1260	A
1261	C	1262	C	1263	D	1264	A	1265	C	1266	E	1267	B	1268	A	1269	D	1270	C
1271	D	1272	C	1273	A	1274	B	1275	A	1276	B	1277	B	1278	B	1279	D	1280	A
1281	A	1282	A	1283	B	1284	B	1285	E	1286	A	1287	B	1288	E	1289	E	1290	D
1291	C	1292	E	1293	D	1294	A	1295	A	1296	C	1297	E	1298	B	1299	B	1300	D

parte quinta

MATEMATICA

Quesiti

1301 La somma di due numeri *x* e *y* è 20. La loro differenza è 8; *x* e *y* valgono:

A –10 e 2

B non è possibile stabilirlo

C $\frac{1}{2}$ e $\frac{15}{2}$

D $\frac{1}{2}$ e $\frac{39}{2}$

E 14 e 6

1302 Dati due numeri reali *a* e *b*, con $0 < a \leq b$, si ha:

A $\frac{1}{a} \geq \frac{1}{b} > 0$

B $\frac{1}{a} \geq 0 > \frac{1}{b}$

C $\frac{1}{b} \geq \frac{1}{a} > 0$

D $\frac{1}{b} \geq 0 > \frac{1}{a}$

E $0 \geq \frac{1}{a} > \frac{1}{b}$

1303 La somma di tre aree è 1.600. La prima è il 20% della seconda e la seconda è il 50% della terza. Le tre aree misurano:

A 100; 500; 1000

B 200; 500; 900

C 300; 500; 800

D 100; 510; 990

E 300; 400; 900

1304 Una città ha inizialmente una popolazione di 360.000 abitanti. Questa aumenta, dapprima, di 2/3; il nuovo numero aumenta, poi, del 50%; quanti sono gli abitanti, dopo questi aumenti?

A 2.000.000

B 1.350.000

C 300.000

D 600.000

E 900.000

1305 Il polinomio $x^2 - 7x + 6$ può essere scomposto nei seguenti fattori:

A $(x-1)(x+6)$

B $(x-1)(x-6)$

C $(x+1)(x+6)$

D $(x+1)(x-6)$

E il polinomio non può essere scomposto

1306 Dati i seguenti valori 1, 3, 4, 2, 5, 3, 3, 2, 6, 5, la media vale:

A 3,4

B 4

C 5

D 3

E 2,1

1307 $\sqrt[4]{\sqrt[3]{2}}$ è uguale a:

A 2

B $\frac{1}{2}$

C $\sqrt[12]{2}$

D $\sqrt[7]{2}$

E $\sqrt[12]{2^7}$

MATEMATICA

1308 **In un triangolo prendo i punti medi dei lati e considero un secondo triangolo che ha questi punti come vertici. Il rapporto fra l'area del secondo triangolo e l'area del triangolo iniziale è:**

A $\frac{1}{3}$

B $\frac{1}{4}$

C $\frac{1}{2}$

D $\frac{1}{8}$

E dipende dal triangolo che si considera

1309 **I numeri reali sono l'insieme dei numeri:**

A razionali

B razionali ed irrazionali

C irrazionali

D complessi

E immaginari

1310 **Quanti numeri razionali sono compresi fra $\frac{1}{4}$ e $\frac{1}{3}$?**

A Nessuno

B Uno

C Due

D Dodici

E Infiniti

1311 $1 \cdot 10^0 + 2 \cdot 10^1 + 5 \cdot 10^3 =$

A 5021

B 521

C 5020

D 125

E 512

1312 **Qual è la centesima parte di 10^{12}?**

A 10^{10}

B 10^{-10}

C 10^6

D $\frac{10^{12}}{1000}$

E 10^9

1313 **La radice quadrata di 642.536 è circa:**

A 800

B 80

C 8000

D 200

E 400

1314 **La probabilità che lanciando simultaneamente due dadi si ottengano due numeri la cui somma vale 11 è, rispetto alla probabilità che si ottengano due numeri la cui somma vale 10:**

A non paragonabile, perché si tratta di eventi diversi

B minore

C maggiore

D uguale

E circa doppia

1315 $1 + 27^{2/3}$ **vale:**

A 10

B 7

C 19

D 6

E 4

1316 **Aggiungendo al numero *S* la sua metà si ottiene il numero *T*. Quale percentuale di *S* è *T*?**

A 50%

B 66,6%

C 100%

D 120%

E 150%

1317 **In Italia, in un certo anno, 824 persone di sesso maschile si sono ammalate di AIDS. Sapendo che esse costituiscono l'80% del totale di coloro che si sono ammalati di AIDS, questi ultimi sono:**

A 890

B 989

C 1030

D 1483

E 65920

QUESITI

1318 **L'espressione $\sqrt{-8}$ vale:**

A l'espressione non ha significato nel campo dei numeri reali

B −2

C 2

D −2,828426

E −1,414213

1319 **Qual è il valore di $(0{,}000064)^{-1/3}$?**

A 12

B 24

C 25

D 28

E 16

1320 **Quale delle seguenti quaterne dà l'ordine crescente dei quattro numeri**

$x = 10^{-2}$; $y = -10^{2}$; $z = \frac{1}{10^{-3}}$;

$t = -10^{-4}$?

A z, x, y, t

B t, z, x, y

C y, t, x, z

D t, z, y, x

E x, y, z, t

1321 **La somma $10^{-3} + 10^{-5}$ è:**

A uguale a 10^{-8}

B maggiore di 10^{-3}

C minore di 10^{-5}

D uguale a $2 \cdot 10^{-3}$

E minore di 10^{-3}

1322 **La frazione generatrice di 0,75 è:**

A $\frac{1}{75}$

B $\frac{7}{5}$

C $\frac{7{,}5}{50}$

D $\frac{100}{75}$

E $\frac{75}{100}$

1323 **Dati i numeri $\frac{4}{14}$, $-\ln 1$, -2^{-2}, $\frac{14}{4}$, qual è il valore esatto della differenza fra il maggiore ed il minore?**

A $\frac{45}{14}$

B $\frac{47}{14}$

C 2,718

D 3,75

E 3,50

1324 **Quanto vale l'inverso del numero $\sqrt{5} + 2$?**

A $\sqrt{5} - 2$

B $\sqrt{2} + 5$

C $2 - \sqrt{5}$

D $\sqrt{3}$

E $\sqrt{7}$

1325 **Se $2x - 3y = 2$ e $y = 2$, quanto vale $3x - 2y$?**

A 8

B 6

C 8

D 0

E −2

1326 **Il sistema $\begin{cases} a_1x + b_1y = c_1 \\ a_2x + b_2y = c_2 \end{cases}$ ha un'unica soluzione soltanto se:**

A $a_1b_2 - a_2b_1 = 0$

B $a_1b_2 - a_2b_1 \neq 0$

C $a_1c_2 - a_2c_1 = 0$

D $a_1c_2 - a_2c_1 \neq 0$

E $a_1b_2 - a_2b_1 \neq c_1c_2$

MATEMATICA

1327 Quale delle seguenti coppie di valori rappresenta una delle soluzioni del sistema $\begin{cases} x^2 + y^2 = \frac{1}{4} \\ xy = \frac{1}{8} \end{cases}$ **?**

A $x = \frac{1}{2}; y = \frac{1}{2}$

B $x = -\frac{1}{2\sqrt{2}}; y = \frac{1}{2\sqrt{2}}$

C $x = \frac{1}{2\sqrt{2}}; y = -\frac{1}{2\sqrt{2}}$

D $x = \frac{1}{2\sqrt{2}}; y = \frac{1}{2\sqrt{2}}$

E $x = -\frac{1}{\sqrt{2}}; y = -\frac{1}{\sqrt{2}}$

1328 Le radici dell'equazione:

$$(x - a)(x + b)(x - c) = 0$$

sono:

A $-a, b, -c$

B $a, -b, c$

C $-a, -b, c$

D $\frac{1}{a}, \frac{1}{b}, \frac{1}{c}$

E a^2, b^2, c^2

1329 L'equazione $3x^5 + 96 = 0$ è soddisfatta da:

A $x = -2$

B $x = 2$

C $x = -0{,}5$

D $x = 0{,}5$

E nessun valore reale di x

1330 Sia r la retta di equazione $x + 2y - 1 = 0$. Quale tra le seguenti è l'equazione di una retta perpendicolare a r?

A $y = -\frac{1}{2}x$

B $y = -x$

C $y = 2x$

D $y = \frac{1}{2}x$

E $y = -2x$

1331 Gli zeri del polinomio $P(x) = x^2 + ax + b$ sono −1 e 2. Allora $P(7)$ vale:

A 35

B 42

C 54

D 40

E 30

1332 In un'azienda il macchinario A produce 10 pezzi al minuto, mentre il macchinario B ne produce 12 al minuto. I pezzi vengono poi imballati in scatole da 15 pezzi ciascuna. Un giorno viene acceso prima il macchinario A e dopo mezzora viene utilizzato anche B. Quando A e B hanno prodotto lo stesso numero di pezzi, quante scatole sono state riempite in tutto?

A 300

B 270

C 180

D 250

E 240

1333 Quale delle seguenti affermazioni è esatta?

A Tutti i numeri pari sono divisibili per 4

B I numeri pari non sono mai divisibili per 4

C Non tutti i numeri pari sono divisibili per 4

D I numeri divisibili per 4 non sono mai pari

E Nessuna delle altre risposte è corretta

1334 La funzione composta $h = f(g(x))$, con $g(x) = x^2 - 1$ e $f(x) = 3x + 2$, ha equazione:

A $h(x) = 3x^2 - 1$

B $h(x) = \frac{x^2 - 1}{3x + 2}$

C $h(x) = (x^2 - 1)(3x + 2)$

D $h(x) = 9x^2 + 12x + 3$

E $h(x) = x^2 + 3x + 1$

1335 Sia c un numero positivo assegnato. Qual è l'insieme delle soluzioni del seguente sistema di disequazioni?

$$\begin{cases} x^2 - 4c^2 \leq 0 \\ |x| - c \geq 0 \end{cases}$$

A $(-\infty, -2c] \cup [2c, +\infty)$

B $[-c, c]$

C L'insieme vuoto

D $[c, 2c]$

E $[-2c, -c] \cup [c, 2c]$

1336 Se una grandezza x è proporzionale al quadrato di una grandezza y e y è inversamente proporzionale a una grandezza z, allora:

A x è direttamente proporzionale a z^2

B x è inversamente proporzionale a z^2

C x è direttamente proporzionale a z

D x è inversamente proporzionale a z

E x è direttamente proporzionale a $\sqrt{z}$

1337 La funzione $y = \frac{\cos x}{\operatorname{sen} x}$ ha periodo:

A $\frac{\pi}{4}$

B $\frac{\pi}{3}$

C $\frac{\pi}{2}$

D π

E 2π

1338 Una coppia vuole avere due figli dello stesso sesso: qual è il numero minimo di figli che deve avere per essere sicura che almeno due siano dello stesso sesso?

A 2

B Più di 4

C 4

D Non si può stabilire

E Nessuna delle altre risposte è corretta

1339 Il logaritmo di un numero negativo:

A dà un risultato negativo

B non esiste

C esiste solo se la base è compresa tra 0 e 1

D è irrazionale

E nessuna delle precedenti risposte è corretta

1340 Dato un cono di altezza h, volume V e vertice P, si consideri un secondo cono con vertice P, che si ottiene sezionando il primo cono con un piano parallelo alla base a distanza $h/3$ dal punto P. Il secondo cono ha volume:

A $\frac{V}{9}$

B $\frac{V}{12}$

C $\frac{V}{24}$

D $\frac{V}{27}$

E $\frac{V}{18}$

1341 Ciascun angolo interno di un dodecagono regolare misura:

A 150°

B 158°

C 120°

D 100°

E 135°

1342 A quale percentuale del numero 72 corrisponde 5,76?

A 8%

B 8,7%

C 7,8%

D 7%

E 0,8%

1343 Dall'osservazione che l'ombra di un paletto verticale alto 1 m è lunga 1,5 m e che alla stessa ora quella di un edificio è lunga 90 m, si deduce che l'edificio è alto:

A 40 m

B 60 m

C 80 m

D 100 m

E Nessuna delle altre risposte è corretta

1344 La probabilità che lanciando due dadi si ottengano due numeri la cui somma vale 5 è, rispetto a quella di ottenere due numeri la cui somma vale 4:

A maggiore

B minore

C uguale

D doppia

E nessuna delle altre risposte è corretta

1345 La funzione $\ln(x-1)$ è definita:

A per x positivo

B per $x \geq 0$

C per $x > -1$

D per $x \geq 1$

E per $x > 1$

1346 È data la funzione $f(x) = 3^{2x-1}$. Tra le funzioni indicate sotto ce n'è una e una sola tale che $f(g(t)) = t$ per tutti i numeri reali t positivi. Quale?

A $g(t) = \sqrt{\log_3 t - 3}$

B $g(t) = \log_3 \sqrt{3t}$

C $g(t) = \log_3 \sqrt{t+1}$

D $g(t) = \frac{1}{2}\sqrt{\frac{\log_3 t}{3}}$

E $g(t) = \frac{1}{2}\sqrt{\log_3 t}$

1347 Il numero $(\sqrt{3})^{10}$ è uguale a:

A $\sqrt{3^5}$

B 3^5

C $\sqrt[20]{3}$

D $\sqrt[10]{3}$

E 3^8

1348 Sia f la funzione definita da $f(x) = x^3 + 8$. Per quale x si ha che $f(x)$ è il doppio del valore della funzione in $x = 0$?

A 16

B 0

C 2

D −2

E 1

1349 Si vuole riempire completamente un parallelepipedo a base quadrata di lato 30 cm e altezza 50 cm con dei cubi indeformabili uguali. Qual è il minimo numero di tali cubetti?

A 15

B 45

C 75

D 80

E 150

1350 La soluzione dell'equazione $8x + 4 = 6$ è:

A $x = \frac{1}{4}$

B $x = -4$

C $x = \frac{10}{8}$

D $x = 4$

E $x = \frac{5}{2}$

QUESITI

1351 Quali sono le radici dell'equazione $x^2 + 3x - 10 = 0$?

A $2, 5$

B $-2, -5$

C $2, -5$

D $-2, 5$

E Nessuna delle risposte precedenti è corretta

1352 La soluzione del sistema $\begin{cases} x + y = 2 \\ \frac{x}{2} - y = 1 \end{cases}$ è data da:

A $x = 2, y = 0$

B $x = 0, y = 1$

C $x = 0, y = 0$

D $x = 1, y = -1$

E $x = 1, y = 1$

1353 Il sistema fra le due equazioni $y - 2 = 4 - 2x$ e $x + \frac{y}{2} = 3$:

A non ha soluzioni

B ha la sola soluzione $x = 2, y = 2$

C ha la sola soluzione $x = 1, y = \frac{3}{2} + 1$

D ha la sola soluzione $x = \frac{3}{2}, y = 2$

E nessuna delle risposte precedenti è corretta

1354 Se l'equazione $x^2 - 6x + k = 0$ ha una radice uguale a 4, quanto vale l'altra?

A Dipende da k

B 1

C - 2

D 2

E - 1

1355 Se le quantità positive H, K, L sono legate dalle relazioni $H < K$ e $L \geq K$, quale relazione è sempre VERA?

A $H < L$

B $K = L$

C $H = L$

D $K < L$

E $H \geq L$

1356 $5x^5 + 4x^4 + x^3 - (2x^5 + x^4 - 2x^3)$ equivale a:

A $-x^3(1 - 5x - 3x^2)$

B $-x^3(1 + 3x - 3x^2)$

C $x^3(3 + 5x + 3x^2)$

D $3x^3(1 + x + x^2)$

E $3x^3(x + 1)^2$

1357 Una grandezza X aumenta in un'ora del 20% del valore iniziale, e nell'ora successiva diminuisce del 20% del valore raggiunto nella prima ora. Una grandezza Y invece diminuisce in un'ora del 20% del valore iniziale, e nell'ora successiva aumenta del 20% del valore raggiunto nella prima ora. Al termine delle due ore:

A X e Y sono entrambe diminuite rispetto ai valori iniziali

B X e Y sono entrambe ritornate ai valori iniziali

C X e Y sono entrambe aumentate rispetto ai valori iniziali

D rispetto ai valori iniziali X è aumentata e Y è diminuita

E rispetto ai valori iniziali X è diminuita e Y è aumentata

1358 Il 5% del 10% di un numero è 1. Qual è il numero?

A 100

B 200

C 1000

D 2000

E 10000

MATEMATICA

1359 **Uno studente, nel corso dei suoi studi, ha superato 10 esami con i seguenti voti: 22, 24, 26, 25, 21, 18, 20, 28, 30, 30. La media dei voti degli esami sostenuti da tale studente vale:**

A 24,4
B 24
C 25
D non si può calcolare
E 24,5

1360 **La metà di 10^6 è:**

A 10^3
B $0{,}2 \cdot 10^6$
C $5 \cdot 10^5$
D 5^6
E 10^5

1361 $a^m \cdot a^n$ **è uguale a:**

A a^{m+n}
B a^{m-n}
C na^m
D a^{2mn}
E Nessuna delle risposte precedenti è corretta

1362 **In un piano cartesiano due circonferenze con raggio uguale di lunghezza 5 e centri di coordinate (2; 2) e (10; 8) hanno:**

A infiniti punti in comune
B due punti in comune
C un punto in comune
D nessun punto in comune
E quattro punti in comune

1363 **Una circonferenza è un caso particolare di:**

A parabola
B iperbole
C ellisse
D retta
E conica degenere

1364 $\dfrac{10^{-12}}{10^3} =$

A 10^{-9}
B 10^{-15}
C 10^{-4}
D 10^{15}
E 10^{12}

1365 **Il 5% dei membri di una scuola di 5000 persone è stato colpito da una malattia infettiva che richiede il ricovero nel 50% dei casi: quanti ricoveri sono stati fatti?**

A 100
B 115
C 125
D 135
E 250

1366 **Una colonia batterica raddoppia ogni giorno la superficie occupata e in 30 giorni occupa tutto lo spazio a disposizione. Quanti giorni ha impiegato per occuparne il 25%?**

A 28
B 8
C 15
D 21
E 25

1367 **Dati tre mazzi di 40 carte ciascuno, qual è la probabilità di estrarre da ognuno di essi, contemporaneamente, l'asso di picche o l'asso di cuori?**

A $\dfrac{1}{40}$
B $\dfrac{3}{20}$
C $\dfrac{3}{40}$
D $\dfrac{1}{8000}$
E $\dfrac{1}{16.000}$

QUESITI

1368 Quali sono tutti i valori di x per i quali è valida la disequazione $x^2 > 64$?

A $x > -8$

B $x < -8$ e $x > 8$

C $x < 8$ e $x > -8$

D $x > 8$

E $x < -8$

1369 Le curve di equazione $y = ax^2 + bx + c$ (parabola) intersecano l'asse delle ascisse:

A in un numero di punti che dipende dal valore di *a*, *b*, *c*

B in un numero di punti che dipende solo dal valore di a

C sempre in due punti

D in nessun punto

E in un solo punto

1370 Se ogni coppia di numeri seguenti rappresenta le coordinate cartesiane di un punto, qual è quello più lontano dall'origine?

A (2; 5)

B (0; 7)

C (4; 4)

D (6; 1)

E (6; 2)

1371 Quanto vale $6 + \frac{1}{2} + \frac{1}{3} + \frac{1}{4}$?

A 6,75

B 9

C $\frac{60}{9}$

D $\frac{85}{12}$

E 7,25

1372 Supponiamo di lanciare 6 volte una moneta equilibrata. Stabilire quali tra le seguenti tre sequenze di risultati è la più probabile:

(i) {testa, croce, testa, croce, testa, croce}

(ii) {croce, testa, testa, croce, croce testa}

(iii) {testa, testa, testa, croce, croce, croce}

A sono tutte e tre equiprobabili

B non è possibile confrontare le probabilità delle tre sequenze

C la (i)

D la (ii)

E la (iii)

1373 In un esame, 16 studenti sono stati respinti e il 90% è stato promosso. Quanti studenti si sono presentati all'esame?

A 160

B 116

C 84

D 120

E 190

1374 Un angolo è convesso se:

A è minore o uguale a un angolo retto

B è maggiore o uguale a un angolo retto

C non contiene il prolungamento dei suoi lati

D è maggiore di un angolo piatto

E nessuna delle precedenti

1375 In due triangoli simili, le misure dei lati del più piccolo sono uguali al 50% delle corrispondenti misure del più grande; il rapporto tra l'area del triangolo maggiore e quella del triangolo minore è:

A 0,25

B 2

C 0,5

D 4

E i dati forniti non sono sufficienti per rispondere

1376 1^{-23} **è:**

- A negativo
- B uguale a 1
- C uguale a $\frac{1}{23}$
- D uguale a $-\frac{1}{23}$
- E nessuna delle risposte precedenti è corretta

1377 **Quanto vale l'espressione** $2^{-1} \cdot 2^5 \cdot 2^{-4}$ **?**

- A 20
- B 1
- C 2
- D 64
- E 32

1378 **Il luogo dei punti equidistanti da due punti assegnati A e B è**

- A una retta parallela al segmento $\overline{AB}$
- B l'asse del segmento $\overline{AB}$
- C la circonferenza di centro A e passante per B
- D una retta perpendicolare al segmento $\overline{AB}$ e passante per A
- E una retta perpendicolare al segmento $\overline{AB}$ e passante per B

1379 **La disequazione** $9(3x^2+2)>16(x-3)$ **è soddisfatta:**

- A solo per $x<\frac{2}{3}$
- B solo per $x<0$
- C solo per $x>\frac{2}{3}$
- D mai
- E per ogni valore reale di x

1380 **La disequazione** $\left(4x-\frac{1}{x}\right)^2>0$ **è soddisfatta:**

- A per ogni $x \neq 0$
- B per ogni $x \neq 0$, $x \neq \pm\frac{1}{2}$
- C per ogni $x \neq 0$, $x \neq \pm 2$
- D per nessun x reale
- E per ogni $x \neq 0$, $x \neq \frac{1}{2}$

1381 **È possibile definire logaritmi dei numeri negativi?**

- A Sì, se la base è compresa tra 0 e 1
- B Sì, se la base è negativa
- C Sì, se la base è minore di 1
- D Sì, se la base è positiva
- E No, mai

1382 **Ad ogni lavaggio con procedure standard di biancheria infetta si può ritenere che il numero di microrganismi presenti si riduca di un fattore 100. Supponendo che in un dato mucchio di panni siano presenti inizialmente** $3 \cdot 10^8$ **microrganismi, quanti ne rimarranno approssimativamente dopo 3 lavaggi?**

- A 10^8
- B $3 \cdot 10^5$
- C 10^5
- D $3 \cdot 10^2$
- E $3 \cdot 10^4$

1383 **Indicare quale fra le seguenti uguaglianze è corretta:**

- A $100^{-2} = 10^{-(2^2)}$
- B $2^{(2^5)} = 2^{10}$
- C $5^{(2^3)} = 5^{(3^2)}$
- D $4^{1/2} = 2^{-1}$
- E $3^{(2^0)} = 3^0$

QUESITI

1384 Il volume di una piramide è uguale:

A alla terza parte dell'area di base
B all'area di base per l'altezza
C all'area di base per l'altezza diviso tre
D al perimetro di base per l'altezza diviso tre
E al perimetro di base per l'apotema diviso due

1385 Dati i seguenti monomi

$$5xy^2, 15x^2yz, 10x^2y^2z^2$$

allora il loro M.C.D. (massimo comune divisore) è:

A $30x^2y^2z^2$
B $30xy$
C $15xyz$
D $5xy$
E xy

1386 Stabilire quale delle seguenti affermazioni è vera. I punti $(-3;0)$, $(0;-3)$, $(0;0)$:

A sono i vertici di un triangolo equilatero
B sono allineati
C non sono i vertici di un triangolo rettangolo
D sono i vertici di un triangolo isoscele
E non possono essere i vertici di un triangolo

1387 Un individuo perde in un anno il 10% del suo peso e l'anno seguente aumenta del 5% rispetto al nuovo peso. Se si verificasse prima l'aumento del 5% e successivamente la diminuzione del 10%, il peso finale come risulterebbe rispetto al caso precedente?

A nessuna delle altre risposte è corretta
B minore
C uguale
D maggiore
E mancano dati

1388 $(a+b)^2 =$

A a^2+b^2
B 2^a+2^b
C a^2+b^2+2ab
D a^2-b^2
E a^2+b^2-2ab

1389 Quanto vale l'espressione $\frac{1}{2}-\frac{1}{3}-\frac{1}{4}$?

A $-\frac{1}{12}$
B $\frac{1}{12}$
C $\frac{1}{6}$
D $-\frac{1}{6}$
E $-\frac{1}{9}$

1390 L'equazione di secondo grado $ax^2+b=0$ ha radici reali quando:

A $a<0$ e qualunque sia il segno di b
B $b<0$ e qualunque sia il segno di a
C a e b sono entrambi positivi
D a e b hanno segni opposti
E a e b sono entrambi negativi

1391 Se ad ogni generazione la popolazione mondiale si quadruplicasse, partendo da Adamo ed Eva, dopo quante generazioni si arriverebbe a 2048 persone?

A 3
B 4
C 5
D 6
E Nessuna delle risposte precedenti

MATEMATICA

1392 **Il diametro di una sfera ha lunghezza 6 cm; approssimativamente, il volume della sfera è:**

A 113 cm

B 111 cm^2

C 113 cm^3

D 904 cm^2

E 904 cm^3

1393 **Quanto vale l'espressione $\frac{1}{2}-\frac{1}{3}-\frac{1}{4}-\frac{1}{5}$?**

A 76

B $-\frac{17}{60}$

C $\frac{1}{14}$

D $\frac{1}{12}$

E $\frac{1}{17}$

1394 **Impiegando un certo capitale ad un certo tasso di interesse annuo, dopo il primo anno si ottiene un interesse di 40 euro e dopo il secondo, avendo capitalizzato la rendita, un interesse di 42 euro. Quale era il capitale iniziale?**

A 1.000 euro

B 800 euro

C 400 euro

D 420 euro

E 1.612 euro

1395 **Considerando i numeri del tipo $4n+3$, con n intero, calcolare il numero di quelli compresi fra 240 e 1460:**

A 307 B 308 C 306 D 304 E 305

1396 **Se il raggio di un cilindro viene raddoppiato mentre la sua altezza viene dimezzata, il suo volume viene:**

A invariato

B raddoppiato

C dimezzato

D quadruplicato

E triplicato

1397 **Per $x>0$, il prodotto di x per $\log x$ è uguale a:**

A $\log(x^x)$

B $\log(x^2)$

C $\log(x+x)$

D $e^{\log x}$

E $(\log x)^x$

1398 **Ricordando che $\log_{10}2 = 0{,}3$ allora:**

A $\log_{10}50 = 2{,}7$

B $\log_{10}200 = 2{,}3$

C $\log_{10}0{,}02 = -2{,}3$

D $\log_{10}0{,}5 = -1{,}7$

E $\log_{10}4 = 0{,}9$

1399 **L'equazione $4\left(y-\frac{1}{4}\right) = 1$ ha come soluzione:**

A $y = 1$

B $y = 0{,}5$

C $y = \frac{1}{4}$

D $y = -\frac{1}{2}$

E $y = \frac{5}{16}$

1400 **Le probabilità che lanciando 3 monete si ottengano tre risultati identici (tutte teste ovvero tutte croci) è:**

A $\frac{3}{8}$

B 1

C 0

D $\frac{2}{8}$

E $\frac{1}{8}$

SOLUZIONI

Quesito	Risposta	Quesito	Risposta	Quesito	Risposta	Quesito	Risposta	Quesito	Risposta	Quesito	Risposta	Quesito	Risposta	Quesito	Risposta	Quesito	Risposta	Quesito	Risposta
1301	E	1302	A	1303	A	1304	E	1305	B	1306	A	1307	C	1308	B	1309	B	1310	E
1311	A	1312	A	1313	A	1314	B	1315	A	1316	E	1317	C	1318	A	1319	C	1320	C
1321	B	1322	E	1323	D	1324	A	1325	A	1326	B	1327	D	1328	B	1329	A	1330	C
1331	D	1332	E	1333	C	1334	A	1335	E	1336	B	1337	D	1338	E	1339	B	1340	D
1341	A	1342	A	1343	B	1344	A	1345	E	1346	B	1347	B	1348	C	1349	B	1350	A
1351	C	1352	A	1353	E	1354	D	1355	A	1356	D	1357	A	1358	B	1359	A	1360	C
1361	A	1362	C	1363	C	1364	B	1365	C	1366	A	1367	D	1368	B	1369	A	1370	B
1371	D	1372	A	1373	A	1374	C	1375	D	1376	B	1377	B	1378	B	1379	E	1380	B
1381	E	1382	D	1383	A	1384	C	1385	D	1386	D	1387	C	1388	C	1389	A	1390	D
1391	C	1392	C	1393	B	1394	B	1395	E	1396	B	1397	A	1398	B	1399	B	1400	D

parte sesta

SPORT

Quesiti

1401 L'ultima competizione in pista del leggendario velocista e recordman giamaicano Usain Bolt risale all'agosto 2017 ai Campionati mondiali di atletica leggera di:

A Londra
B Roma
C Rio de Janeiro
D New York
E Istanbul

1402 Quale tra i seguenti ciclisti italiani, vincitore del Giro d'Italia, è stato travolto e ucciso in allenamento da un mezzo pesante nella primavera 2017?

A Fabio Aru
B Vincenzo Nibali
C Ivan Basso
D Michele Scarponi
E Riccardo Riccò

1403 In ambito sportivo, quale dei seguenti non è un grande attrezzo?

A Trapezio
B Panca
C Appoggi Baumann
D Cavallo
E Palla

1404 In quale sport la resistenza aerobica è la qualità fisica predominante?

A Nel tiro a segno
B Nel ciclismo
C Nella scherma
D Nell'hockey
E Nel getto del peso

1405 Il salto verticale è un indicatore di:

A mobilità
B capacità di muoversi velocemente
C resistenza
D forza
E flessibilità

1406 In quale, tra i seguenti sport, il regolamento non prevede lo svolgimento di set?

A Tennis
B Badminton
C Pallavolo
D Beach tennis
E Calcio a 5

1407 Le parallele sono attrezzi usati:

A nel karate
B nella ginnastica aerobica
C nella ginnastica ritmica
D nella ginnastica artistica
E nell'atletica leggera

1408 I test motori effettuati in palestra permettono di:

A valutare le capacità motorie (condizionali e coordinative
B controllare la pressione cardiaca
C verificare la corretta esecuzione delle movimenti
D valutare il "carico" interno (effetti sull'organismo) prodotto dagli esercizi
E adattare i metodi didattici

1409 Quanti sono i giocatori di una squadra di pallamano?

A 5
B 6
C 7
D 9
E 11

1410 L'omnium è una specialità del ciclismo su pista introdotta ai giochi olimpici di Londra 2012. In quante prove si disputa?

A 2
B 10
C 9
D 6
E 5

1411 Nel 1930 si disputò il primo campionato mondiale di calcio. Quante squadre vi parteciparono?

A 36
B 13
C 18
D 11
E 12

1412 Quali sono le due prove del biathlon?

A Corsa e nuoto
B Slittino e skeleton
C Corsa e ciclismo
D Sci di fondo e tiro a segno
E Discesa libera e slalom speciale

1413 Per aggiudicarsi un incontro di tennis tavolo occorre:

A vincere 2 set
B vincere 3 set
C realizzare 50 punti
D ottenere un vantaggio di 20 punti
E vincere 2 set da 15 punti

1414 In quale sport si esegue il tap-in?

A Pallanuoto
B Pallamano
C Pallacanestro
D Pallavolo
E Football americano

1415 Nel calcio a 5, la regola del fuorigioco:

A si applica solo in situazioni particolari
B si applica come nel calcio a 11
C si applica quando un giocatore della squadra in attacco supera la linea di centrocampo prima che il pallone sia tirato nella zona di difesa della squadra avversaria
D si applica ogni qual volta un giocatore si trovi davanti al portatore di palla
E non esiste

1416 Che cosa è la zona di cambio?

A La zona in cui gli atleti possono lasciare i loro indumenti sportivi
B La zona in cui si preparano i saltatori con l'asta prima della gara
C La zona nella quale gli staffettisti effettuano il passaggio del testimone
D La zona dove si cambia velocità
E La zona nella quale i triatleti passano da una disciplina a un'altra

1417 Nella pratica del body building, gli esercizi sono effettuati in modo lento per:

A migliorare la velocità
B incrementare la forza veloce
C perfezionare l'esecuzione tecnica
D sviluppare la massa muscolare
E incrementare la resistenza muscolare

1418 Cosa comporta, in atletica leggera, far cadere gli ostacoli?

A L'obbligo di fermarsi e rialzarli
B Solo una perdita di tempo
C Una penalità
D L'esclusione dalla gara
E Il declassamento all'ultima posizione

1419 Le caratteristiche di un lanciatore di peso sono:

A forza resistente nelle gambe, forza esplosiva nelle braccia
B velocità, equilibrio, forza resistente nelle braccia
C forza massima nelle braccia, forza esplosiva nelle gambe
D forza esplosiva, equilibrio, coordinazione
E forza esplosiva elastica riflessa, forza resistente nelle gambe, coordinazione

1420 Indicare, tra quelle sotto elencate, una tecnica relativa al salto in lungo.

A Hang
B Fosbury
C Ventrale
D Horine
E Straddle

1421 In una gara di pallanuoto, i giocatori in acqua per ciascuna squadra sono:

A 8
B 10
C 11
D 7
E 9

1422 Quale delle seguenti gare NON fa parte del decathlon?

A 100 metri piani
B Salto in alto
C 3000 siepi
D Lancio del giavellotto
E Salto con l'asta

QUESITI

1423 Dal 1° giugno 2016 il regolamento FIFA prevede che, nel calcio d'inizio, la palla:

- A possa andare in qualsiasi direzione
- B debba andare solo in avanti, nella metà campo avversaria
- C possa andare solo indietro
- D debba essere calciata dall'unico giocatore presente a centro campo in direzione della propria difesa
- E debba andare nella metà campo avversaria e rimanerci per almeno 5 secondi

1424 Quale di queste sigle non indica un Ente di promozione sportiva?

- A US ACLI
- B UISP
- C CSI
- D USSI
- E PGS

1425 Negli incontri internazionali di scherma, qual è la lingua ufficiale usata?

- A Italiano
- B Tedesco
- C Francese
- D Inglese
- E Cinese

1426 Quale calciatore italiano fu chiamato "Rombo di tuono"?

- A Silvio Piola
- B Gigi Riva
- C Roberto Boninsegna
- D Paolo Rossi
- E Roberto Baggio

1427 In quale gara di canottaggio ottennero i loro successi i fratelli Abbagnale?

- A Due senza
- B Due di coppia
- C Doppio
- D Doppiaggio
- E Due con

1428 In quale prova di ginnastica Yuri Chechi ha vinto due medaglie olimpiche?

- A Sbarra
- B Anelli
- C Concorso a squadre
- D Parallele
- E Corpo libero

1429 In alta quota sono avvantaggiate le prestazioni di:

- A resistenza
- B flessibilità
- C forza
- D velocità
- E nessuna delle alternative proposte

1430 Se utilizziamo una palla zavorrata, l'obiettivo è quello di sollecitare:

- A la capacità di mobilizzare
- B la capacità di forza esplosiva
- C le capacità di coordinazione in regime di velocità
- D la capacità di flessibilità
- E la capacità di forza massima

1431 Cos'è il "time out"?

- A Una pausa richiesta dal giudice di linea nel tennis
- B Una strategia tattica adottata per consentire un proficuo utilizzo delle sostituzioni
- C L'unica modalità per avvicendare i giocatori in campo
- D Una sospensione temporanea del gioco richiesta da una delle due squadre
- E Una strategia di recupero per permettere di sopportare la fatica derivante dalla prestazione

1432 Se si eseguono 10 slanci consecutivi dell'arto inferiore, si sollecita prevalentemente:

- A la forza
- B la flessibilità
- C la resistenza aerobica
- D la resistenza anaerobica
- E la velocità

1433 Quali tra le seguenti specialità non appartiene all'atletica leggera?

- A Salto in alto
- B Lancio del martello
- C Salto in lungo da fermo
- D Triplo
- E Getto del peso

1434 Per mantenere in buona salute l'apparato locomotore è più utile:

- A una dieta iperproteica
- B l'integrazione della dieta
- C una moderata attività fisica
- D la pratica di sport estremi
- E perdere peso

1435 Lavorare in regime di "steady-state" significa che la quantità di ossigeno assunta:

A è minore della quantità di ossigeno consumata
B equivale alla quantità di ossigeno consumata
C è maggiore della quantità di ossigeno consumata
D è insufficiente
E è costante

1436 In quale disciplina della scherma è bersaglio valido una qualsiasi parte del corpo?

A Solo nel fioretto
B Nella spada e nel fioretto
C Solo nella sciabola
D Solo nella spada
E Nella sciabola e nel fioretto

1437 Quale alternativa indica le capacità classificate come coordinative?

A Capacità di equilibrio e di mobilità
B Capacità aerobica e di forza
C Capacità di mobilità e di differenziazione
D Capacità di forza e di differenziazione
E Capacità di trasformazione e adattamento

1438 Cosa indica l'espressione "squat"?

A Le fasi del terzo tempo della pallacanestro
B Un esercizio di danza
C Un esercizio di potenziamento muscolare
D Una fase del salto con l'asta nell'atletica leggera
E L'esercizio dello "stacco da terra" nell'ambito del powerlifting

1439 Cosa significa la parola "karate"?

A Pugno volante
B Lotta con le mani
C Arte della lotta
D Mano vuota
E Combattimento tra uomini

1440 Escludendo il calcio, qual è in Italia la disciplina con il maggior numero di tesserati?

A Atletica leggera
B Pallavolo
C Pallacanestro
D Nuoto
E Tennis

1441 Come viene chiamato il campo di gioco nel baseball?

A Sferisterio
B Arena
C Parco
D Anello
E Diamante

1442 Quale dei seguenti termini non è un "colpo" del tennis tavolo?

A Drop
B Layup
C Backspin
D Smash
E Drive

1443 Posizione supina, posizione di gamba flessa, posizione di gamba di balletto, posizione raggruppata, posizione verticale, posizione carpiata. Di cosa stiamo parlando?

A Tuffi
B Parallele
C Ginnastica artistica
D Nuoto sincronizzato
E Pattinaggio di figura

1444 In una gara di pallanuoto, i giocatori in acqua per ciascuna squadra sono:

A 7
B 8
C 9
D 10
E 11

1445 Secondo le regole FIN, è possibile per il nuotatore stare in immersione dopo il tuffo alla partenza e dopo ogni virata, per non più di:

A 8 metri
B 5 metri
C 12 metri
D 15 metri
E 17 metri

1446 Nelle staffette di nuoto misto, qual è l'ordine corretto di esecuzione degli stili?

A Farfalla - dorso - rana - stile libero
B Dorso - rana - farfalla - stile libero
C Stile libero - dorso - farfalla - rana
D Dorso - farfalla - rana - stile libero
E Farfalla - rana - dorso - stile libero

1447 Quale dei seguenti attrezzi NON è utilizzato nella ginnastica artistica maschile?

A Anelli
B Parallele simmetriche
C Cavallo con maniglie
D Sbarra
E Trave

1448 Nella pallacanestro, qual è la sanzione che viene attribuita al giocatore che commette un fallo antisportivo?

A Sempre 2 tiri liberi
B Sempre 1 tiro libero
C 2 tiri liberi, se il fallo viene commesso su un giocatore che non è in atto di tiro
D 3 tiri liberi, se il fallo viene commesso su un giocatore che non è in atto di tiro
E Sempre 3 tiri liberi

1449 In quale nazione è nato il calcio moderno?

A Argentina
B Francia
C Inghilterra
D Italia
E Brasile

1450 Quanti sono i giocatori di hockey su prato?

A 10
B 9
C 12
D 11
E 15

1451 Le tre prove del triathlon olimpico - nuoto, bicicletta, corsa - su quali distanze si disputano?

A Nuoto 2,5 km, bicicletta 25 km, corsa 5 km
B Nuoto 3 km, bicicletta 30 km, corsa 15 km
C Nuoto 1 km, bicicletta 100 km, corsa 3 km
D Nuoto 1,5 km, bicicletta 40 km, corsa 10 km
E Nuoto 2 km, bicicletta 50 km, corsa 7,5 km

1452 Quale classe velica ha un equipaggio di 4 persone?

A Star
B Laser
C Finn
D 470
E Nessuna delle altre alternative è corretta

1453 Nell'atletica maschile, con quale attrezzo si raggiunge la maggior distanza?

A Disco
B Peso
C Vortex
D Giavellotto
E Martello

1454 Come viene chiamata la posizione di un tuffatore con il tronco flesso in avanti di 90° rispetto alle gambe tenute dritte?

A Raccolta
B Carpiata
C Flessa
D Chiusa
E Raggruppata

1455 Nella pallacanestro, l'uso del piede perno permette di poter ruotare:

A dorsalmente e frontalmente di 180°
B frontalmente di 360°
C dorsalmente di 180° e frontalmente di 360°
D frontalmente di 180°
E dorsalmente e frontalmente di 360°

1456 Nelle gare di ginnastica artistica, le due specialità comuni a maschi e femmine sono:

A tarve e corpo libero
B sbarra e trave
C corpo libero e volteggio
D anelli e corpo libero
E volteggio al cavallo e parallele asimmetriche

1457 Nella virata a stile libero, il regolamento prevede che il nuotatore:

A possa toccare la parete con qualsiasi parte del corpo
B debba eseguire una capovolta in avanti prima di virare
C non possa toccare il muro con entrambe le mani
D debba toccare la parete con la mano prima di virare
E debba toccare la parete solo con i piedi

1458 L'espressione "squat jump" identifica:

A una tecnica del body building
B una fase di rincorsa nel salto in alto
C una tecnica di sollevamento pesi
D un test di misurazione della forza esplosiva
E una schiacciata acrobatica nel basket

1459 In una gara di maratona prevale la qualità di:

A resistenza anaerobica glicolitica
B resistenza aerobica
C resistenza anaerobica alattacida
D resistenza aerobica alattacida
E resistenza anaerobica lattacida

1460 Quale tra i seguenti velocisti fu soprannominato "il figlio del vento"?

A Michael Johnson
B Tim Montgomery
C Leroy Burrell
D Carl Lewis
E Usain Bolt

1461 In quale dei seguenti sport l'Italia ha conquistato il maggior numero di medaglie d'oro alle Olimpiadi?

A Scherma
B Canottaggio
C Lotta greco-romana
D Pugilato
E Ciclismo

1462 La posizione di "decubito prono" prevede che:

A la parte laterale del corpo sia in appoggio sul suolo
B la pianta dei piedi e il palmo delle mani siano simultaneamente in appoggio sul suolo
C la parte anteriore del corpo sia in appoggio sul suolo
D la parte posteriore del corpo sia in appoggio sul suolo
E il dorso dei piedi e delle mani sia rivolto al suolo

1463 Il peso medio di un quattro di coppia maschile peso leggero deve essere:

A 67,5 kg
B 68,5 kg
C 70 kg
D 72,5 kg
E 75 kg

1464 Quante sono le parate semplici di fioretto?

A 2
B 3
C 4
D 5
E 7

1465 In ambito sportivo, quale dei seguenti non è un piccolo attrezzo?

A Bacchette
B Clavette
C Cerchi
D Bastone
E Spalliera

1466 Quale tra i seguenti atleti italiani ha conquistato tre ori olimpici consecutivi?

A Maurizio Damilano
B I fratelli Carmine e Giuseppe Abbagnale
C Klaus Dibiasi
D Juri Chechi
E Piero D'Inzeo

1467 Qual è la differenza tra la rincorsa dei salti in alto e in lungo?

A La velocità
B La partenza
C La tecnica di corsa
D La traiettoria degli appoggi
E La lunghezza

1468 Nella pallanuoto, qual è il significato della limea dei 4 metri?

A Da lì si effettua il tiro di rigore
B Da lì si effettua il tiro d'angolo
C Da lì si effettua il tiro di rimessa in gioco
D Da lì osservano il gioco gli arbitri
E Da lì si effettua il tiro di inizio gioco

1469 Cosa prevedono le modalità esecutive del Test di Cooper?

A Correre per 12 minuti incrementando la velocità ogni 2 minuti
B Compiere, correndo per 6 minuti, il percorso più lungo possibile
C Correre per 12 minuti a velocità progressivamente crescente ogni 200 metri
D Correre per 12 minuti a un ritmo costante
E Compiere, correndo per 12 minuti, il percorso più lungo possibile

1470 A quali sport si riferiscono le "mappe motorie rigide"?

A Sport di situazione
B Sport ciclici
C Sport di squadra
D Sport di combattimento
E Sport aciclici

1471 Nella sciabola il bersaglio valido è costituito da:

A maschera, tronco, braccia
B tronco e null'altro
C l'intero corpo, compresi i piedi
D tronco, braccia, gambe
E tronco e gambe

QUESITI

1472 Nella nuotata a rana quanti colpi di gambe si devono dare per ogni ciclo di bracciata?

A Uno
B Due
C Tre
D Quattro
E Cinque

1473 Quali sono i fattori che determinano il carico di allenamento?

A Densità, volume e complessità
B Frequenza, durata e complessità
C Intensità, frequenza, densità e durata
D Intensità, volume, densità, frequenza, complessità e durata
E Volume, densità e intensità

1474 Quale tra le seguenti discipline sportive non può essere definita "di situazione"?

A Calcio
B Short track
C Tennis
D Pallanuoto
E Pallamano

1475 Qual è la durata di una partita di pallacanestro?

A 2 periodi da 15 minuti ciascuno
B 2 periodi da 20 minuti ciascuno
C 4periodi da 8 minuti ciascuno
D 4 periodi da 10 minuti ciascuno
E 4 periodi da 12 minuti ciascuno

1476 Con quale altro nome è conosciuto il "floorball"?

A Unihockey
B Cricket a 6
C Softball
D Curling
E Lacrosse

1477 Quale tra le seguenti non è una capacità fisica?

A Forza
B Equilibrio
C Costituzione fisica
D Velocità
E Mobilità articolare

1478 Individua, tra le seguenti, la finalità fondamentale dello sport nell'età evolutiva.

A La partecipazione
B La ricreazione
C La competizione
D L'allenamento
E L'educazione e la formazione della persona

1479 Nello svolgimento di un esercizio agli attrezzi, il "passo larghissimo" indica:

A le impugnature poste a contatto
B la massima distanza tra due prese o impugnature
C la massima distanza dell'insegnante dall'allievo
D la falcata durante l'azione di corsa
E un passo molto largo effettuato dagli arti inferiori

1480 Il "sit-up" è un test per la valutazione e lo sviluppo della:

A velocità di reazione
B flessibilità dell'arto superiore
C forza massimale degli arti inferiori
D forza resistente dei muscoli addominali
E mobilità del tratto lombare della colonna vertebrale

1481 In quale dei seguenti sport di squadra non è consentito chiedere un "time out"?

A Calcio a cinque
B Pallanuoto
C Rugby
D Pallamano
E Pallavolo

1482 Quale tra questi attrezzi è compreso nel programma della ginnastica artistica femminile?

A Anelli
B Parallela asimmetrica
C Pertica
D Trampolino
E Sbarra

1483 Cosa si intende per "outdoor training"?

A Un allenamento di gruppo fatto in alta quota in condizioni atmosferiche disagevoli
B Lo svolgimento di competizioni su strada con squadre composte da atleti/giocatori di varie fasce di età
C Una modalità di gioco che si svolge all'aperto in tutte le stagioni e prevede l'uso di attrezzi differenti
D Una modalità di apprendimento che coinvolge la persona negli aspetti fisici, cognitivi, emozionali e relazionali, proponendo una serie di situazioni non consuete e legate al lavoro di gruppo
E Lo svolgimento all'aperto di attività agonistiche che prevedono prestazioni sia di squadra sia individuali

1484 Quale dei seguenti sport non è praticato alle Olimpiadi?

A Badminton
B Tennis
C Calcio
D Beach volley
E Lacrosse

1485 Quale tra i seguenti non è uno schema motorio di base?

A Correre
B Nuotare
C Lanciare
D Saltare
E Camminare

1486 Quanti sono e come sono disposti i birilli nella versione americana più diffusa del bowling?

A Sedici, a rombo
B Dodici, a quadrato
C Dieci, a triangolo
D Nove, a rettangolo
E Nessuna delle precedenti alternative è corretta

1487 Cosa si intende per "massima escursione articolare"?

A La capacità di estendere rapidamente le leve
B La possibilità di effettuare movimenti di rotazione dinamica
C La possibilità di effettuare dei movimenti di flessione ed estensione
D Il movimento più ampio che un'articolazione può compiere
E La rapidità con cui si effettua un esercizio di mobilità

1488 A quale dei seguenti aspetti è strettamente correlata la velocità di corsa?

A La glicolisi
B Il numero di esecuzioni di un determinato esercizio fisico
C Il tono muscolare
D La resistenza muscolare
E La tipologia delle fibre muscolari e la qualità dell'impulso nervoso

1489 I migliori risultati della nazionale di basket italiana ai giochi olimpici sono stati raggiunti a Mosca 1980 e Atene 2004. Quali medaglie sono state vinte?

A Due ori
B Due argenti
C Due bronzi
D Un oro e un argento
E Un argento e un bronzo

1490 Nei 100 m ostacoli femminili e nei 110 m ostacoli maschili ci sono 10 ostacoli, mentre nei 400 m sia maschili che femminili gli ostacoli sono:

A sempre 10
B 12
C 13
D 14
E 15

1491 Quale dei seguenti metodi di allenamento consente di esercitare alternativamente diversi gruppi muscolari mediante un circuito diviso in stazioni, da affrontare dopo pause molto brevi?

A Circuit-spinning
B Circuit-interval
C Circuit-training
D Circuit-rehab
E Circuit-ironman

1492 Quale delle seguenti prove non fa parte del programma dell'eptathlon?

A Salto in lungo
B 100 metri a ostacoli
C Lancio del giavellotto
D 100 metri piani
E Salto in alto

1493 Qual è l'unico tennista italiano che ha vinto due prove del Grande Slam?

A Adriano Panatta
B Franco Gardini
C Nicola Pietrangeli
D Corrado Barazzutti
E Diego Nargiso

1494 Nell'antica Grecia il "pancrazio" era:

A una corsa con i tarn
B un lancio
C una festa propiziatoria per i giochi olimpici
D un salto
E un tipo di lotta

1495 Nell'atletica leggera *outdoor*, un primato non può essere omologato a livello internazionale se ottenuto con vento che spira a velocità superiore a:

A 0,5 m al secondo
B 0,8 m al secondo
C 1 m al seocndo
D 1,5 m al secondo
E 2 m al secondo

QUESITI

1496 **Quale tra i seguenti NON è uno sport in cui si utilizza una racchetta?**
A Pickleball
B Softball
C Paddleball
D Squash
E Badminton

1497 **Che cosa significa il termine "yoga"?**
A Ascetismo
B Distaccamento
C Unione
D Rilassamento
E Concentrazione

1498 **Quale dei seguenti non è uno sport individuale?**
A Body building
B Karate
C Pugilatp
D Korfball
E Lotta libera

1499 **Quale tra i seguenti nuotatori è stato il primo a scendere sotto il minuto nei 100 m stile libero?**
A Alexander Popov
B Mark Spitz
C Matt Biondi
D Michael Gross
E Johhnny Weissmuller

1500 **La "capoeira" è:**
A una tattica difensiva della pallanuoto
B una danza giapponese
C una gara di nuoto sincronizzato
D un'arte marziale
E un esercizio di meditazione

SPORT

SOLUZIONI

Quesito	Risposta	Quesito	Risposta	Quesito	Risposta	Quesito	Risposta	Quesito	Risposta	Quesito	Risposta	Quesito	Risposta	Quesito	Risposta	Quesito	Risposta	Quesito	Risposta
1401	A	1402	D	1403	E	1404	B	1405	D	1406	E	1407	D	1408	A	1409	C	1410	D
1411	B	1414	D	1413	B	1414	C	1415	E	1416	C	1417	D	1418	B	1419	D	1420	A
1421	D	1422	C	1423	A	1424	D	1425	C	1426	B	1427	E	1428	B	1429	D	1430	B
1431	D	1432	B	1433	C	1434	C	1435	B	1436	D	1437	E	1438	C	1439	D	1440	B
1441	E	1442	B	1443	D	1444	A	1445	D	1446	B	1447	E	1448	C	1449	C	1450	D
1451	D	1452	E	1453	D	1454	B	1455	E	1456	C	1457	A	1458	D	1459	B	1460	D
1461	A	1462	C	1463	D	1464	C	1465	E	1466	C	1467	D	1468	A	1469	E	1470	B
1471	A	1472	A	1473	D	1474	B	1475	D	1476	A	1477	C	1478	E	1479	B	1480	D
1481	C	1482	B	1483	D	1484	E	1485	B	1486	C	1487	D	1488	E	1489	B	1490	A
1491	C	1492	D	1493	C	1494	E	1495	E	1496	B	1497	C	1498	D	1499	E	1500	D

Per lo studio delle singole materie

Ogni volume
€ 16,00